本书出版受国家社科基金抗日战争研究专项工程"世界反法西斯战争（含中国抗战）档案资料收集整理与研究"（项目号：16KZD020）资助

二战前后中国知识界的战争与和平观

朱大伟 ————— 著

基于报刊所见
Based on Newspapers and Periodicals

Views of War and Peace
in the Chinese Intelligentsia around
the World War II

社会科学文献出版社
SOCIAL SCIENCES ACADEMIC PRESS (CHINA)

目　录

序

　　第二次世界大战前后的 20 世纪三四十年代，对于整个世界而言，都是风云激荡、暗流涌动、烽烟四起的暗黑时期。在世界经济大萧条来临、法西斯主义以及军国主义兴起的特殊经济政治形势下，从 30 年代初起，不满世界政治现状的三个国家——日本、德国和意大利，分别在东亚、欧洲和北非地区，对维护第一次世界大战后和平的凡尔赛 - 华盛顿体系相继发起肆意攻击和破坏，一战后国际社会苦心构筑的世界和平大厦的根基逐步遭到侵蚀，直至最后的崩塌——第二次世界大战全面爆发。

　　自九一八事变亦即日本军国主义发起对华盛顿体系的第一次冲击起，素有平天下情怀的中国知识界对第二次世界大战的起因、过程和结束，也即从战争为何爆发，战争发展前景，到如何赢得战争，再到怎样赢得和平等议题都进行了密切的关注和思考。他们基于对近代以来世界发展趋势和彼时世界形势的总结与观察，纷纷在报刊撰文表达了他们对消弭战争和建设永久和平的期待，也给我们今天的二战史与抗战史研究留下了丰厚的一手文献。

　　如果分别以"战争"与"和平"为主题词，时限为 1931 ~ 1945 年并在题名位置检索，分别有 17274 篇、11453 篇。[①]

　　图 1、图 2 中呈现的中国知识界在这一时期发文的数量图示，某种程度上表明战争与和平问题实为该时期他们关注的热点话题。社会存在决定社会意识。战争带来的山河破碎的苦痛经历、民不聊生的体验、惨绝人寰的大屠杀冲击、现代武器装备的恐怖升级、世界一体化的发展等历史存在无不形构了中国知识界的战争与和平观念。第二次世界大战，尤其是东方主战场中国抗日战争的经验在彼时中国知识界的战争与和平观的生成中起

---

① 数据来源：全国报刊索引。检索时间：2020 年 5 月 16 日。

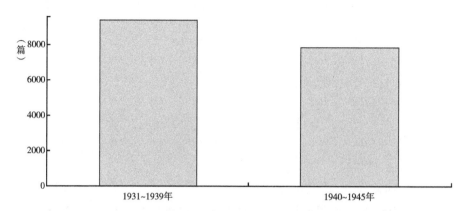

图1　以"战争"为主题词，时间段限定为 1931~1945 年，并在题名
位置检索，显示的结果数量

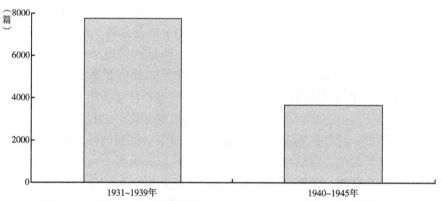

图2　以"和平"为主题词，时间段限定为 1931~1945 年，并在题名
位置检索，显示的结果数量

到了至关重要的作用。中国知识界在此特殊历史境遇下构建的战争与和平观构成近代国人乃至世界战争与和平思想体系的重要组成部分，其和平思想中的理性因素与智慧光辉，在今天世界的和平学体系构建与和平建设实践中依然闪烁着光芒，给我们留下了丰厚的思想遗产。

一、相关研究

经过对国内外主流数据库的检索发现，学界对第二次世界大战前后中国知识界战争与和平观这一主题进行研究的直接成果并不多见，并且发表和出版成果的时间绝大多数是在 2000 年之后，这也恰恰说明该问题是一个相对前沿的研究领域。学界对该领域的直接和间接研究成果可以概括为以下几个方面。

一是从宏观层面对 20 世纪三四十年代我国国际政治学学科初创时期基本面貌的轮廓式梳理。当下学界主要是基于对中国不同阶段知识界相关著述的学理分析，来探讨这一时期国际政治学的创始与发展。如毛维准通过对民国时期出版的国际关系研究著述的解读与定量分析，考察了民国时期国际关系研究学者在概念建构、研究议题、哲学传统、研究方法、学术语言和学科体系建构等方面的整体状况（《民国时期的国际关系研究》，《国际政治科学》2011 年第 2 期）和《民国学人的大国追求：知识建构和外交实践》（《世界经济与政治》2011 年第 11 期）。卫琛等则以《外交月报》与《外交评论》为考察对象，探析了 20 世纪三四十年代中国国际关系学教学与研究的起步（《百年炮火中的未竟之学——对民国时期国际关系研究与教学的回溯》，《世界经济与政治》2011 年第 11 期）。

二是从中观层面对 20 世纪三四十年代中国知识界中特定群体的国际政治思想和外交活动的探究。该层面的一个研究范畴是对民国时期中国重要政治流派外交思想的研究，如重要学术派别战国策派国际政治思想的研究。张江河介绍了第二次世界大战时期战国策派把地缘政治理论引进中国的起源与结果（《地缘政治与战国策派考论》，《吉林大学社会科学学报》2010 年第 1 期）。肖刚和刘武中则通过对战国策派诞生的历史背景及外交思想的分析，总结出其在民族主义、强国外交、地缘政治及文化冲突等方面的突出贡献，以及其对当下中国在世界政治中建设负责任大国形象的启示做了一些有益探讨（《民国时期"战国策派"外交思想》，《国际论坛》2011 年第 4 期）。中观层面的研究所关注的另一个范畴是对知识界就国际政治中某个重要议题所持有的思想的关注，如闻黎明的《战时中国知识精英对战后处置日本问题的若干思考——以昆明知识界为中心》（《史学月刊》2009 年第 8 期）一文以战时在昆明地区会集的知识分子为研究对象，考察了当年中国知识界在对战后处置日本的原则、民间赔偿、领土回收、改造日本政体等问题上的看法和立场。

三是从微观层面对 20 世纪三四十年代中国知识界特定个体的国际政治思想与外交实践的研究。如徐希军运用概念阐释、文本解读、过程重建以及内在理路的梳理等思想文化史研究的基本方法，立足中国现代政治、外交，结合国际政治的发展变化，阐述了胡适国际政治思想的形成、发展（《理想主义：胡适国际政治思想研究》，合肥工业大学出版社，2008年）。张玉龙的论文《蒋廷黻的外交理念略论》考察了蒋廷黻的抗战建国的外交理念，认为民族主义与爱国主义是蒋廷黻外交理念的基本内核，其具体表现是坚持国家利益至上、实现外交的相对独立、在现实主义原则下外交的多元化主张与注重外交与内政及文化间之关联。其他代表性的对该时期中国知识界个人国际政治思想研究的作品还有吴丹虹的《张歆海与中美关系：对一个中国知识分子兼外交官的思想初探》（《美国研究》1993年第1期）以及岳谦厚、景晓强等对顾维钧外交思想中的现实主义和多边主义特征的研究。

21世纪以来，学界对20世纪三四十年代这一时期中国知识界国际政治思想的关注与解读呈逐渐强化的态势，他们从历史学、政治学、经济学乃至心理学等学科角度，借助跨学科的研究方法取得了一定的成就。在展现这一时期中国国际政治学一般面貌和历史地位的同时，也对特定知识分子和群体的国际政治思想做出了探析，为本书深入探讨该时期知识界的战争与和平观奠定了理论基础。

然而，学界在对中国知识界战争与和平观的既有研究方面同样存在相应的不足。一是当下成果多着眼于知识界宏观国际政治思想的一般阐述，缺乏具体深入的探讨，更是缺少对他们国际政治思想中战争与和平观进行专门而细致的分析；二是现有成果使用的参考资料多显片面，对反映该时期中国知识界国际政治思想的报刊论文、时评和论著的挖掘和使用力度存在不同程度的欠缺。本书旨在基于广泛地占有和解读以报刊为主体的史料的基础上，系统、深入地梳理和解读第二次世界大战前后中国知识界国际政治思想的核心部分，亦即战争与和平观的内涵与外延及其历史与现实意义。

二、学术价值和应用价值

本书具有相应的理论价值。一方面，本书把学界对第二次世界大战时期国际关系的研究范畴拓展至国人的国际政治思想这一观念层面；另一方面，辨章学术，考镜源流。对20世纪三四十年代中国知识界以战争与和平观为主体的国际政治思想的探讨有助于我们更好地了解该时期中国国际政治学科的体系构成和发展脉络，对于构建有中国特色的国际政治学科不无裨益。再者，本书立足于中国视角，来探讨在 20 世纪三四十年代世界政治风云变幻的形势下，中国知识界战争与和平观的生成，对于国内的二战史和抗日战争史研究而言，无论是在研究方法和视角上还是研究领域上都是一个创新。

此外，本书也具有重要的现实意义。在和平与发展成为时代主题，国际形势和国际战略格局日新月异的新形势下，在中国面临"百年未有之大变局"的今天，正在迅速走向民族伟大复兴的中国与世界如何共处，如何构建与时俱进的马克思主义战争与和平理论体系成为重要的时代命题。不可否认的是，近代中国知识界的国际政治思想是中国国际政治思想文化资源的重要构成部分，对他们战争与和平观的探讨无疑对今天新形势下马克思主义战争与和平观的构建具有重要的现实启迪意义。

三、研究主要内容

在第二次世界大战酝酿和爆发的 20 世纪三四十年代，中国知识界密切关注在国际风云动荡中沉浮的中国命运。在救亡、图存和平天下的历史使命驱动下，中国知识界生成了富有传统中国智慧同时兼具近代西方政治哲学的战争与和平观。广义而言，战争观是人们对战争以及和战争相关的问题持有的总的一般观念。它包括对战争根源、战争动因、战争本质、战争性质、战争目的、战争的历史作用、战争与其相关因素间的内在联系、消灭战争的途径等问题的基本观点。而和平观则是与战争观密切关联的一个概念，它包含人们持有的关于和平的条件、和平维持的方法与途径以及和平与其他影响因素之间的关联等问题的看法与思考。而中国知识界在 20 世纪三四十年代，围绕第二次世界大战的可能起因、爆发的时间、地点以及战后和平规划等课题，做出的这些有关战争与和平问题的理论思考及其价值遗产构成本书的研究对象。

本书就研究内容而言，主要分为五章。

第一章主题为"世界立于危卵：大战前的风云透视"，下有五节。该章主要探讨了 20 世纪 30 年代尤其是九一八事变后，中国知识界在救亡图存使命驱动下，密切关注国际局势变迁，思考谋划中国在国际社会如何自处以求生存发展之道的经验历程。

　　第二章主题为"存亡之道：中国知识界对国防安全建设的忧思"，该章主要考察了在现实主义国际观支配下观察世界风云、思考中国命运的知识界对如何在"群魔乱舞"的国际时局下探寻强国之路的思考。他们基于自己对近代以来世界军备趋势的历史把握，尤其是对第二次世界大战各个战场成败经验的观察、总结，就中国国防战略中空权、海权建设的问题提出自己的看法。对空权与海权时代价值以及中国海权、空权建设的路径做出了自己的判断和建议，这些思想构成近代中国军事思想的重要组成部分。

　　第三章主题为"多元并举：建构永久和平之路"，本章共有五节，为本书研究内容的主体。本章主要剖析了中国知识界在第二次世界大战中后期，在盟国的胜利已成定局的情势下，总结、吸取一战后世界和平建设失败的教训，对如何构建战后世界的持久和平加以思考。中国知识界从政治、经济、教育、社会、文化以及新国家主权观等多个方面着手构思战后和平之道。他们提出的消弭战争，构建和平的思路呈现出多元、开放、公正等特征，可以说是消极和平与积极和平并重，具有高度的现代性和前瞻性。

　　第四章主题为"一波未平，一波又起：战后中国知识界对国际政治的忧思"，分为两节。第一节探讨了知识界眼中第二次世界大战后期问世的大规模杀伤性武器原子弹的国际政治意蕴，亦即原子弹的诞生会如何改变国家的外交决策以及世界战争与和平的走向，中国又应持何种立场。第二节主要研究了第二次世界大战刚刚结束，在很多战后问题还未得到有效处置，尤其是和平条约尚未签署的情况下，美苏从战时盟友开始走向分裂。知识界心心念念的和平与繁荣的世界大同并未如期到来，和平之路再起风波。美苏两个超级大国在诸多问题上的分歧和对峙，使刚从战乱中走出的世界上空再度乌云密布。什么是冷战？冷战的本质是什么？美苏间的冷战将走向如何？面对冷战中国又应该如何自处？彼时中国知识界给出了自己的回答。

　　第五章主题为"和平构建的域外视角与中国特质"。本章主要考察二战前后以英美为代表的西方社会和政治界在第二次世界大战前后所持的消弭战争与和平建设的观念，而中国知识界的战争与和平观在比较中更凸显自己在意蕴维度、价值向度方面的特质。

四、研究方法

首先，马克思主义哲学中的辩证唯物主义与历史唯物主义研究方法是本书使用的第一层次研究方法。本课题在研究过程中坚持辩证地、历史地、客观地和全面地考察这一时期中国知识界战争与和平观的生成及其历史意蕴。

其次，文献分析法也是本书采用的一种重要方法。本书正是通过对这一时期中国知识界围绕战后国际社会中冲突、战争与和平这一主题发表、出版的时评、论著等各种类型文献的深入研读，来解构其持有的战争与和平观。

再次，本书运用了历史分析法。一方面，历史分析法的运用源于知识界战争与和平观的一个特征，即作为一种国际政治领域的社会意识的内涵与外延，取决于当时国际政治的社会存在的性质与状况。要想了解第二次世界大战时期知识界的战争与和平观，就需要深入考察这一时期国际政治的历史情势。另一方面，战争与和平观的另一特性是变动性，也就是说它必然经历一个嬗变的历程，这就需要我们运用历史分析法对之进行历史主义的审视。

最后，本书还使用了归纳法。本书正是在对知识界表达的相关的零散观点、思想进行分类、整理、提炼和归纳的基础上，梳理其持有的战争与和平观的一般内涵与外延。

五、特色与创新

在学术思想与学术观点方面，主要创新点有四个。一是基于对第二次世界大战的观察与思考，该时期中国知识界生成的战争与和平观具有自发的历史唯物主义和辩证唯物主义的特征，他们对战争原因的解读，对和平建设条件的探究，都十分注重其背后的经济社会因素；二是该时期中国知识界的战争与和平观具有高度前瞻性和理性的特征，如国际政治与国内政治密切互动的思想、积极和平与消极和平并重的和平建设观以及地区性组织与全球性国际组织之间并行与协调等思想在今天仍具有突出的时代意义；三是这一时期除了严酷的战争经验现实外，中国传统政治哲学中的和平主义元素，如天下一家、世界大同等思想，都极大地规制和塑造了中国知识界的战争与和平观。四是明晰了第二次世界大战发生前后亦即 20 世纪三四十年代是中国国际政治、国际关系学科起步和发展时期这一历史定位。该时期中国国际政治学科在概念建构、研究议题细分、哲学传统继承与发扬、研究方法设计、学术语言和学科体系建构等方面均取得了相应的发展，对当前中国的国际政治研究和"中国学派"的建构无疑具有重要的启发和奠基意义。

在研究方法方面，本书综合运用历史学、国际政治学、国际关系学等学科的研究方法与理论工具，以跨学科的研究视野，力求从一个崭新的视角，深入、全面地解构这一时期中国知识界基于特殊情势生成的战争与和平观。

在研究资料的选择上，本书主要以两次世界大战间中国刊载有知识分子战争与和平相关主题文章的报纸杂志为主，当然相关专著也有个别使用。这种类型的一手资料在过去的抗战史研究和二战史研究中往往处于边缘地位。而本书通过对这些相关文献的搜集、整理与解读，致力于深挖这些文献承载的彼时知识分子持有的国际政治思想与价值观念，尤其是他们以二战为中心生成的战争与和平观念。

此外，本书的创新还体现在研究对象方面，本书考察的是第二次世界大战前后这一非常历史时期，中国知识界这一特殊群体生成的战争与和平观。对该领域的研究，一定意义上是对既往学界第二次世界大战史研究偏重政治军事外交而轻视思想文化观念研究倾向的一个纠偏，在这个意义上，是对二战史、抗战史研究在思想文化观念范畴上的一个拓展。

第一章 世界立于危卵：
大战前的风云透视

  20世纪30年代的中国内忧外患，可谓风雨飘摇。随着法西斯主义、军国主义、纳粹主义在意大利、日本与德国泛起，20年代象征着合作、发展与和平的洛迦诺精神烟消云散，《非战公约》也沦为一纸废文，世界政治进而呈黑云压城、山雨欲来之势。

  在远东地区，日本帝国主义推进其所谓的"大陆政策"，悍然发动九一八事变，野蛮占领中国东北三省，并剑指华北、长江中下游地区，中华民族面临生死存亡的危机。在国民政府向国联提出控诉后，迟延一年之久，国际联盟才派出了李顿调查团，耗时一月，于1932年10月在东京、南京和日内瓦同时发布了充斥着绥靖主义意味的《国联调查团报告书》。尽管如此，依然引起日本的抗议，日本宣布退出国联。这种集体安全制度的失败使日本的扩张再无束缚，远东和平陷入危机。

  而此时的欧洲也并不太平。纳粹党在德国的崛起一步步把德国引向扩军备战、建立德意志帝国的迷梦，从进驻莱茵非军事区、统一奥地利，再到吞并捷克斯洛伐克，每一步都搅动着欧洲乃至世界和平的神经，《凡尔赛和约》对德国的束缚逐步被打破。意大利的墨索里尼在20世纪30年代稳固政权后，也开始浸淫于重温罗马帝国的旧梦，力图把地中海变成其臆想中的"新罗马帝国"的内湖，遂在1935年悍然入侵埃塞俄比亚。与此同时，德、意两国也先后介入西班牙内战，与世界民主进步阵营提前预演了一场小型的局部性的第二次世界大战。可以说，这一时期的欧洲上空已布满战争的阴云。

  而彼时推行绥靖政策的英法主导的国联在面对这些不满现状的国家赤裸裸的侵略行径时，更多的只是谴责和有限度的、有选择的软弱无力的制裁，国联维护和平的无效进一步为中国知识界所认知，他们对依赖国联这种普遍安全机制拯救世界和平的前景充满悲观，遂倡议通过建立区域性的太平洋集体安全组织和推进裁军运动来维系、挽救摇摇欲坠的和平。但随着七七事变的爆发，远东整体和平不再，中华民族进入全面抗战的时代，中国知识界逐步抛弃了和平梦想，认为第二次世界大战的到来已无法避免，中华民族应该积极面对和应对这场危机并勇于抓住、利用给民族独立和复兴可能带来的机遇，他们的国际政治思维开始完全转入现实主义的轨道。

第一节　从希望到失望：九一八事变前后中国知识界国联观的转变

"九一八"之于中国是一个充满苦难意味的历史名词，也是一个象征国家耻辱的历史符号，它对于中国历史乃至世界历史进程都具有分水岭般的意义。对于中国而言，它是中华民族十四年漫漫艰难抗战的开始，对于世界而论，它是法西斯国家最早对维持战后和平的凡尔赛－华盛顿体系正式发起的一次武力挑衅和破坏。在从九一八事变开始的决定民族存亡的时代，有着修身齐家治国平天下政治情怀的中国知识分子，开始于世界视野之下关注中国自身的命运和未来。在他们早期有关国家生存之道的探索与思考中，作为国际社会集体安全保障机制的国际联盟占据着重要位置。然而，九一八事变在很大程度上重塑了他们的国联观。中国知识界的国联观在九一八事变前后经历了一个从希望到失望的明显转折。

当下对 20 世纪三四十年代中国知识界国联观的研究，主要有以下成果。张玉龙的《蒋廷黻国联观略论》（《历史教学问题》2007 年第 6 期），该文以蒋廷黻个体为中心，探讨了 20 世纪 30 年代蒋廷黻国联观的内涵，认为蒋廷黻持"国联工具观"，亦即视国联为帮助中国现代化与联合世界制日的工具等。郑大华、刘妍的《中国知识界对国联处理"九一八"事变的不同反应——以胡适、罗隆基和胡愈之为例的考察》（《抗日战争研究》2009 年第 1 期）一文以胡适、罗隆基、胡愈之三人为代表，考察了他们三人对国联的差异化认知。郑大华、王敏的《欧战后中国知识界对建立国际联盟的思考——以〈太平洋〉杂志为中心的考察》[《安徽大学学报》（哲学社会科学版）2012 年第 1 期]一文对第一次世界大战结束后，中国知识分子就为何成立国联、怎样建设国联以及国联的作用等问题进行的思考和构想加以考察。可以看出，以上研究成果要么是基于个别知识分子或某单一刊物，要么是局限于特定时期，如一战刚刚结束，而缺少对九一八事变前后中国知识界整体国联观及其变迁的考察。

　　从威尔逊"十四点计划"的提出到九一八事变之前，受中国传统"大同主义"以及"天下一家"等思想的影响，中国知识界对国际联盟的成立一度寄予厚望，认为，国联是中国传统政治理想大同世界实现的第一步。但是九一八事变之后，中国知识界对国联的态度由最初的厚望逐步转变为失望甚至绝望。本节基于这一时期知识界发表在报刊上的相关主题文章和时评试对九一八事变前后知识界国联观的内涵及其转变机理等问题做出初步的回答。

一、大同初阶：九一八事变前中国知识界的国联观

　　国际联盟，在彼时中国知识界的话语中常常被称为"万国联盟"，是中国知识分子大同梦的起始。国联成立之初至九一八事变前，中国知识界对国联之于世界和平与发展的价值，既有持肯定态度的乐观者，也有持保守态度的悲观者，整体看，前者居多。而对于国联的建立之于中国的意义，大部分知识分子还是持积极态度的。通过对他们在报刊发表的相关时评和论文的分析可知，早期中国知识界对国联与中国的政治、经济、文化等方面的关系都有专门的阐述和深刻的认识，多把国联视为中国在国际社会中谋生存和求发展的重要依托。

　　（一）对国际联盟的价值认知

　　关于国联承载的维护世界和平价值的有效性和前景问题。少数悲观者倾向于把国际联盟视为臭名昭著的巴黎和会的产物，认为其先天不足，对其维护和平的效能持否定的看法。如高元早在 1919 年国联盟约公布之初，就对其提出批评，他指出："国际联盟之目的，在弭战争，重公道，以求国际间之和平与幸福，此固盟约序文所声明者也，然吾人试一考其规定之内容，则此目的能达到之程度殆甚少……此盟约之大缺憾，可括为下之两点，一联盟权力之太小；二是强国之专横。"[1] 罗家伦也表达了对初生国

----

[1]　高元：《评国际联盟条约》，《法政学报》第 11 期，1919 年，第 1 页。

联的失望，"回忆一年前，第一届议会尚未开会，吾人对此未生儿，具有无穷之希望，方以为见屈于凡尔赛者，必将见伸于日内瓦。此初生之国际联盟，乃为一畸形儿，不特吾人所热望之山东问题，无从提起，且联盟本身，亦几无活动之实力"。① 张庭英还警告国民，要有"教育实业与军备，苟无健全之组织，绝无摆脱劫运之第二法门"的觉悟。②

然而，乐观者则对国联的成立高度评价，把国联誉之为"人类进化史上有重大意义之革命""人类新生之曙光也"。③ 针对国内有些人把国联同臭名昭著的巴黎和会相关联的看法，吴统续等人在比较分析后认为，国际联盟与巴黎和平会议性质不同，作用当然也不同。巴黎和平会议主要的目的在于解决德国的战后赔偿和惩罚制止未来德国侵略势力的复苏，国联的目的则在于联合世界多数国家为一体，以谋求世界的永久和平。巴黎和会中，各国因战争刚刚结束，经济凋敝，百废待兴，所关注的主要在眼下面对的问题，在关乎自己切身利益的事情上；而国联，则是在战事结束之后各国人民感情平复，头脑冷静，为着长远的目标而成立的。④ 一些知识分子还反驳了那些对国联的建立持悲观态度的论调，如佘西崖认为："一般人之所以对国际联盟，大致不满者，殆未从其本身权力与性质方面，详加思考，因为国际联盟组织的目的，在为人类谋幸福，而其性质，又为世界谋和平，使各国果真矢以至诚，减少侵略之野心，遵守联盟规约。"⑤

乐观者还认为，国际联盟的出现是历史发展的必然选择。近代著名的国际法学家周鲠生在《万国联盟之三大意义》一文中，指出国联的成立并不是少数国家一时的兴致所致，而是历史进化、政局发展的必然要求，

---

① 罗家伦：《国际联盟与华盛顿会议》，《东方杂志》第 17 号，1921 年，第 3 页。此观点还可参见张庭英《国际联盟与中国今后之外交后援》，《北京大学月刊》第 5 期，1919 年，第 19～22 页；吴统续：《国际联盟与我国之抱负》，《法政学报》第 9 期，1919 年，第 1～14 页。

② 张庭英：《国际联盟与中国今后之外交后援》，《北京大学月刊》第 5 期，1919 年，第 19 页；徐辅德：《国际联盟果无负于我乎?》，《中外评论》第 28 期，1929 年，第 4～6 页。

③ 萧石君：《国际联盟之意义与吾人之希望》，《民铎杂志》第 6 期，1918 年，第 27、29 页。

④ 参见吴统续《国际联盟与我国之抱负》，《法政学报》第 9 期，1919 年，第 1～14 页。一战后早期此类看法，还可参见胡愈之《国际联盟（国际问题研究之五）》，《东方杂志》第 5 号，1926 年，第 55～63 页；张庭英：《国际联盟与中国今后之外交后援》，《北京大学月刊》第 5 期，1919 年，第 19～22 页。

⑤ 佘西崖：《国际联盟与世界和平》，《励笃季刊》第 2 期，1929 年，第 62 页。

是历史潮流发展的结果，他强调："同盟组织，究非徒然发自少数政治家一时之用心，而里中实大有历史上、政治上、思想上之重要意义。"① 佘西崖也认同该种观点，他指出："无论国际情形怎样险恶，这种走向和平的新运动，终是世界人类共同的需要，所以国际联盟之产生，实亦可谓为将来国际间达到和平的坦道，为人类谋幸福的一线曙光了。"②

由上可知，整体而言，对国联正面评价者还是居于多数。当然，九一八事变前的中国知识界即使对国联持乐观态度者，也并非盲目追随，他们对国联的缺陷也进行了客观审视，也有着清醒的认识，只是认为国联作为一个初生的组织，应对其缺陷宽容以待，后再图徐徐改善。

（二）对国际联盟与中国关系的认识

对于国联成立后可能给中国带来的有益价值，中国知识界从多角度做了具体的畅想。在国家安全保障方面，他们主要强调的是国际联盟能够以其和平机制代替以往的战争手段来解决国际争端，统合各国利益，维持世界和平，而世界整体和平环境的确保又是中国自身国家安全的基础。如陶履恭认为："万国联盟，就是使世界废战争用公理裁判曲直的唯一方法。"他还指出："世界上的国家，各有各的民族精神，各有各的发展野心，现在国际最困难，也是最根本之题，是在调和各国之利益，规范各国之野心，综合各民族之精神，就是不承认世界上有'完全独立'，独自发展而侵害他国的国家。世界上所有的民族。要成一种有组织的团体，维持这个国际组织的，就是万国联盟。"③ 皓白也认为："万国联盟会主张各国均承认不用武力，主张国际间的关系要光明正大，主张确定国际法的解释以为各国政府遵行法规：凡此种种，都是为谋增进国际的联络，与国际的和平安宁起见。"④ 因而，在他们眼中，在这种理念法则支配下，国际联盟的建立客观上是有益于保障中国的国家安全的。

在促进经济发展方面，中国知识界认为国际联盟的建立，也能给中国的经济发展创造更公允的国际发展环境，带来更多的机遇。赣父撰文指出："万国联盟，将以谋国际之和平，增进人类之幸福。凡一国对于其同

---

① 周鲠生：《万国联盟之三大意义》，《太平洋》第1期，1919年，第4页。

② 佘西崖：《国际联盟与世界和平》，《励笃季刊》第2期，1929年，第64页。

③ 陶履恭：《万国联盟及其当存在之理由》，《太平洋》第2期，1919年，第7页。

④ 皓白：《经济上之万国联盟观》，《太平洋》第2期，1919年，第4页。

盟之权利义务，万国同之，无所谓特殊之优利，亦无所谓异常之牺牲也。中国为联盟国之一，其农工商业所得于此联盟者，当然与各国同。"他还进一步论道："以中国天然之富庶，人力之充实优美，稍加以近世之知识与组织，苟无特强之势力阻之者，农工商之发展，无患其不与他先进国并驾齐驱。"① 此外，皓白还认为，万国联盟的成立不仅减少了军费开支，反过来必然会促进一国教育、卫生、工商等的发展。他分析道："从前一国养兵数几十万，造枪炮无数，制军舰几十或几百等等消费，每年提在国家预算案内，多的几乎占了全国岁出的半额，少的也要占那岁出额三分之一，此后尽可移作改良教育，讲究国民卫生，治水修路，振兴工商等种种生产的事业。"②

总体而言，九一八事变之前的中国知识界对国际联盟持较为乐观的积极态度，基本上看好其维持和平、促进人类福祉的前景。正如松子所说："万国联盟是国际社会之新组织，他的不满意之处固然尚多，然这个新组织，总算是代表国际政治进步的倾向，在国际关系上多少构成平和安全的保障。"③

二、九一八事变后中国知识界的国联观

九一八事变后，鉴于国联处理中日争端的拖延无效，以及受中国竞选连任国联非常任理事国失败等因素的影响，中国知识界对国际联盟的观感开始发生明显的转变，主要体现为对国联处理九一八事变态度的认识、国联组织和运行机制以及国联的发展前景的深入反思和批判。

（一）对国际联盟处理九一八事变结果的反应

从国联建立到九一八事变之前，虽然国际联盟在其应发挥的作用上有不尽如人意的表现，但是中国大部分知识分子对国联还是抱有较大的希望的，而九一八事变之后南京国民政府将中日争端诉诸国联，国联在处理该事件上的拖延和无所作为，委实让中国知识界大为失望。

失望者认为国际联盟对九一八事变的处理不是态度模棱两可，就是

---

① 赣父：《万国联盟与中国农工商业之前途》，《太平洋》第 2 期，1919 年，第 1 页。

② 皓白：《经济上之万国联盟观》，《太平洋》第 2 期，1919 年，第 5 页。

③ 松子：《中国可以退出万国联盟吗?》，《太平洋》第 4 期，1923 年，第 5 页。

处理方式不公允。针对国联报告中要求中日双方同时撤军的建议，张馥
荻批评道："夫中国领土无端被日军侵占，日军所至中军即缴械逃避，
中国根本无兵，将焉所撤？此国联举止之失当，盖不免为日本反宣传之
所蒙蔽也。复次为其九月卅日之议决：即希望日本军队在十月十四日以
前撤回原防，吾人所深为不满于此议决者盖有两点：第一，为期限太
长，按日兵出动非常迅速，苟国联认撤兵为必要，即可参照日兵出动之
速率令于同一速率下撤回，断无需十四日之久；第二，为欠负责勇气，
苟认日本撤兵为国联会员国应尽之义务，则当以'命令'之方式议决，
不当以'希望'之方式议决，无怪日本态度崛强，卒拒绝接受之也。"①
持该种观点的还有陈震，他认为："国联对于中日事件，毫无把握，初
则限日本于十月十四日前撤兵，继则延至十八日，再则又有三星期的宽
限，最后则再延至十一月十六日止：视此一再延长日本撤兵的期限，就
可以证明国联的无能而并没有协助中国的决心。"② 刘已达在分析了李顿
调查报告背后的国联大国的心理后，警告国人："我中国鉴于此种害多
利少之报告，应深悟国联之不足恃，今日而言救国，实舍国民自救与复
兴民族外，别无良策。"③ 上述言论可以说反映了当时中国知识界对国联
决议的普遍不满。

还有不少知识分子直接表达了对国联效率低下和软弱无力的观感，孟
锦华首先表达了对国联处事拖延的不满："中国在事发之初，未始不迭次
要求国联主持正义，公平处理，然国联拘牵诿延，至年余之久，始决议派
遣李顿调查团来华调查。"④ 其次，他对结果也表示抗议："结果虽判定咎
在日本，吾人果稍告慰于万一，然徒有其名，无补实际，究其极，亦不过
止于道德之制裁而已！彼固无损，我亦何益？"⑤ 而关于国联对日采取的
经济制裁手段，魏宪章引用了颜惠庆的观点，认为国联因受到了自身层面
的限制，难以落实，"'国联对日最后制裁，即经济封锁一层，理论虽属
如是，但事实有难行之点。（一）欧洲各国战后经济衰落，正设法补救，
不愿对日经济绝交，因中国而受损失。（二）国联成立未久，基础不固，

① 张馥荻：《吾人对于国际联盟会应有之认识与觉悟》，《清华周刊》第1期，1931年，第32页。
② 陈震：《国联靠得住吗?》，《福农月刊》第2期，1931年，第7页。
③ 刘已达：《根据李顿报告书测验国联的心理》，《世界旬刊》第6期，1932年，第3~4页。
④ 孟锦华：《国联与中国》，《大地》第3期，1936年，第3页。
⑤ 孟锦华：《国联与中国》，《大地》第3期，1936年，第4页。

对国际争议可发公正言论，而难实力制止。（三）国际争议，如弱国与弱国或强国与强国均易办，惟一强一弱，最感难办.'国联对于国际纠纷已无能力处理，无可讳言"。①

针对国联处置九一八事变时表现出的软弱无力，蒋坚忍更是直接声称并断言："我们并不完全抹杀世界上尚有正义公道的存在，但是，我们绝对不可误认国际联盟就是主张正义公道的机关。从一年来我们民族受东邻异族非人道的摧残压迫这件事实来证明……所谓国际联盟是怎样的一个组织！……国际联盟正向着没落的道路上前进。死刑的宣告，只是一个形式和时间的问题而已！休矣！国际联盟！休矣！凝望的国民！"② 有些知识分子甚至主张中国退出国联！③ 这些言论无不反映出知识界对国联从希望到失望的愤懑。

在这种国联价值和前景悲观论开始流行的时候，还是有知识分子做了较为冷静的分析，认为对国联应该抱持宽容的态度，周书楷认为，"国联本身虽然是那样没有力量，但是在处理中日问题的时候，它对我们的援助是已经做到最大限度了；我们要想一想，当'九一八'事变发生的时候，由于中国外交稍欠灵活，以及各国对远东缺乏认识，国际形势于我们原是很不利的；尤其是国联的柱石——英法两国，更明显的袒护日本，很想把这一事件作一个糊涂的了结；然而我们最后还是赢得了道义上的胜利，这就是由于有国联存在的缘故；假如当时没有国联，那末恐怕就是这一点道义上胜利，也不一定会给我们的"。④ 樊仲云也指出："国联的一纸决议，我们知道也不是全无所用的。这表示对于破坏和平的侵略势力，是违反世界一致的舆论的。这是一种精神的道德的制裁。"⑤

（二）对国际联盟组织及运行机制的再反思

九一八事变后，中国知识界在失望之余对国联的组织和运行机制进行了更加深入的系统的反思和批判，之前对国联观感中浓郁的理想主义色彩也渐渐褪去。

---

① 魏宪章：《由各国利害关系上说明国际联盟的真相》，《福建教育周刊》第100期，1932年，第102~103页。

② 蒋坚忍：《休矣国际联盟》，《人民周报》第49期，1932年，第2~3页。

③ 参见彭文应《为什么还不退出国联?》，《自由言论》第1期，1933年，第11~14页。

④ 周书楷：《中国对国联应有的正确认识》，《广播周报》第121期，1937年，第9页。

⑤ 樊仲云：《对于国联的正当认识》，《国际周报》第3期，1938年，第37页。

在国联的组织构成方面，九一八事变后中国知识界普遍认为国联没有自主决策、主动响应的能力，是一个受西方大国支配的组织。有知识分子论道："国联由各国组成，因此它的政策，以各国的政策为依归。换一句话说，它是被动的，而没有主动的能力。凡是遇着一桩事情，得了报告以后，还要征求各国的意见，然后定对付的办法……况且世界一等强国的美国和俄国，都不是会员，遇着紧要和有关的事情，不能不预先得着她们的意见。"[①] 樊仲云也指出："国联原来不是太上的政府或国家，因此，他对于国际的纠纷，根本没有制裁的力量。他在理论是个各国平等地位的结合，这是一个会议讨论的组织，不是执行的机关。但在实际上，他是一个受大国支配的组织，只有与大国的利益相一致时，他的决议案始能发生力量。"[②]

更甚者，有知识分子认为国联就是欧洲的国联，杨幼炯剖析道："试就其组成分子言之，美国始终未曾加入，德国亦继日本之后而宣告脱退，至联盟大会代表多数来自欧陆，苏俄亦已加入，然其关系与欧洲较密，其不能代表亚洲者明甚！"[③] 陈震也认为："就联盟的组织分子讲，北美合众国始终没有加入，南美巴西，最近又有出盟之势，远领北亚的苏俄，又绝无与国联接近的表示，现在国联大会中的代表，十之八九都来自欧洲，这样可知全球的国联，几乎变成欧洲的国联之势了。"[④] 因而，他们得出结论：国联是欧洲的国联，不具有普遍代表性。

（三）对国际联盟发展前景的认识

受国联处理中日争端失败的影响，中国学者对国联的前景有两种看法：一种是彻底否定国联，认为其根本无前途可言；一种是对国联持一定乐观的态度。

否定国联的人对国联的性质进行了消极的界定，认为其是帝国主义奴役弱小国家的工具。如晓光指出的那样，它是一个帝国主义主导欺压弱小的工具，"国际联盟的本身，乃是国际帝国主义的御用机关。我们只要看他的常任理事会（英法德意日）中，尽是几个头等帝国主义者，而殖民地及比较弱小的国家，根本不能插足。他们的作用，是共同决定分割殖民

①　国纲：《我国与国联》，《东方杂志》第 10 号，1933 年，第 4 页。
②　樊仲云：《对于国联的正当认识》，《国际周报》第 3 期，1938 年，第 37 页。
③　孟锦华：《国联与中国》，《大地》第 3 期，1936 年，第 3 页。
④　陈震：《国联靠得住吗?》，《福农月刊》第 2 期，1931 年，第 4 页。

地的市场，共同对抗美国，共同排斥苏俄，共同进行一切帝国主义的计划"。① 孟锦华也如是认为："国际联盟之形式虽存，而其精神已非。故今日之国联，乃列强御用之工具，借以欺侮弱小民族之分赃机关而已也！"② 徐逸樵更是直截了当地下结论："国联之本体究为何物？曰：自其组织系统而言，发育不健全要素不完备之畸形的机构而已；自其组织分子而言，一强国集团对弱小国家之分赃集团而已。"③ 持有此类观点的还有胡愈之、包华国等学者，他们认为国联是无用的废物、帝国主义的御用品，断言其最终会走向毁灭。

尽管国联对中日争端的处理让国人甚为不满，但是还是有一部分知识分子对国联的发展前景抱相对乐观宽容的态度。哪怕是在九一八后，蒋廷黻等人依然认为应该给国联发展完善的时间，毕竟它的理想与目标是正确的，"国联现在固然没有海陆军，固然无制裁能力，固然不是太上政府，固是幼稚的，但它的目标是对的，所走的路是对的"。④ "国联是经过世界大战的流血的洗礼而产生的，它的产生背景，代表着一种超乎国家的和平组织的理想，然而这个婴儿生下来却就是先天不足的，它生在第一次世界大战的流血还没有冲尽帝国主义政治矛盾的时候。"⑤ "把这美丽孩子的未发育的躯体，看做一个完全强固的机构，要依靠它来挽救我们受到侵略时所引起的一切危机，是认识的不足；同时，把这个由于世界和平的理想而产生的机构，看作完全不中用的东西，却也是同样的错误。"⑥

徐敦璋等学者则对国联成立后在国际经济、文化等方面发挥的作用做了肯定的评述，徐敦璋认为："国联非超国家，顾名思义，它不过一国际联合会而已。国联的理论平凡，国联的思想颇旧。但从人类历史演变言之，他确有其历史上的价值。平情而论，二十年来，国联在政治上之成功虽甚渺小，然其于国际文化之促进，经济之改善及技术之合作，却功诚不可没。战争既属变态，而和平始属常轨，则和平概念一日不死，国联之精

---

① 晓光：《国际联盟可靠吗？》，《民间旬刊》第38期，1931年，第5页。
② 孟锦华：《国联与中国》，《大地》第3期，1936年，第3页。
③ 徐逸樵：《信赖国联乎？信赖自力乎？》，《日本评论》第3期，1932年，第1～2页。
④ 蒋廷黻：《长期抵抗中如何运用国联与国际》，《独立评论》第45号，1933年，第3页。
⑤ 金仲华：《国际联盟与中国外交》，《世界政治》第4期，1937年，第16页。
⑥ 金仲华：《国际联盟与中国外交》，《世界政治》第4期，1937年，第16～17页。

神与使命，自有其存在之价值。"① 廖培基也持类似的观点，他指出：国联 "在过去十七年虽无惊人的成就，但亦不能对它的工作，一笔抹煞。劳工局海牙常设法庭以及技术，知识卫生各种的贡献，在国际合作史上不能说是绝后，究可叹为空前。而且十七年光阴，在史学家看来，不过一瞬，我们不应该因其以往的软弱，便断定它将来不会强健"。② 可以看出，中国部分知识分子对国联的前途还是抱着保守的有条件的乐观态度的，这一条件就是要积极改造国联的现有缺陷。③

三、中国知识界国联观转变的影响因素

九一八事变前，大部分中国知识分子对国联寄予厚望，究其根源，也可说是远因，源于中国传统政治文化中"大同主义"思想的影响。"大同主义"中"天下为公"的思想，代表了一种民主主义，"讲信修睦"代表了国际联合主义。中国知识界在九一八事变前对国联寄予厚望与中国流传千年的这些传统政治思想和理想有着密不可分的关系。由于第一次世界大战的残酷及给世界人民带来的深重灾难，战后平和主义思潮得到长足发展，更加深入人心，人们对和平的呼声较以往高出很多。因此，整个国际社会迫切希望建立一个国际组织来维持世界的永久和平。第一次世界大战的爆发，使得人们争取国家安全、社会平和的观念发生了变化，人们开始从世界的视角来审视对外政策，开始从"世界主义"意识的角度来分析国联建立的价值，认为国联是实现世界大同的主体和推进者，故而在其成立早期对其寄予厚望。

九一八事变后，不少中国知识分子的国联观由原先对国联寄予厚望转变为失望甚至绝望，则主要受以下因素的影响。一是国联在处理九一八事变时的无力。国联处理中日争端，有偏袒日本的表现，并且最后虽然判定日本军队的军事行动不是正当自卫行动，日本应负全部责任，报告宣布不承认"满洲国"等，却因为日本的反对，而不了了之。除此之外，国联在处理意大利入侵埃塞俄比亚、西班牙内战等国际问题时表现出的无能，

---

① 徐敦璋：《论国际联盟之前途》，《世界政治》第9期，1939年，第37页。
② 廖培基：《国联的前途》，《中国国际联盟同志会月刊》第7期，1936年，第47~48页。
③ 参见金通艺《中日事件失败后国联应如何改造》，《东方杂志》第14号，1933年，第5~10页。

彻底让中国知识界感到失望。良辅指出，"国联非但是到了歧路，而且到了末路"。[①] 第二个方面是中国在 1934 年第 15 届国联大会上竞选非常任理事国失败，使中国知识分子对国联的观感进一步恶化，甚至提出中国应该退出国联。有知识分子认为，撇开国联效能不说，仅就成员国构成上看，"国际联盟已变成欧洲联盟，其满足世界使命的机会行将大受打击"。[②] 三是从心理层面上而言，因此前中国知识界对国联抱有太大的希望，而希望越大，失望自然也会越大，所以，心理因素也可视为影响中国知识界国联观变化的重要因素。

总之，九一八事变中国知识界对国联的好感和期待已经大大减弱，整体来看，九一八事变前知识界在国际观问题上持有的主流的理想主义开始为现实主义所取代，正如魏宪章指出："综合过去欧战的前因后果，巴黎和会的经过，战后各国的形势，国际联盟的组织能力和对于中日案件的处理，实予我们严重的教训。国际间一切行动，完全建筑在利害的基础之上，益证公理不足恃，法律不足凭，欲图我中华民族永远生存于世界，使国民深刻觉悟和忏悔，一致团结以谋自决外，别无良法。"[③]

结语

鉴于第一次世界大战给世界和平造成的毁灭性破坏，国联是在世界迫切需要建立一个以维护战后世界和平与安全为宗旨的集体安全体制的大背景下被战胜国提上建设日程的。可以说，它既是特殊时代特殊环境下的产物，又是历史潮流向前发展的必然要求。

国际联盟在国内早期也叫"万国联盟"，这个名字代表中国传统政治哲学中的天下一家、大同世界理想在某种程度上的实践，虽然存在设计上的种种不足，但在早期还是被中国知识界普遍寄予厚望。但是，随着国联

---

① 良辅：《国联的末路》，《东方杂志》第 20 号，1935 年，第 4 页。

② 胡道维：《国际联盟的估价与展望》，《外交月报》第 6 期，1934 年，第 1 页。此时，关于中国知识界要求退出国联的呼声，还可参见雪鳌《国联欧洲化与中国》，《行健月刊》第 3 期，1934 年，第 3~4 页；彭文应：《为什么还不退出国联？》，《自由言论》第 1 期，1933 年，第 12~14 页。

③ 魏宪章：《由各国利害关系上说明国际联盟的真相》，《教育周刊》第 100 期，1932 年，第 105 页。这种现实主义观，还可参见杜光埙《十年来国际联盟调解的国际纠纷（下）》，《国闻周报》第 4 期，1932 年，第 1~5 页；徐逸樵：《信赖国联乎？信赖自力乎？》，《日本评论》第 3 期，1932 年，第 1~4 页。

在处理九一八事变和随后的意大利入侵埃塞俄比亚等事件上的拖延和无为，以及中国在国联组织中的应有地位受到西方国家的排斥，失望情绪随后开始在中国知识界蔓延。随着国联观感中理想主义色彩的褪去，现实主义的国际政治观开始成为中国知识界观察世界的主导思想。尤其是法西斯主义在欧亚崛起后，东西方烽烟四起，在他们看来，世界已无可挽回地走向第二次世界大战，拯救中国的只能是自助原则下的自力自强。

第二节　乌云压城：中国知识界对七七事变的认知与因应构想

七七事变的爆发，标志着日本军国主义开始全面侵华，"卢沟晓月"一时风雨晦暝。中华民族危如累卵。有着传统入世和家国情怀的中国知识分子纷纷通过各种舆论平台表达他们对该事件的观感，为救亡图存贡献自己的智识。如胡兰亭所论，目的在于使"全国人民对于和战大计，有一个坚决的，有效的，正确的表示，以为政府的后盾"。[1] 总的来看，中国知识界对七七事变的关注表达了其洞察危局、希望凝聚全国抗战共识以救亡图存的政治诉求。

中国对七七事变的反应和应对，迄今仍是当代中国学界研究的热点话题。然而，学界关于七七事变的研究议题，主要集中在事件爆发后国民政府对该问题的反应与应对，[2] 而对作为该段历史亲历者和见证者的中国知识界就此事件持有的立场和发出的声音则明显关注不够。[3] 这一点我们容易忽略，进而无法充分理解中央政府抗战决策最终出台的民意基础。本节通过对中国知识界因应七七事变爆发在报刊发表的相关时论的文本分析，

---

[1] 胡兰亭：《芦沟桥事件的演化》，《中华月报》第 8 期，1937 年，第 3 页。

[2] 关于国民政府对七七事变反应的主要研究成果，可参见王建朗《卢沟桥事件后国民政府的战和抉择》，《近代史研究》1998 年第 5 期；张圻福：《卢沟桥事变与国民政府外交》，《安徽史学》1995 年第 2 期；王东艳：《卢沟桥事变后宋哲元对平津危机的应对》，《济宁学院学报》2007 年第 4 期；朱467峰：《浅析七七事变后国民政府的应对措施》，《理论界》2009 年第 10 期；谢坚明：《七七事变后国民政府的危机应对》，《民国档案》2005 年第 3 期。

[3] 此类成果可参见王天根《卢沟桥事变与〈大公报〉新闻时评及其舆论聚焦》，《兰州学刊》2016 年第 12 期；王焱：《卢沟桥事变后中外基督教会舆论》，《历史教学问题》2015 年第 2 期。

试图对七七事变发生后中国知识界对该事件的基本认知如起源、历史地位、对策等问题，以及这些认知之于官方决策的影响等做一探析，以期在丰富抗战史研究内容、拓展研究视野的同时，完善和深化当下人们对七七事变的历史记忆。

一、中国知识界七七事变起源观

七七事变爆发后，为让国人对事件有一个清晰、全面和深入的认识，知识界对其发生的原因进行了深入的探究。他们从远因和近因、内因和外因等多个维度考察了七七事变爆发的历史动因。他们通过历史的分析和现实的透视，指出该事件是日本军国主义蓄谋已久的"大陆政策"的重要组成部分，是日本国内外因素合力促成的必然结果，绝不是偶然事件。概而言之，他们主要有三种观点，分别是转移国内矛盾说、有利国际环境说、窗口期说。

首先是转移国内矛盾说。其逻辑出发点就是日本推行的军国主义体制造成了经济的畸形、财政的紧张和民生的困窘，由此引发日本统治者与被统治者之间、日本政党财阀和军部之间的矛盾。刘皮云的阐述颇具代表性，他说："日本帝国主义发展到现阶段，正走向'高度国防化'的改编，改编的起点就是强行最大化的预算……这个过程必然要遇到与大众生活之相克与摩擦，具体表现出来的，即是物价提高，通货膨胀，赤字增加，人民负担加重，生活恶化，兼以国际收支不平衡，黄金不断流出，使日本金融与财政都招来了重大的危机，反映到政治上的便是……军部，政党，财阀之间矛盾的难免与扩大，尤其是被压榨者工农的反抗，直可以动摇法西斯化过程的基础，在这种种危机之中，日本军国法西斯便找到了一条唯一的出路：向外侵略，这一方面可以把国民的目光转移对外，把已通过的庞大的军事预算逐步实现，一面可以继续并扩大军需企业，以维持畸形的景气。"[①] 近代中国日本问题研究专家王芸生也持有此观点，他指出，此次日本挑起卢沟桥事变的内在理由即为"国内矛盾的深化，经济的凋落，民生的痛苦，党派的对立，因此他想用

---

① 刘皮云：《卢沟桥事件的全貌》，《现代国际》第 2 期，1937 年，第 41 页。

对外扩张的手段以解决内部的困难"①。刘梦飞通过对日本国内问题的考察得出结论："敌人的内部矛盾，更逼得敌人不能不来一次军事冒险！"② 可以看出，他们这种观点的内在逻辑是军国主义体制带来财政紧张，财政紧张导致政党和军部的矛盾、人民和政府的矛盾，日本军政当局为了维护统治秩序，通过对外战争转移此矛盾便成为一种必由选择。

其次是有利国际环境说。在中国知识界看来，日本在此时发动卢沟桥事变的第二个原因就是有利于侵华的国际环境的形成，发动对华侵略正当其时。就如近代国际问题研究专家张忠绂所言："自国际关系的立场言之，此时当为最善的时期。简略言之，其理由为……苏俄正在清除国内的反动，尚不愿立即对日作战。（三）英国现正在努力于求得一切国际问题的和平解决。对日谈判又正在进行中。日本若不乘此时攫取华北，则英日间的谈判结束以后，姑无论其为成功为失败，日本若再前进，势必将遇到英方的阻力……（四）美国现尚在忙于内部问题。其超越海会条约的海军扩充，现方开始。（五）欧洲的种种困难问题犹未解决。"③ 史步金在探讨事件发生的根源时，进一步指出了欧洲局势在其中所扮演的角色：目前欧洲政局在日本帝国主义看来，对它是一个极有利的局面，除法国忙于政潮，德意是他的盟友外，他深知英苏一时绝不会干预他在中国的打劫行为。他尤其抓着了英国面面俱圆的外交政策是在想维持既得权利，所以在事变前，他已经与英国在谈判。至于苏联，有他的盟友德意在牵制，加上，近来苏联忙于肃军清党，自顾不暇。④ 通过对历史的考察，胡愈之也强调了日本发动卢沟桥事件的欧洲这一动因："欧洲问题与远东问题是息息相关的。每次欧洲发生了重大事故，各国忙着应付的时候，日本从不肯放松这样机会来压迫中国。这次英法等国正焦头烂额地应付西班牙问题时，日本就在卢沟桥举事了。"⑤

最后是窗口期说。该种论说是中国知识界对日本发动卢沟桥事件原因

① 王芸生：《抗战前途：中日战争的鸟瞰》，《救亡文辑》1937年创刊号，第17页。
② 刘梦飞：《芦沟桥事变分析》，《文化引擎》第5期，1937年，第3～4页。
③ 张忠绂：《芦沟桥事件的国际关系背景》，《经世》第2期，1937年，第6页。
④ 参见史步金《芦沟桥事变与华北前途》，《人间十日》第13号，1937年，第9～14页。此类观点还可参见王芸生《抗战前途：中日战争的鸟瞰》，《救亡文辑》第1期，1937年；胡兰亭：《芦沟桥事件的演化》，《中华月报》第8期，1937年。
⑤ 胡愈之等：《芦沟桥事件和民族复兴前途》，《关声》第1期，1937年，第30页。

的另一重要解释。在他们看来，自中原大战结束后，中国国内政治、经济和军事建设迅速发展，中华民族日益展现出统一和复兴的伟大前景，该情势引起了日本的惊恐和不安。日本为确保大陆政策的早日和顺利实现，才急于赶在中国尚未实现完全统一和全面现代化前的这一窗口期，发动侵华战争，于是卢沟桥事件的发生便成为一种必然。任行在《芦沟桥事件的意义》一文中指出："中国自和平统一两广及和平解决西安事变之后，已入于真正统一的现代国家的正轨上。最近在军事方面豫皖苏三省整军已告成功，川康整军也已具体实现，以前各省各自为政的割据局面已完全削减，换句话说，各省军队现已国军化了；在政治方面中央当局最近在庐山召集全国名流商讨今后救国大计，同时又召集各地高级负责人员举行训练，益见以后中国政治的基础，日形巩固，在经济方面……与各友邦进行经济合作，甚为顺利，以后中国经济建设当有飞跃进展之势。中国的军事、政治、经济各方面急速发展，民族复兴运动突飞猛进，这是日本所最嫉妒和畏惧的。"[1] 刘皮云也认为："中国近年来的进展，尤其是西安事变解决以后，在和平团结的口号之下，不仅日本帝国主义所日夜企求的内乱与分裂已无实现的希望，而且还有可能走上抗日救亡的大道……在日本帝国主义看来，中国很有走向'自力更生'完成'现代化'国家之途，而对于她的'国策'将大大不利，念头一转，先下手为强，于是便在为我北平重镇的卢沟桥首先开刀了。"[2]

此外，刘梦飞还总结了其他原因，[3] 诸如用武力扑灭中国日益高涨的抗日救亡运动；中国外交的趋硬使敌人更疯狂地发动新的战争；试图以军事行动来威胁冀察当局与中央分裂；敌人认识到"经济提携"要以军事进攻的胜利为前提；看到中国外交的胜利心生恐慌；敌人认为以华制华和不战而胜的政策已失效，必须通过武力方式来解决；等等。

二、危机与机遇：对七七事变历史意蕴的解读

虽身处纷繁复杂的历史进程当中，中国知识界却仍能拨开迷雾，看

---

① 任行：《芦沟桥事件的意义》，《时论》第 56 期，1937 年，第 1～2 页。
② 刘皮云：《卢沟桥事件的全貌》，《现代国际》第 2 期，1937 年，第 41～42 页。
③ 刘梦飞：《芦沟桥事变分析》，《文化引擎》第 5 期，1937 年，第 3 页。

清卢沟桥事件在历史的纵深和演进中所处的地位。在他们看来，卢沟桥事件是九一八事变后日本意欲灭亡中国的关键一步，其走向关系中华民族命运甚大，"是中国存亡的分野"[①]，"家破国亡的威胁已经降临到四万万同胞的头上，中华民族已经到了生死关头的时候了"[②]。但同时，在他们看来，该事件也蕴含着中华民族走向完全解放和自强的历史机遇。王芸生甚至认为，卢沟桥事件之于地区而言寓意久远，它"预告东亚的大时代即将到来"。[③]

在中国知识界看来，卢沟桥事件是日本近代以来推行"大陆政策"的必然结果。许其田把卢沟桥事变称为"日军对华膨胀大陆政策划时代的企图"。[④]在石础看来，"它是吞灭整个中国的'大陆政策'的一个步骤"。[⑤]而且，在中国知识界眼中，卢沟桥事变是九一八事变的自然延伸，二者存在密切的联系。王芸生直接将其称为"第二个九一八"。[⑥]方秋苇在探寻二者之间的联系时也指出，卢沟桥事件"导源于一九三一年九月十八日的沈阳事变，一直六年，这危机没有终结，且继续沿着上升的行径发展，危机是逐渐的重大化，终于在今年七月七日在卢沟桥勃发了"。[⑦]俊荣在《从九·一八谈到芦沟桥事变的重要性》一文中认为："七月七日夜卢沟桥之炮声便是实施灭亡我民族的第二步骤，九一八是第一步骤。"[⑧]可以说，在知识界眼中，卢沟桥事件就是九一八的延续、发展和升级，是日本灭亡中国计划的关键步骤。

此外，也有不少知识分子注意到了卢沟桥事变之于中华民族的潜在的积极意义。胡愈之等人指出："先有西安事变和三中全会构造了复兴民族的条件，今天因着芦沟桥的火拼，将有急速的发展，所以芦沟桥事件的发生，在日人是笨拙的，在中国是极有意义的，与复兴民族的前途是非常有关的。"[⑨]在纪念卢沟桥事变爆发一周年时，《战时学生》编辑部也专门

① 陈国材：《对于芦沟桥事件应有的认识》，《国华半月刊》第18期，1937年，第485页。
② 项飞：《芦沟桥事变的历史关系》，《抗战月报》第8期，1939年，第84页。
③ 王芸生：《北方的烽火》，《国闻周报》第28期，1937年，第9页。
④ 许其田：《芦沟桥事变底国际观察》，《中兴周刊（武昌）》第4期，1937年，第4页。
⑤ 石础：《应从抗战中求和平》，《中国农村》第8期，1937年，第2页。
⑥ 王芸生：《北方的烽火》，《国闻周报》第28期，1937年，第10页。
⑦ 方秋苇：《芦沟桥事件之前后》，《时事月报》第2期，1937年，第73页。
⑧ 俊荣：《从九·一八谈到芦沟桥事变的重要性》，《突崛》第7期，1937年，第1页。
⑨ 胡愈之等：《芦沟桥事件和民族复兴前途》，《关声》第1期，1937年，第32页。

刊文指出卢沟桥事件在中华民族自求解放过程中的特殊意义："芦沟桥事件是中国历史发展的新阶段……自芦沟桥事变全面抗战展开后，一变旧日苟安妥协的心理，坚决主张抗战到底，大家在民族利益高于一切的原则下统一起来，团结起来，政治也一天天改善，全国有志之士齐聚一堂，只见坚毅，自主，不屈，英明，理性，团结等在活动，与七七事件前现象大不相同，另向着一个新的方向——独立自由幸福的新中国前进！"[1] 项飞也撰文指出："七七烽火揭开了中华民族解放的序幕。"[2] 总之，中国知识界在这一关系民族存亡的危机中也看到了中华民族浴火重生的契机。

三、中国知识界的因应建议

在洞察卢沟桥事变发生的实质，亦即认清其是日本帝国主义蓄谋灭亡中国计划的又一重要步骤之后，中国知识界随即意识到随着卢沟桥事变的爆发中华民族面临生死存亡的危机。出于对民族命运的关心，以及对冀察地方政府和中央政府在事件爆发初期所持态度立场和因应措施的不满，中国知识界遂提出了自己关于该问题应有的解决立场与构想，以资国政。

（一）彻底抛弃和平幻想

针对事件爆发后冀察地方当局的对日和谈行为以及国民政府在事件发生初期的犹疑不决，如蒋介石第二次庐山谈话中"应战不求战"的态度，他们提出应完全抛弃和平幻想，和平只有通过战争的方式才能赢得的主张。

对此，中国知识界首先致力于竭力揭穿日本"假和平、真侵略"的诡计。方秋苇指出："从日本积极增兵行动看来，证明了八、九两日的'和平'原来是日本的缓兵之计。无奈我方奔走和平之人员，对日方信任过甚，竟不察而中其诡计。"[3] 针对事后日方声称的所谓"不扩大方针"，符笙提醒国人："眼前的华北并不是'谅解'或'和平'等言辞所能恢复

---

① 《战时学生》编辑部同人：《纪念芦沟桥事变周年之意义》，《战时学生》第5~6期，1938年，第3页。

② 项飞：《芦沟桥事变的历史关系》，《抗战月报》第8期，1939年，第85页。

③ 方秋苇：《芦沟桥事件之前后》，《时事月报》第2期，1937年，第77页。

旧时的状态。作为一种策略，侵略者新增部队尚未到达之前，它尽可用外交辞令行缓兵之计，等到新部队开到时，一切的礼貌和信义都会为侵略者的大炮击得粉碎。"① 看到从官方到民间，从中央到地方，有些人对和谈依然抱有希望后，陈铭枢痛惜道："许多人还没有彻底的觉醒起来，从容准备的迷梦与和平妥协的幻想仍然还没有洗清出去，这真是痛心且危险的现象。"②

进而，为警醒国人和政府，中国知识界大声疾呼，早日破除迷梦，只有决战一路可走。针对和谈幻想，文镕警告道："吾人切勿以亲善提携之烟幕，而忘当前最大之敌人，对此次芦沟桥日军暴行，惟有抗战到底，誓死周旋，方可保存中华民族最后的一线生机！"③ 在考察了中日对抗的时局后，石础得出结论："事实已经昭示了：和平早已绝望，现在唯一应采取的只有'战战战'，今天的中华民族只有实行反抗日本帝国主义的神圣的民族革命战争，才能有光明伟大的前途。"④ 卢沟桥事变发生后，文山剖析该事件发展的几种可能："（甲）和平解决，（乙）武力解决；在和平解决项下，又可分为三类：（一）恢复七月七日以前的状态，日本撤兵不附任何条件，由中央谈判此为荣誉的和平；（二）冀察委员会不得中央之许可擅自接受日本的条件，此为城下之盟式的和平；（三）二十九军内部因受日本荒谬的离间而自相分裂，由汉奸出面讲和使华北脱离中央，此为亡国式的和平。"随后，他又指出："第一种所论的荣誉的和平似已绝望，第二三种所论的和平，虽有种种谣传，但吾人相信，中央及全国军民决不忍受……仅剩抗战到底的一条路可走……"⑤

此外，中国知识界对蒋介石庐山谈话表达的"应战不求战"的态度立场也给予了批评，认为其相对之前虽有进步一面，但仍相对消极被动。他们虽然肯定蒋介石庐山谈话"是九一八事变以来最高当局所表示过的最强硬、最合理、最具体的态度"，但同时也对蒋介石表示的应战而不求战的立场表示质疑和担忧，"这又增加了我们无穷的疑惧。自然的，

---

① 符笙：《我们对芦沟桥事件的认识》，《时论》第56期，1937年，第3页。
② 陈铭枢：《芦沟桥事变给予我们的教训》，《民族战线》第5期，1937年，第5页。
③ 文镕：《我们对芦沟桥事件应有的认识与态度》，《青年》第8期，1937年，第1页。
④ 石础：《应从抗战中求和平》，《中国农村》第8期，1937年，第2页。
⑤ 文山：《如何应付芦沟桥事变？》，《经世》第1期，1937年，第2页。

只有侵略的法西斯主义才需要战争，我们是弱小民族，只求自由与自存，自然不贪求战，但是当我们的自由被剥夺，自存被摧残的时候，而且当敌人的刀锋正架在我们头上的时候，若说我们没有自动抗战的要求，而只有被动应战的决策，恐怕不是全国爱国的同胞所能同意的"。① 王醒魂也撰文指出："日军虽然不断挑衅以图扩大事态，但我国始终秉着一贯的和平方针，忍耐应付。八日芦事发生以后，日本全国上下剑拔弩张，而我们的最高领袖在庐山阐明其平生的哲学系统；并且召集全国名流，从容论道。这固然可以表现中国与日本不同的国风，但亦可以充分证明中国政府绝无求战之意。"②

（二）外交统一于中央，反对地方解决

卢沟桥事变发生后，日本方面声称这是一地方事件，拒绝与中国外交部交涉，坚持"现地交涉"。在中国知识界看来，这是日本的一种策略诡计。对此，中国知识界从法理与事实上予以批驳。

潘念之从外交学的角度对日本的主张予以抨击，"其实，所有外交事件从根本上讲都不成为地方事件的，因为一国的政治机构虽有中央与地方的分别，而对外，国家的组织是整个的，所以尽管是于地方发生的事件，是一二人所产生的行动，而对外均得有国家代表负责任"。③ 方秋苇则提醒国人注意历史的教训和日本此举的动机："从来，日本侵略中国方法是施行一种分化的手段……日本欲避免与中央交涉，而与宋哲元直接交涉，这是他们预定的计划。因为把芦沟桥事件当作地方事件，在名义上则减少严重性，事态既不扩大，目的又易于达到，在日方原是名利双收的事。"④ 杜若也指出了日本此主张背后企图分化中国的阴谋，"日人的借口地方事件须与地方当局解决，只不过是要淆乱我们全国上下的视线，向冀察当局压迫以期达到其既定的目标，同时给世界人士一种印象说：冀察是另一种政权，不用中央过问，使冀察与中央对立，达到其使冀察特殊化的目的"。⑤

针对日本企图把卢沟桥事变地方化的企图，国内知识界对此危害性予

① 朴：《芦沟桥事变与华北危机》，《民族战线》第 5 期，1937 年，第 11 页。
② 王醒魂：《芦沟桥事件与和战大局》，《晨光周刊》第 26 期，1937 年，第 10 页。
③ 潘念之：《芦沟桥事变的地方解决与冀察特殊化》，《自修大学》第 14 期，1937 年，第 311 页。
④ 方秋苇：《芦沟桥事件之前后》，《时事月报》第 2 期，1937 年，第 81 页。
⑤ 杜若：《国人对芦沟桥事件应有之认识》，《申报每周增刊》第 28 期，1937 年，第 630 页。

以警示。丁广极提醒国人："认清此次卢沟桥事变乃关系整个中国之存亡，为中国整个之问题，而决非地方问题。"①"我们决不能承认卢事是地方的，日本的侵略华北乃是侵略国策的另一阶段的发展，卢事是华北侵略的一个起点，我们为求领土主权的完整，也要全国不可分的来予处理。"②因而，反对地方解决、主张维持中央统一外交的权威，便成了知识界眼中政府解决卢沟桥事件时应该持有的一个重要立场和先决前提。

（三）立刻实行总动员，进行全面抗战

为提醒世人及早从和平迷梦中醒来，卢沟桥事变应在国家层面解决的基础上，国内知识界主张中央政府应立刻实行全国范围的战争总动员，及早启动并做好进行一场全民族抗战和决战的准备工作。

针对国人中存在的"中国积弱，还没准备好战争，主张通过短暂妥协、退让，推迟对日全面开战"的想法，知识界予以驳斥。卢沟桥事变爆发后，关声杂志社邀请政论专家胡愈之、钱亦石和钱俊瑞召开了一次时事座谈会。会上，他们批评了一些准备不足论者要求延缓抗战的想法，胡愈之指出："其实这种见解是错误的，忽略了我们有团结的力量，有为民族牺牲的决心，一个弱小民族和侵略国的斗争，不是物质来做胜败的决定，而是靠国内的团结程度和卫国的牺牲的精神来决定胜负。倘使仅靠物质建设来决定胜负，就是等十年百年，总走前我们一步，抗战也还是失败的。"③知识界这些看法的生成源于他们对现代战争性质是总体战的认识："现在的战争绝不是像过去一样只是战前哨战，而是一个整个的国力战。换言之，即武力，思想，经济三位的综合战。"④许其田也撰文指出："盖目前之战争，范围非仅仅限于军械之精良，而是包括着资源之战，交通之战，国际宣传之战，粮食之战以及民族意识之战，以博取最终之胜利。"⑤故而，他们认为，不能因为中国某一方面的不足而得出"中国抗战难以取胜"的结论，因为现代战争考验的是综合国力。

除此之外，知识界还对政府中存在的局部抗战的想法和做法进行了

① 丁广极：《青年对于卢沟桥事变应有之认识与准备》，《青年月刊》第5期，1937年，第19～20页。
② 止豪：《芦沟桥事件的透视》，《正路》第8期，1937年，第2页。
③ 胡愈之：《芦沟桥事件和民族复兴前途》，《关声》第1期，1937年，第32页。
④ 光：《芦沟桥事变：电信界同人应有的认识及应决定的态度》，《电信界》第5期，1937年，第102页。
⑤ 许其田：《芦沟桥事变底国际观察》，《中兴周刊》第4期，1937年，第8页。

批评。胡兰亭指出："所谓将计就计的貌为强硬，或仅应之以局部的抗战，那是一种儿戏。"他主张应该以"全面的抗战使日本不得不出关，然后再来谈判其他问题，我们继能求得和平"。最后，他还警告道："我们如果还是停留在局部的抗战，那就是自甘灭亡。"① 在对"准备不足，推迟开战""局部抗战"予以批评的基础上，知识界遂发出"我们希望政府立刻动员全部力量，以先发制人的策略，歼灭入寇的敌军"② 的呼声。

（四）寻求国际援助

国际援助被中国知识界视为抗战总动员的一个重要方面。他们在主张"应该抛弃一切依靠外力的错误观念，力求更生自活之计"的同时，也肯定了国际外援之于抗战的重要性，"中国目前正需要国际上的友邦，这些友邦值得我们用外交手腕去连接起来，俾能予日本法西斯侵略者以有力打击"。③

对于需要联络的国家对象和范围，许其田指出："对外，在国际路线上观察，我们有联络英美法以巩固经济阵地之必要。且在战略军事方面来说，我们有积极联络苏俄共站一战线之必要。"④ 文山对此表示异议，他认为："英美虽对我表示同情，但目前尚不能为有力的援助，现在与我们利害最关切的要算苏联……从前我们怕外来的援助，会促成日本早下毒手，中国未蒙其利反先受害；现在日本已经动手了，还怕什么？加以国内所有的力量，已经在中央指导之下为全民族奋斗，我们更无所谓容共联俄的纠纷。"⑤ 因而，他主张缔结中苏军事协定。金志骞对中国能借助的国家也做了范围界定："也得认清国际间能够助成我们作实力抵抗的，绝不是和日本争经济利益的英国，而是在政治上，军事上受到日本威胁的国家，美国，苏俄。"⑥ 事实，也的确如他们预想和期望的，事件爆发一个多月后的 8 月 21 日，两国就在南京签署了《中苏互不侵犯条约》。

需要说明的是，中国知识界吸取历史教训，对争取和借助国际外援保

---

① 胡兰亭：《芦沟桥事件的演化》，《中华月报》第 8 期，1937 年，第 3 页。
② 文山：《如何应付芦沟桥事变？》，《经世》第 1 期，1937 年，第 4 页。
③ 符笙：《我们对芦沟桥事件的认识》，《时论》第 56 期，1937 年，第 4 页。
④ 许其田：《芦沟桥事变底国际观察》，《中兴周刊》第 4 期，1937 年，第 4～5 页。
⑤ 文山：《如何应付芦沟桥事变？》，《经世》第 1 期，1937 年，第 4 页。
⑥ 金志骞：《华北的国际关系与芦沟桥事件》，《大路》第 2 期，1937 年，第 8 页。

持着比较清醒的头脑，提醒国人："我们联络友邦，断不可像以前一样，一味蜕萎下去，半点也不振作，而希望别人为自己伸曲直，辨是非。"[1] 方秋苇更是强调了自主抗战的重要性，国际援助的多寡取决于我们自身抗战的意志和努力程度，他指出："我们认为国际间对华北局势的态度，是以中国抗战的态度为角度的。如果我们抗敌的态度坚决，国际间对日压力则有形成的可能；我们的态度软弱无能，国际间的同情也会消失的。"[2]

结语

卢沟桥事变爆发后，有着浓厚家国情怀的知识界给予了高度关注。他们敏锐地认识到了该事变给中华民族带来的重大危机和难得的机遇。在借鉴历史、洞察现实的基础上，他们在当时的报刊上积极撰写时文，表达了他们有关七七事变的认知，以期为政府建言献策。

在他们看来，卢沟桥事变是日本决意推行"大陆政策"的体现，是九一八事变的延续。它的发生有着多重因素，一是转移国内日益加剧的政治经济社会矛盾；二是旨在于中华民族实现自强之前进行最后一击，意图一举征服中国；三是西方大国困于欧洲局势无暇顾及远东。在中国知识界眼中，卢沟桥事变把中华民族推到了存亡绝续的关头，但如果应对得当，也可转化为中华民族自求解放和富强的机遇。为此他们主张，彻底抛弃和平幻想，统一外交于中央，立刻实现战争总动员并寻求国际援助，全面开启战时模式，进入备战状态。

中国知识界的卢沟桥事变观及其对策建议与国民政府最终采取的抗战立场、措施之间是否存在密切联系，无法得到切实和精准的证明。然而，考虑到当时存在的至少三个特定的历史情势，知识界肯定不是自说自话。可以说，知识界所持有的这些思想和观点造就了国民政府处置该事件的强大舆论场。首先，这一时期知识分子几乎主导报纸、杂志、讲台、公众演讲、报告以及学术协会等思想与舆论的重要传播平台，可以说中国知识界对该时期舆论话语权有着强势影响。其次，知识分子参政。这为知识界对

---

① 符笙：《我们对芦沟桥事件的认识》，《时论》第 56 期，1937 年，第 4 页。
② 方秋苇：《芦沟桥事件之前后》，《时事月报》第 2 期，1937 年，第 83 页。

体制内的决策施加影响提供了便利。最后，在知识界制造舆论场的前提下，再考虑到国民外交兴起的背景，国民政府对民间主要由知识界构筑的舆情不可能完全漠视。事实上，卢沟桥事变爆发后，国民政府也的确有意在该问题上听取了来自社会知识界的声音。7月16日，亦即在蒋介石发表著名的"应战不求战"的第二次庐山谈话前夕，国民政府为共赴国难邀请胡适、经亨颐、张伯苓、张其昀、王芸生、王云五、洪深、范寿康、黄炎培、蒋梦麟、潘公展、程沧波、虞洽卿、刘鸿生、范旭东等社会贤达与知名人士举行谈话会，以听取他们在卢沟桥事变上的建言。历史地看，就随后国民政府实施的抗战外交的步骤、战略、战术而论，中国知识界的诸多建议都落到了实处，这绝不是纯粹的巧合。

总之，卢沟桥事变后，有着"治国，平天下"入世情怀的中国知识界勇于担当救亡图存的历史责任，通过各种平台积极表达他们有关卢沟桥事变的看法以及应对之道。中国知识界关于卢沟桥事件的认知，在确立国人对卢沟桥事变理性认识的同时，也构筑了推动政府积极应对卢沟桥事变的社会舆情，进而推动了国民政府全面抗战决策的最终形成。中国知识界是七七事变的见证人和亲历者，今天我们对其对卢沟桥事变认知的考察，无疑会丰富和深化我们今天对这一重大事件的历史记忆。

第三节 力挽狂澜：20世纪30年代中国知识界关于创建太平洋集体安全组织的思考

1931年12月10日，应中国政府要求，国联理事会通过决议，决定派一个专门调查团前往远东地区实地调查九一八事变。耗时近一年之后，调查团发表充满绥靖主义意味的《国联调查团报告书》，尽管如此，日本对报告书建议依然表示强烈不满，遂宣布退出国联，公开挑战《九国公约》，华盛顿体系构建的一战后的远东均势逐渐被打破，中国的国家安全以及英美法等列强在远东的既得利益受到极大威胁。

中国知识界深感中华民族与太平洋地区沿岸弱小民族的国家安全和地区和平已陷入危机。彼时中国与世界局势之危急，如黎锦若所言，"现在远东阴霾密布，太平洋白浪滔天，暴风雨的大时代就要来临，世界已经到了战争与革命的前夜"。① 然而，鉴于国联这种普遍安全机制自身存在的诸种设计缺陷以及在此前应对德意日法西斯国家侵略时的无能，为拯救和平，求中华民族解放计，他们开始于当时存在的普遍安全组织——国际联盟之外，倡议并推动建立一种能克服国联之不足的区域集体安全机制，即太平洋集体安全组织，想借此来挽救和维护岌岌可危的地区和平。

因此，从 20 世纪 30 年代中后期起，由于世界政治急剧动荡，远东地区的整体和平危在旦夕，中国知识界面对"白浪滔天"之情势，在以报刊为载体形态的舆论界掀起了一场关于创建太平洋集体安全组织的大讨论，纷纷参与到维护世界安宁、抢救世界和平的运动中来。

一、缘起与内涵：中国知识界眼中的区域集体安全

远东地区建立区域性集体安全组织的倡议最早来自英国的自治领澳大利亚。20 世纪 30 年代日本在亚洲的扩张直接威胁到了英国在远东的殖民地、自治领和势力范围，这种安全关切尤以防务力量最弱的自治领澳大利亚、新西兰最为显著。1937 年 5 月 14 日，大英帝国会议在伦敦召开时，澳大利亚总理约瑟夫·莱恩斯正式提出太平洋各国应依据国联组织的精神缔结互不侵犯条约，维护太平洋和平。他提出此举自然是为了自身安全着想，因为日本的"南进"政策已让澳大利亚的安全岌岌可危。莱恩斯提议抛出后，虽未得到英国的正式表态，但面对日本帝国主义咄咄逼人的扩张态势，太平洋集体安全问题还是立刻引起包括中国在内的太平洋沿岸各国政府和舆论界的关注与响应。

区域集体安全是相对于普遍安全而言，指的是地理上邻近的两个或两个以上的国家出于维护共同安全的需要缔结的防御协定。20 世纪 30 年代，作为对日本法西斯扩张的因应，中国知识界热议的太平洋区域集体安全即为此种。在萧索看来，"所谓太平洋集体安全制，就是太平洋各国的共相互助，维护和平"。② 其目的，即如盛岳所说，"就是团结一切反对战

---

① 黎锦若：《太平洋集体安全与中国》，《前导》第 16 期，1937 年，第 4 页。
② 萧索：《建立太平洋集体安全制度》，《南声》第 80 期，1937 年，第 573 页。

争与侵略的力量，用以牵制，削弱和击败和平的公敌"。①

中国作为太平洋沿岸的大国，饱受日本侵略之苦，中华民族危亡与太平洋集体安全息息相关，因此中国知识界普遍响应并积极呼吁建立太平洋集体安全制，以抵抗侵略，保障太平洋地区的和平与安定。如钱泽夫所论，"我们曾经提议过要谋得和平的保障，首先应该建立起各种足以防止战争的集体安全制度，这种制度无疑的是全世界任何爱护和平的人士所急迫需要和拥护的，而且更是许多国家，尤其是那些已被、正被或者将被侵略的弱小民族所赖以保持的独立与自由的必要手段"。② 黄廷英也指出了中国应持有的立场："我们应当抱有坚决不易的信念，以促其实现，目前中国所遭受的危机太大了，如能够拉拢国际间比较倾向和平的国家订立一种和平公约，这是迫切需要的工作。"③ 张健甫、金则人等人也纷纷对此种倡议表示认可。由此看来，在民族危亡时刻中国知识界对建立太平洋集体安全制度以保民族独立解放与地区安定的做法形成相对普遍的共识。

中国知识界推动和平运动，倡议集体安全制度的原因有三。首先，世界政治风雨骤急，尤其是其时中国山河破碎，东北失陷，华北沦陷，平津告急。如金则人所论，"今日的和平运动其所以有这样大的规模，不消说，那是由于战争的危险发展到今日，也具有差不多同等规模的原故"。④

其次，从思想源头上看中国知识界和平不可分割的和平观念已然形成。如蒋震华所论，"时代的进展，已经使得战争局部化（Localization of War）成为不可能的了。和平是不可分割的，欲求避免牵一发而动全局的战争，只有利用集体的行动来追求集体的和平，从而集体安全制（Collective Security System）遂以最新的形式而产生了"。⑤ 结合中国面临的危局，金则人进一步解析了中国的和平与世界的和平的不可分割，表达了中国和世界命运与共的观点："然而在这个时代，最受磨难的，所处的地位最危困的却是中国。当然，没有一个中国人愿意在这磨难中在这危困中沉没了自己，并结束了中国民族四千年余的历史。中国人必须以最大的决心，

---

① 盛岳：《太平洋集体安全运动与中国》，《世界文化》第 5 期，1937 年，第 263 页。
② 钱泽夫：《迅速建立太平洋集体安全制度》，《现世界》第 2 期，1936 年，第 62 页。
③ 黄廷英：《建立太平洋集体安全》，《时事月报》第 5 期，1937 年，第 219 页。
④ 金则人：《世界和平运动与太平洋集体安全》，《新中华》第 18 期，1936 年，第 17 页。
⑤ 蒋震华：《建立太平洋集体安全制度之必要》，《创导》第 4 期，1937 年，第 35 页。

以必死的精神，力图自拔……倘使采取孤立政策，那是不能自拔的，我们得把中国置于世界的重心上，在争取世界的安宁上争取自身的安宁。倘使世界不得安宁，中国也不得安宁，这是极显明的。"①

再者，中国知识界对区域集体安全的追求和对以国联为代表的传统普遍安全组织的失望也存在很大关系。如怀瑾所论，"深感于普遍的集体安全制度，如国际联盟之脆弱，无济于事，应另谋调整国际关系适当之方，即创设地域的集体安全保障制度，此固亦自然之趋势也"。②而在许涤新看来，区域集体安全制度是对国际联盟这种普遍安全制度的补充。对此，他论道："关于集体安全制度，就一般来说，国际联盟已表现一个雏形，但因他本身包含着很多缺点是不能尽量发挥其维护和平作用，欲补救这种缺憾是有赖于区域的集体安全制，如《洛迦诺公约》，苏联与其邻邦制定的互不侵犯条约，苏法苏捷互助公约，美洲各国之不侵犯条约及和平条约皆能补救国联盟约之不足，展开其保持和平之功能。"③金则人也认为，在国联威信尽失的情势下，区域集体安全制度可以弥补普遍性集体安全制度的不足，从而发挥保障和平的效用，正如法苏二国之较坚决地拥护集体安全制度，签订法苏与苏捷等互助公约，使两大侵略国还不敢公然的在欧洲演着侵略的行动一样，他认为于远东局势来说，成立太平洋集体安全组织无疑是最有效的办法。他还指出了这种将要建立的区域集体安全制度与国联之间的关系："因为国联也正在危难之中，它正需要区域的集体安全制度的建立，来加厚它的能力，强化它的作用。"④在他看来，区域集体安全组织可以被用来弥补国联效能的不足。

九一八事变后，中国仍未完全放弃通过国联来制裁日本侵略行径的希望，但由于国联制度自身设计的不足，最终还是在国际组织外交中遭遇挫败。因此，在中国知识界看来，致力于太平洋集体安全组织的创建是必要的，"要实现真正的和平，唯一的办法就只有建立集体安全，以和平阵线来对抗侵略阵线，给侵略者一个致命打击"。⑤在他们眼中，这不仅关系到中国安危，还关系到太平洋区域乃至世界的和平安定。

① 金则人：《世界和平运动与太平洋集体安全》，《新中华》第18期，1936年，第20页。
② 怀瑾：《太平洋集体安全要有实力做后盾》，《边事研究》第1期，1937年，第1页。
③ 许涤新：《从强盗结伙说到太平洋集体安全问题》，《战线》第3期，1937年，第30页。
④ 金则人：《世界和平运动与太平洋集体安全》，《新中华》第18期，1936年，第21页。
⑤ 鉴湖：《太平洋集体安全的前瞻》，《中外问题》第4期，1937年，第167页。

二、中国对太平洋集体安全运动应持有的观念和立场

面对纷繁复杂、波谲云诡的国际形势，在民族危急时刻，中国知识分子普遍认为太平洋集体安全运动是可以借以反击日本帝国主义侵略，推动实现中华民族解放与复兴的重要力量，必须牢牢抓住这一有利之机，参与并积极推动太平洋集体安全运动。

黎锦若在剖析了远东的形势后得出结论："我们认定目前的远东形势是有利于我国的，我们为了远东安全及世界和平，为了自身民族的解放，都应该抓住这有利的形势，利用一切国际矛盾，积极的负起太平洋民族解放运动领导者的责任，作一个太平洋反侵略的中坚。"[1] 金则人撰文指出，"中国和世界是在一个共同的利害关系上。世界需要和平，中国也需要和平；世界需要不再被分割，中国需要民族国家的完整；世界在受着战争的威胁，中国在受着帝国主义的侵略。中国应该把自己的问题作为世界问题的一部分来解决……这就是说：中国应该参加到世界和平运动中去，作为世界和平运动主要的一环"。[2] 穆菲也持同样的观点，他还强调了中国在太平洋集体安全组织中应该扮演主要角色，发挥积极作用，他论述道："中国是太平洋沿岸'举足轻重'的一环，她是具有着决定的作用的，所以太平洋集体安全制度的建立是要视我们的主要动向的。"[3]

张健甫详尽列举了中国应该参加太平洋集体安全组织的三个理由："第一，太平洋各民族，除了日本帝国主义外，都是被压迫民族，而日本内部的工农劳苦大众也是被压迫者，同样需要反对帝国主义的侵略，因此，太平洋各个弱小民族有建立集体壁垒的必要；第二，太平洋各民族，除了中国正在和日本帝国主义作艰苦的肉搏以外，如朝鲜、安南、菲列宾等民族，过去和现在，都不断地努力于民族解放的斗争，事实上有形成联合阵线的可能；第三，只有中国民族获得解放，才能影响太平洋各个民族的解放，同时也只有太平洋各个民族争取共同的解放，中国民族的解放才能迅速成功，获得更大胜利的把握，因此，中国民族在建立太平洋的集体

---

[1] 黎锦若：《太平洋集体安全与中国》，《前导》第 16 期，1937 年，第 7 页。
[2] 金则人：《世界和平运动与太平洋集体安全》，《新中华》第 18 期，1936 年，第 20 页。
[3] 穆菲：《建立太平洋集体安全的决定点》，《社会生活》第 2 期，1936 年，第 66 页。

安全制度中，显然处于领导地位。"①

黄廷英也论道："太平洋互不侵犯公约这是一个很重要的问题，虽然太平洋和平现在感受威胁，可是我们不必对太平洋集体安全前途，太抱悲观。反之，我们应抱有坚决不易的信念，以促其实现。目前中国所遭的危机太大了，如能拉拢国际间比较倾向和平的国家，订立一种和平公约，这是迫切需要的工作。太平洋需要和平的国家，除日本外，无论苏联，英国，美国，法国，甚至于荷兰，葡萄牙等，莫不有与我们合作的可能。假使中国能很活泼的利用这个机会，去努力促成太平洋方面的和平，则这种努力，是决不会没有一点效果的。因此，我们不论太平洋集体安全的提出问题的动机怎样？假使这互不侵犯条约能够成立的话，对中国总是有利的。"②

由上可知，在中国知识分子眼中，世界和平是不可分割的，目前的远东形势对于中国安全虽然构成潜在威胁，但也存在有利于中国的因子，他们认为这是实现民族独立与解放的历史机遇，有了太平洋集体安全，民族解放运动就多了一层胜利的保证，中国应该要担负起领导者的责任，成为中坚力量。

另外，中国知识界也警告公众一定要消除完全依赖集体安全寻求自身安全的心理。如怀瑾就发出警告："吾人一面希望有集体安全保障制度以拘束侵略国之暴行，一面政府当局及全国民众，仍宜淬励奋发，增进其生产之质量，以作国防之基础，并一洗依赖国联之旧心理；而随时准备抗战以图自力自助自救，复兴大业庶乎近之！"③

三、关于太平洋集体安全组织的建设构想

首先是参与太平洋集体安全组织的成员范围，亦即允许哪些国家参与的问题。

穆菲主张应在国内和国际建立双重统一战线，就国际统一战线而言，他指出："我们若是在国内建立起并扩大抗日人民统一战线，在国际间实

---

① 张健甫：《太平洋集体安全制度之建立的问题》，《读书生活》第 2 期，1936 年，第 6 页。
② 黄廷英：《建立太平洋集体安全》，《时事月报》第 5 期，1937 年，第 219 页。
③ 怀瑾：《太平洋需要集体安全保障制度？》，《边事研究》第 6 期，1937 年，第 8 页。

现孙中山先生所主张的联合太平洋沿岸真正爱好和平的苏联，及各弱小民族（如朝鲜印度等）及各帝国主义内部的被压迫大众，那么建立太平洋集体安全制度，那不仅是可能，而且它的实现是有着保证的。"① 郑振铎在此基础上对太平洋沿岸利害关系国的范围做了一个拓展，"在北部有苏联，在东部有美国，在南部有英国和法国"，② 亦即要把英、美、法等在太平洋有利害关系的西方国家也列为团结的对象。白帆也认为：单纯由一两个国家抗击侵略是达不到效果的，真正的国际战友，一是苏联，它与我们有共同的敌人；二是日本帝国主义国内受压迫的过着奴隶生活的劳苦大众，他们与我们同样饱受日本帝国主义者的压迫；三是朝鲜、台湾和太平洋一切被压迫的民族，如菲律宾、马来，他们和我们一样也是在帝国主义铁蹄之下高呼着解放，也需要国际援军。③ 可以看出，知识界倡议的这个太平洋统一战线，包括苏联、英国、法国、美国、荷兰，日本殖民体制下的朝鲜以及东南亚、南亚受帝国主义压迫的国家，甚至还包括日本国内爱好和平的劳苦大众。

其次是太平洋集体安全组织如何成立、性质以及运作机制问题。中国知识分子也纷纷建言献策。

在 1937 年《申报》主办的太平洋集体安全问题第三次座谈会上，有知识分子建言："我们所要努力促成的和平公约将不外乎互助公约和新的互不侵犯条约两种。中国最好能和各国缔结互助公约，退而求互不侵犯条约的订立也是很有利的。"④ 蒋震华对此表示认可，并对两者加以比较："这两种公约的形式不同，但意义完全一样，都是以拥护和平为原则，不过互助公约更具有积极性，更具有较大的力量。"此外，他还进一步界定了未来新公约的性质和特点："我们知道欧战前所有的同盟条约，都是站在侵略立场的，其内容只限于攻守一体的二国或三国，其功效不过加强了侵略的力量。恰正相反，互助公约则是拥护和平的。签订这个公约的国家是利用互助的精神抵抗侵略的，所以凡是相关的主张和平的国家都可以加入，互助的范围并不限于订约的两国……就说互助不侵犯条约吧，与过去

---

① 穆菲：《建立太平洋集体安全的决定点》，《社会生活》第 2 期，1936 年，第 66 页。
② 郑振铎：《国民外交与太平洋集体安全运动》，《世界知识、妇女生活、中华公论、国民周刊战时联合旬刊》第 2 期，1937 年，第 45 页。
③ 参见白帆《太平洋集体安全与抗日战争》，《新动向》第 3 期，1936 年，第 8 页。
④ 周宪文：《太平洋集体安全问题》，《申报每周增刊》第 21 期，1937 年，第 465 页。

所谓的不侵犯条约一样的具不同的本质和精神。在过去，此种公约中除了你不侵犯我，我不侵犯你，没有其他的内容。然而现在新互不侵犯公约，则是以互不侵犯其他国家为互不侵犯的限度。签字国任何一方，在不遭受他国的攻击之前，自动向外侵略，那末这个互不侵犯条约的效用就立刻终止。这种新互不侵犯公约与互助公约没有两样，都是一个防止侵略的公约，都是一个以和平为目的为依归的公约。"① 寄宇也建议："我们要求的集体安全制度，应该以法苏互助公约为蓝本，采用军事互助的方法来制止侵略战争，维持太平洋的和平，由我与需要和平最迫切而又以平等待我的国家订立互助条约，建立未来的基础。"②

少数知识分子还建议区域内各国订立互助公约，必须立即实施军事制裁对付侵略国，并将此公约纳入国联，通过改组国联的方式达成集体安全协定。李晋夫对此撰文批评道："虽言此类公约须纳入国联内，试问以今日国联之无力，苟后来复有如日本帝国主义者之撕破互相公约时，其又将何从而处理耶！要之集体安全已无力制裁强暴之国家，今又倡设类似和平之区域安全，适足以增加各强之对立。和平云乎哉！徒为赔弱小国家予分割之惨痛耳！"③ 显然，他并不认同这种方式，多数知识分子也不主张把太平洋集体安全组织纳入国联体系，强调要彻底摆脱对国联的依赖。

再者是太平洋集体安全组织建立时应该遵守的原则问题。

黄廷英提出两点：一是太平洋集体安全的建立应当构筑在太平洋沿岸各国共同利害的整个关系基础之上的，不以牺牲某一两个弱国以求和平。二是尊重我国领土和主权完整，以及以恢复我国领土和主权完整为前提，绝不能因渴望和平就牺牲了我们收复失地的立场，屈辱的和平即是不能接受的。④ 萧索也认为："必须具备下列两个重要的条件，将来的安全协定，必须切实保障中国乃至其它各国的主权独立，领土行政完整，如果这个主权独立，领土行政完整一被破坏，签约国必须共同制裁破坏者。第二，安全协定要有实力支持，如果条约一被破坏，各国须以实力制裁，这样安全

---

① 蒋震华：《建立太平洋集体安全制度之必要》，《创导》第 4 期，1937 年，第 35～36 页。
② 寄宇：《太平洋集体安全制的建立》，《大众文摘》第 2 期，1936 年，第 66 页。
③ 李晋天：《倡议中之区域安全》，《时论》第 26 期，1936 年，第 4 页。
④ 参见黄廷英《建立太平洋集体安全》，《时事月报》第 5 期，1937 年，第 220 页。

协定才不会成为黩武国家任意撕毁的废纸。"① 就实力保障问题，岐山指出："互不侵犯公约的缔结，固然对于和平保障的贡献极大，毕竟还是属于消极的力量；我们必须要进一步的提出，要求太平洋集体互助公约的实现，以集体的威力，抑制任何侵略者的蠢动，在遇有侵略者破坏和平的场合，立刻要发动一切签约国，以政治，经济，甚至军事的力量，加以最有效的制裁，这样才能真正保障太平洋各国的集体安全。"② 张健甫进一步补充道，成立时"这里有一个先决条件，不侵犯公约并非承认武力占领为有效，而是应当依照国联决议的精神否认一切武力占领行为"③，并否认日本过去以武力占领的"既得事实"。

综上可知，中国知识界普遍认为太平洋集体安全制的建立应该以尊重和恢复我国领土和主权完整为前提，由政府或人民联合有共同利害关系的爱好和平的平等待我之民族，通过订立积极的互不侵犯条约，或退而求其次，签订相对消极的互助公约来建立统一的和平阵线以抗击敌人的侵略。

四、太平洋集体安全组织成立的可能性、挑战及对策

在对建立太平洋集体安全组织的路径和原则做了探讨之后，中国知识界基于世界现势又对其成立的可能性以及存在的挑战做了一个研判，并结合现实，从民族本位出发，有针对性地提出了中国的应对之道。

寄宇认为，成立太平洋集体安全组织是当下各国现实的需求，有其存在建设的客观合理性和可能性，"日本前进一步，英美所感受的威胁必更加重一层，英日和美日的冲突之深化必使得英美合作加速实现，同时也必然重视苏联这个巨大的和平势力，这就是太平洋集体安全制度能够诞生的基础"。④ 钱泽夫也表达了同样看法："太平洋上任何关系国都有其建立和巩固防止侵略的共同客观条件，在这种形势下唯一的有效方策便是迅速建立太平洋上的集体安全制度。"⑤

---

① 萧索：《建立太平洋集体安全制度》，《南声》第 80 期，1937 年，第 573 页。
② 岐山：《太平洋集体安全问题》，《建言》第 2 期，1937 年，第 1～2 页。
③ 张健甫：《英日谈判与太平洋集体安全问题》，《生活学校》第 3 期，1937 年，第 694 页。
④ 寄宇：《太平洋集体安全制的建立》，《大众文摘》第 2 期，1936 年，第 67 页。
⑤ 钱泽夫：《迅速建立太平洋集体安全制度》，《现世界》第 2 期，1936 年，第 60 页。

左辙还从英国远东政策的强化、美国对远东侵略战争的威胁、中国抗战救亡的迫切、日本国内战争以及各国对日的孤立等情势分析其建立的极大可能性，但他也提醒："要将这些可能性做到实现，还需要看这些自认维护集体安全的重视的国家是怎样在努力奋进。今天的问题是要取决于已知数与未知数的共同努力。"① 黎锦若也指出："太平洋集体安全制度的客观条件，已经成熟了，不过这种可能性，是否成为现实性，主要的还靠我国积极的推动……我们认定，目前的远东形势，是有利于我国的。"② 而且，他还认为中国在太平洋集体安全制度的建立中应起关键作用，并且成功可能性较大。

个别知识分子对这种组织的成立持消极看法。他们认为中国加强对太平洋集体安全运动的宣传会加深国人依赖他国而不自努力的不良心理。朱震认为"太平洋集体安全制，是有意麻醉与模糊群众抗战意识的宣传，是可耻的努力择主而事的态度"③，大力宣传只会让民众产生苟安的幻想而不自知。当然，还有一部分知识分子认为，无论其成立与否，对于中国来说都是有利的。张健甫指出："即使这个公约能够成立，多少对于侵略者是一种约束，即使不成立，那么中国的努力也不会落空。"④ 在他看来，中国应该无条件地热烈参加，至少也可以把和平国家的阵线扩张到太平洋来，因为德日同盟的缔结，其目的是想把侵略阵线拉长到东方，如果能把和平阵线延伸到东方，也算是对侵略阵线的一种示威。

由上可知，在中国知识界看来，太平洋集体安全组织的成立具备强烈的现实需求，其成立的条件已经成熟，其推进也势在必行。但考虑到远东政治的复杂性，太平洋集体安全组织的成立也面临着种种挑战，充满了不确定性。

首先是太平洋各国间关系的复杂性可能为日本利用。怀瑾撰文道："大体说来，太平洋上的一般形势是比较令人乐观的，但是英美之冲突太深，美苏关系之未彻底改善，英国政策之未能完全摆脱游移的态度，能予

① 左辙：《苏联与远东集体安全》，《世界文化》第5期，1937年，第267页。
② 黎锦若：《太平洋集体安全与中国》，《前导》第16期，1937年，第7页。
③ 朱震：《批评：太平洋集体安全制度是什么》，《大路周报》第3期，1937年，第5页。
④ 张健甫：《太平洋集体安全制度之建立问题》，《读书生活》第2期，1936年，第6页。

以日本以可乘之机，这些弱点的存在也是很值得注意的。"① 黄廷英也指出，虽然就目前国际新形势来看建立太平洋新秩序是比较合理，比较合于希望的时间，因为目前的国际形势可引日本走向这条路，但"最后关键仍在日本有没有彻底的觉悟"，② 他认为如果日本觉醒武力征服的迷梦，共同和平携手建立太平洋新秩序，那是没有多大困难的，但最终日本如何选择还充满了不确定性，中国反而显得被动。

其次是首倡者英国背后的动机和意愿问题。戴介民认为澳大利亚总理莱恩斯提出的太平洋集体安全制度完全是英国主动的行为，而英国的态度是："绝不希望有什么战争而能继续维持现状，但同时又绝对没有决心联合不侵略的国家而去组织健全的集体安全制度，俾得对侵略国家施行集体制裁。"③ 他觉得英国此举是希望中国能对侵略者让步来满足对方的欲望，以假借缔结互不侵犯条约与保障和平的美名来达到他最后的目的——维持在远东的利益，这极有可能是英国的陷阱。同时，他还告诫大家，这种名义上的以英国为主动的集体安全制度实际就是帝国主义之间的分赃协议，一旦形成，那么可断言中国的民族革命出路反而是多一层障碍，中国须时刻注意这个问题，同时要极力创建以中国自己为主动的太平洋集体安全组织。

最后是主权问题。奕绳的分析具有代表性，他说："集体安全公约之所以不能发生实效，主因是国际组织没有高于国家主权的权（力），没有克服国家军备的武力，所以他不足使一个强有力的国家不敢背弃他。而区域安全公约的权与力的渊源和限制，都与集体安全公约者相等，如是则区域安全公约，又何能期以保证世界和平呢……亦必踏集体安全公约的覆辙了。"④ 他认为，在"国家主权高于一切"的理论指导之下，普遍安全或区域安全或其他国际协定及制裁都不能期望得到有效的实施，如若不是建立在严厉地制裁侵略者的基础之上，条约协定终不能落实。

不过有的知识分子对此持反对意见，认为不可将集体安全和区域安全一并看待，当全世界的集团安全还没有结成的时候，可与联系的国家首先

① 怀瑾：《太平洋需要集体安全制度：但中国仍需自力自助自救》，《边事研究》第6期，1937年，第7页。
② 黄廷英：《建立太平洋集体安全》，《时事月报》第5期，1937年，第219页。
③ 戴介民：《太平洋集体安全制度与中国》，《晨光周刊》第22~23期，1937年，第9页。
④ 奕绳：《区域安全果能弭战乎》，《自由评论》第44期，1936年，第7页。

建立区域的集体安全，如法苏、苏捷互助公约是和平的反战条约，如果是和平阵线的区域安全还是能够弭战的。①

五、中国知识界的因应之道

由上可知，针对当时严峻国际形势中出现的可能有利于中国的转机，中国知识界整体认为应当抓住机遇，推进太平洋集体安全组织的实现，为中华民族的安全、解放与独立而努力，为此他们提出中国的立场和应对之策。

（一）谋求自力更生

在中国知识界看来，在抗击外来侵略时，最紧要的还是自己的拼搏和坚持。推动抗日民族统一战线的建立，中国人民如果不拼命争取民族解放，便没有资格与别的国家谈互助，政府和民众应该积极联合抗日，自力更生，以自身实力力谋应付。怀瑾提议："吾人一面希望有集体安全保障制度以拘束侵略国之暴行，一面政府当局及全国民众，仍宜淬励奋发，增进其生产之质量，以作国防之基础，并一洗依赖国联之旧心理；而随时准备抗战以图自力自助自救，复兴大业庶乎近之！"② 戴介民也劝诫国人："建立太平洋集体安全制度，中国确实是需要的，不过我们千万不可幻想借外力来建立此制，而保障中国领土主权之完整也不可丝毫有着暂存苟安的念头，而应当自己做主动去努力于反抗侵略者的集体制之建立。"③ 至于如何主动，高松认为要主动宣传，各华侨及文化工作者应主动通过各种文字书报组织强有力的宣传，使各国人民充分了解中国的立场和态度，摆明我们单纯不依赖他国援助的心态。④ 金则人则主张中国应该要主动与太平洋利害关系国家谈判，将建立太平洋集体安全组织的问题作为外交活动的中心问题，争取在国际和平大会中提出来并着实解决。⑤

在中国知识界眼中，面对这一变局和危局，中国应该自力更生，中华民族解放运动和太平洋集体安全是不可分割的，如果没有自身民族解放，

---

① 参见黄廷英《建立太平洋集体安全》，《时事月报》第 5 期，1937 年，第 219 页。

② 怀瑾：《太平洋需要集体安全制度？》，《边事研究》第 6 期，1937 年，第 8 页。

③ 戴介民：《太平洋集体安全制度与中国》，《晨光周刊》第 22 ~ 23 期，1937 年，第 10 页。

④ 参见高松《迅速建立太平洋集体安全制度》，《现世界》第 8 期，1936 年，第 60 ~ 62 页。

⑤ 参见金则人《世界和平运动与太平洋集体安全》，《新中华》第 18 期，1936 年，第 17 ~ 21 页。

太平洋集体安全将会是个空壳，而且也没有资格寻求外援，反之，有了太平洋集体安全组织，民族解放运动将多了一层胜利的保障。

（二）开展更加积极主动的有担当的外交

中国知识界认为外交是维护国家安全的重要手段。在黎锦若眼中，"现代战争，已经不是单纯的肉搏战而是武力战，经济战，政略战，思想战相互关联的整体。决定战争胜负的武力战、经济战略固然重要，而思想宣传，及政略战——尤其是外交战略也是非常重要的"。[1] 他还建议，中国应该抓住这有利的形势，敢于担当，利用一切国际矛盾，积极地负起太平洋民族解放运动的领导者的责任，做太平洋反侵略的中坚。进而，他提议"确立'焦土抗战'的国策，集中全国抗日力量，发动伟大的民族革命斗争，在外交上，尤应以民族利益为本位，一反过去被动的，应付的屈辱外交，为自主的，多边的抗敌外交，力谋中苏友好的早日实现，中英进一步密切的合作，及中美关系的更趋接近；并进而联合太平洋被压迫民族，及日本国内的劳苦大众，建立太平洋集体安全制度，以保障远东和平，而取得抗日战争的胜利"。[2] 他希冀当局能确立主动的多边的外交方针，通过外交途径来促成太平洋集体安全制度的建立。

郑振铎也提出建议道："一方面我们政府固然需积极发展外交上的活动，同时发挥我们的国民外交的力量，在诸国国民间做大规模的劝告和鼓动，陈他们自己的利害之所在与维持太平洋集体安全之必要。"[3] 对此，盛岳在主张我国开展积极外交的同时，更是批评了我国舆论中存在的四种外交哲学，反对绅士气的静观主义，反对无原则的中立主义，反对任何打着祛除依赖心理幌子下的清高的独身主义，反对只和某一国来往的一夫一妻制主义。[4]

（三）争取外援

在中国知识界眼中，远东当前局势出现了有利于中国的窗口期，自力更生之于保证安全固然重要，但是自力更生并不是自绝于一切国际合作，而是利用国际形势，主动积极争取外援。史枚在分析其必要性时指出：

---

① 黎锦若：《太平洋集体安全与中国》，《前导》第 16 期，1937 年，第 4 页。

② 黎锦若：《太平洋集体安全与中国》，《前导》第 16 期，1937 年，第 7 页。

③ 郑振铎：《国民外交与太平洋集体安全运动》，《世界知识、妇女生活、中华公论、国民周刊战时联合旬刊》第 2 期，1937 年，第 45 页。

④ 参见盛岳《太平洋集体安全运动与中国》，《世界文化》第 5 期，1937 年，第 265 页。

"集体安全制度的第一个要素点是集合一切反对好战的法西斯的国家, 以他们共同的行动力量来保卫和平。"① 对于争取外援工作的具体操作, 许涤新建议: "中国要更进一步与苏联订立互助公约, 以中苏为中心去联合法国推动英美, 在这种情形之下, 太平洋的集体安全是可以建立起来的。"② 黄廷英称: "即使日本坚持以往的政策而不愿有集体安全的出现, 但我们至少可以设法把太平洋有共同利害关系的国家拉拢在一起, 以减削侵略国家的气焰。这样, 我们对于太平洋的集体安全, 也可以说尽了我们最大的努力。"③

至于联合哪些国家, 萧索提出 "要联合太平洋上以平等待我之民族以及太平洋上所有的弱小民族", 共同制裁日本。进而, 他就当时形势提出: "苏美, 法英等国以及太平洋沿岸的弱小国家都有参加建立集体安全制度的可能, 而各国那爱好和平的人民更是推动实现的大动力。"④ 盛岳也提出要 "团结一切反对战争与侵略的力量"⑤, 以牵制、削弱和击败和平的公敌。

对于争取外援, 中国知识界也保有相当清醒的认识, 莫湮指出: "建立太平洋集体安全制, 当然比任何列强都需要, 但是我们当自作主张, 切不能幻想借外力来解决中国的民族独立问题, 同时我们也不可不分青红皂白, 暂存苟安的念头。在人家的 '谅解' 与 '合作' 的形式下, 做 '和平' 的牺牲者, 我们要乘这个机会, 积极的推动列强, 以集体的协定来共同制裁日本的侵略行为, 以求民族解放的彻底成功。"⑥

结语

20世纪30年代中后期, 德意日法西斯国家在世界范围内发起了咄咄逼人的攻势, 不断挑衅凡尔赛 – 华盛顿体系维持的世界和平秩序。在远东

---

① 史枚:《向太平洋集体安全制迈进, 今后抗战的外交方针》,《时事类编》特刊第11期, 1938年, 第10页。
② 许涤新:《从强盗结伙说到太平洋集体安全问题》,《战线》第3期, 1937年, 第30页。
③ 黄廷英:《建立太平洋集体安全》,《时事月报》第5期, 1937年, 第219页。
④ 萧索:《建立太平洋集体安全制度》,《南声》第80期, 1937年, 第57页。
⑤ 盛岳:《太平洋集体安全运动与中国》,《世界文化》第5期, 1937年, 第265页。
⑥ 莫湮:《远东集体安全制度问题》,《自修大学》第10期, 1937年, 第13页。

地区，日本更是公然践踏《九国公约》，发动九一八事变，侵占中国东三省，并逐步蚕食中国华北，中华民族进入存亡绝续之秋。在这一紧要关头，有着平天下情怀的中国知识分子基于世界一体、和平不可分割的理念，积极宣扬、推动太平洋区域集体安全组织的建立，并为中国的对策和参与方略建言献策，体现出了知识分子的责任担当。

这一时期，中国知识界将中华民族的独立、解放、区域和平乃至世界和平寄望于太平洋集体安全组织的成功建立，认为这是一个诸多挑战下的难得的历史机遇，需要付诸努力去争取的。正如金则人所说："这个和平不是天赐的，不是讨取的，而是需要以艰苦的斗争去争取的。用极大的努力争取得的和平，甚至必要时不得不以战争（不是侵略的战争）去争取得的和平，才是真正的和平，永恒的和平。"① 这一时期知识分子在国内各大舆论传播平台如报纸、杂志、学术交流会拥有较大话语权，他们持有的集体安全思想对当时的社会舆论产生了极大影响。尽管太平洋集体安全组织因为种种历史因素，如英美的对日绥靖主义、中国严峻的抗战形势等，最终没能成立，却为太平洋战争爆发后26个反法西斯国家签署《联合国家宣言》，结成反法西斯同盟奠定了舆论基础。太平洋区域集体安全组织未能成立，世界性的反法西斯同盟却最终诞生，中国抗战成为世界反法西斯战争的重要组成部分，中国知识界抱有的把中国问题置于世界问题内解决的梦想还是实现了。

20世纪30年代中国知识分子关于创建太平洋集体安全组织的思考，体现了中国知识界应对国际公共危机的智慧，也是中国近代国际政治思想史的有机组成部分。其中，关于区域集体安全组织创建和运作的设想对于今天的区域一体化建设不无启示。

第四节　和平迷梦：20世纪30年代中国知识界的国际裁军观

作为一场工业化战争，第一次世界大战对人类生命的毁灭、对财产的消耗和破坏，向世人证明了战争是人类文明的延续不能承受之重。无

---

① 金则人：《世界和平运动与太平洋集体安全》，《新中华》第18期，1936年，第21页。

人区的惨烈景象更是给世人留下刻骨铭心的创伤记忆，消弭战争、实现
永久和平遂成为一战后世界人民的普遍愿望，和平运动因之广泛兴起。
其间，裁军运动成为世界和平运动的重要形式，究其根源，如张其昀所
论，"自欧战发生以后、世人饱受战祸的痛苦、痛心疾首于军备竞赛的
弊害、渐感觉有国际裁军之必要。于是一般的军备裁减、由少数和平运
动者的理想变为世界共通之要求、无论怎样自利主义的各国政府、也未
有敢公然反对国际裁军的"。① 在和平主义思潮促发下，从 1922 年华盛
顿会议到 1932 年 2 月 2 日在日内瓦召开的有 64 个国家、4000 余名代表
参加的世界第一次裁军大会，两次世界大战间国际社会裁军运动蓬勃发
展，蔚为壮观。

就彼时邻近的却又迫切的原因而言，中国知识界对裁军问题的关注源
于风云激荡、暗流涌动的世界局势。在远东地区，日本军国主义悍然发动
九一八事变，制造一·二八事件，公然挑衅华盛顿体系，中国东三省沦
陷，平津危急，上海危急，中国危急！1935 年 10 月 29 日，日本驻美大使
斋藤将废约书递交美国政府，宣称《限制海军军备条约》无效；在欧洲，
1932 年 9 月，纳粹德国要求军备平等权无果后退出国联。1935 年 10 月 3
日，意大利法西斯发动入侵埃塞俄比亚的军事行动。1936 年 3 月，德国
宣布废除《凡尔赛和约》军事条款等一系列事件的发生，隐隐有大战即
将爆发的迹象。

国际政治风起云涌，促使有着学术济世、治国平天下情怀的中国知识
分子纷纷以自己的智识担负起时代赋予的救亡图存的历史使命，他们纷纷
在报纸和杂志上就裁军问题表达了自己的见解和关切，并为裁军运动的有
效推进贡献自己的智慧。

一、何谓裁军？中国知识界话语中的裁军内涵

20 世纪 30 年代中国知识界对裁军问题的关注源于列强间不断升级的
军备竞赛以及对不满现状的国家肆意破坏世界和平、进而可能引发大战的
隐忧。他们话语中裁军内涵的塑造与他们对近代以来裁军运动历史经验的
观察和总结是分不开的。

---

① 张其昀：《军缩之定量分析》，《中央时事周报》第 18 期，1933 年，第 12 页。

彼时中国知识界对裁军内涵的解读多是广义上的，并表现出多义的特征。张明养认为"裁军"的含义，就程度而论，包括逐步进阶的三个方面，他在《国际裁军问题》一书中明确指出："严格的来说，裁军二字是包含三种意义的。第一是军备的限制，即各国互约限制军备，不使现军备继续增加。第二是军备的裁减，即将现有的军备裁减若干，比限制稍进一步。第三是军备的废除，即将军备完全废除，这是裁减军备的最后一步。"①

王造时也认为："'裁军'实在包括了好几种意义。有时'裁军'这个名词，乃指'限制'的意义而言，主张不让各国再去增加现在已有的军备。有时它是指'减少'的意义而言，要求各国同时在军力上为比例的缩减。但是严格说来，所谓'裁军'乃是指各国大家缩减军备至最低限度，以维持国内秩序，共同保持世界和平为止。"他还总结了过去裁军运动的四个方向，也可视为是对裁军内涵做的一个再表述和广义补充。"（1）缩减海陆军人员，材料，及用费；（2）限制海陆军备设立及使用的区域；（3）规定及监视军用品的制造与买卖，与夫招募海陆军的方法；（4）禁止或限制特种海陆军力或军器的使用。"② 在他看来，裁军不仅是通常认为的兵员和武器数量的削减，还应该包括军费和军备材料的缩减、监控机制的建立以及特定武器的限制性使用。

在此基础上，董希白陈述了裁军四个层面的含义，使得知识界话语中的裁军内涵得到进一步拓展。"（一）裁去军备，即将所有一切海陆空军的军备统行裁去，这是正义；（二）缩减军备，即将所有一切海陆空军的军备部分的缩减；（三）限制军备，即将所有一切海陆空军的军备加以限制，如最低度为多少，或最高度为多少，或只能维持现状；（四）公布军备，即将所有一切海陆空军的军备按现状将予公布。"③ 不少学者认为第四种意义上的裁军，亦即"公布军备"，是最容易办到的，但也是最难办到的，因为并不是所有帝国主义国家愿意把自己的军事实力展露给大家。董希白补充的第四点也可以说就是今天一国国防建设信息透明化、公开化的问题。

---

① 张明养：《国际裁军问题》，中华书局，1933，第 29 ~ 30 页。
② 王造时：《裁军运动的历史》，《东方杂志》第 7 号，1931 年，第 17 页。
③ 董希白：《国际公法与裁军问题》，《中法大学月刊》第 5 期，1934 年，第 15 ~ 16 页。

20 世纪 30 年代中国知识界裁军内涵的构建，是基于对一系列国际裁军大会和国际裁军历史经验的一种认知。可以看出，这种概念认知呈现出阶段性、层次性、质与量并重，直接方法与间接方法并行的现代性特征。

二、为什么裁军？中国知识界对裁军之于和平的价值认知

在当时中国知识界看来，不管是从理论上分析，还是从实践经验上观察，裁军对于相关各国的经济发展、政治稳定、社会进步以及世界和平的维系都有着重要意义。

在中国知识界眼中，裁军首要的也是最重要的价值在于其关乎世界和平的维持，这也是裁军运动的出发点和落脚点。其内在机理，在中国知识界看来，有两点：一是各国庞大军备的维持和升级，会引起有敌意的相关国家之间不信任的加剧，进而各自谋求不断扩大升级军备，以求得相对平衡；二是享有军备相对优势的一方会滋生骄傲自满心理，增强其使用武力解决与他国间争端的倾向。正如陈钟浩所言："各国军备的竞造，为国际关系失调的象征，又常为国际战争爆发的先驱。因为国际间竞造军备，保持武器的秘密，往往增加了相互间的戒备心，而本国武力如自信处于优越地位，又常以军事上的理由，首先发动战事。故军备的竞造，是可能引起战事的。"[①] 在他看来，军备竞争本身就是国际关系失序的表现，它导致相关国家间的不信任和猜忌，成为国家走向战争的前奏。耿淡如对裁军与世界和平的维持之间的内在逻辑也阐释道："世界上不安的情态，无论过去，或现在，都是由于军备竞争所引起……一国的优越军备，一面足以引起别国的猜忌和尽量扩充军备，以图抗衡；一面往往容易诱致其走入侵略之途；因为军备是富有诱惑性的侵略魔鬼。"[②] 郭寿生也得出结论："大家知道，军备的竞争已成为威胁增长各国猜忌与威胁世界和平的一重要因素，如果不能停止竞争，实行普遍裁军，则新的战争危机将难以消弭。"[③]

---

① 陈钟浩：《国际间的裁军与建军》，《智慧》第 28 期，1947 年，第 9 页。
② 耿淡如：《普遍裁军问题的剖视》，《改造杂志》第 2 期，1937 年，第 5 页。
③ 郭寿生：《国际裁军的检讨与期望》，《中国海军》第 2 期，1947 年，第 11 页。

回到 20 世纪 30 年代风雨骤急的现实，在中国知识界眼中，不管是英美与日本在太平洋的冲突还是德法在欧洲的僵持，其推动因素都是军备的扩张。许孝炎指出，"帝国主义国家相互间最大的冲突，厥为军备竞争。军备竞争就是潜在战争之进行，也就是未来战争的准备。这个问题不解决，帝国主义国家相互间的关系无从协调，世界暂时和平亦无从维系"。① 在他看来，军备问题解决不了，世界不会有宁日。为此，沙家鼎发出警告："战争不消弭，是将使人类整个消灭的；所以在前世纪中，亟谋消弭战争，并亟谋消弭其根本的素因——军备竞争。然而，这都归于失败。一九一八年世界大战终结时，为了维持世界的和平，缩减军备运动，已成普遍的要求，国际联盟会之设立，其使命与义务就集中在这点。"②

其次，在中国知识界眼中，裁减军备的第二个价值在于相关国家财政负担的减轻，而节省的经费可以用来发展民生。一国维持庞大的军备需巨额军费。据 1932 年国际联盟所编的军备年鉴，1930 年全世界 62 国的军备费共计 4128000000 金元。③ 在刘大年看来，"资本主义各国固然一直地需要强大的武装，可是今日世界各国武装之扩大发展的程度确已达到资本主义所不能负担的时期。军备竞赛的扩大，是欧战后续演至今而日趋严重的现象，各国军事预算的扩张，使着每个国家都遭遇着财政上不可忍受的危机"。④ 对此，有知识分子指出："欧战以后经济窘迫，非缩减军备不能减轻人民的负担。"⑤

此外，张明养还阐述了一国维持庞大军备会造成间接经济损失和巨大财政负担的事实："同时从事军役的士兵们，其在经济上所形成的损失也是极大的，他们都离开生产的工作而从事破坏的事业，而在从事这非生产事业时，又须以巨额金钱去维持他们的生活并予以报酬。"⑥

再者，在中国知识界看来，裁军还兼具政治方面的意义。有不少知识分子认为裁军可以维护社会稳定、巩固一国统治的根基。第一次世界大战

---

① 参见许孝炎《挣扎中之世界和平：二. 裁军会议与安全保障》，《平明杂志》第 11/12 期，1933 年，第 5 页。

② 沙家鼎：《军缩会议之起点与落点》，《汗血周刊》第 18 期，1933 年，第 10 页。

③ 参见张明养《大战前夜的国际裁军问题》，《中学生》第 46 期，1934 年，第 2 页。

④ 刘大年：《军缩会议与国际斗争（上）》，《北方公论》第 40 期，1933 年，第 2 页。

⑤ 姜：《军缩会议与中国》，《兴华》第 20 期，1933 年，第 7 页。

⑥ 张明养：《国际裁军问题》，中华书局，1933 年，第 24～25 页。

的惨痛教训使一般民众感到裁减军备的必要，掀起了全社会的和平运动，裁军随之成为滔滔民意。张明养指出："帝国主义统治下的一切民众，既然都具有这种和平要求的热望，那么，帝国主义也就不得不随着主张和平，以欺骗他们了，因为不是这样，帝国主义者的政治生命是有日趋短促之危机的。"①

三、裁军的困扰？中国知识界眼中的裁军症结

从 1899 年和 1907 年的两次海牙和平会议起，尤其是第一次世界大战后和平主义思潮兴起。国际政治界、知识界以及民间舆论，无不通过自己的方式推动世界裁军运动，却始终无一圆满解决。

那么，裁军何以成为国际政治"问题"呢？在张明养看来，裁军问题之所以成为问题，源于帝国主义生存与发展之间的矛盾。"帝国主义者一方面为维持并扩展其本身的生命起见，不能不保有比他国更强的庞大军备，而另一方面则因为要想减少一个庞大军备所加于国家之政治与经济上的重负，又不得不出于裁减军备的一法。这二者间的关系是矛盾的，对立的，裁减军备就在这矛盾关系中成为一个问题了。"②帝国主义因此也在不断扩军与寻求裁军的泥淖中挣扎。

良勋在《近年来之裁军问题》一文中，参考历史上裁军运动的经验，预测了 1932 年世界裁军大会面临的十个技术性棘手问题："一、是否所有军备认为相互间之全体全数参加讨论？或陆海空军分别讨论？二、是否有训练之预备军，列入陆军之内，应加限制？或单限制常备军？……三、战争物质应否以数目分量或每年预算来限制？四、公布已有之战争物质是否已足？或采用国际管理方式？五、削减军备……或用直接方法限制军费令各国自由分配其国防费？……六、海军军备，是否以总吨量限制及以各舰吨量分别限制？……七、是否需要一永久裁军委员会及类似机构监督裁军公约之进行？……八、因民用航空极易变为军事航空，裁军公约应否包括民用航空？九、各国之潜在军事力量：如人力，制造战争物品之工业能力，在规定各国军备时是否加以讨论？十、二者不均衡，尤以对于小国，

---

① 　张明养：《国际裁军问题》，中华书局，1933 年，第 29~30 页。
② 　张明养：《大战前夜的国际裁军问题》，《中学生》第 46 期，1934 年，第 1~2 页。

应否以公约互助或克服之？……"① 这十个问题也多是历届裁军会议上争执不下的话题和裁军运动难以推进的障碍。

在中国知识界看来，裁军的技术性问题还表现为统一的裁减标准的缺失问题，"裁减军备没有一个适当的标准是最大的困难之一"②。这些问题如军备应全部裁减还是局部裁减的问题。全部裁减就是将所有的海陆空军解散，枪炮坦克车、军舰飞机等完全毁弃，使武装无存留的余地。军备是直接裁减或间接裁减的问题。直接裁减是将兵士的人数、战舰的只数与吨位、飞机的数量等等规定限制。间接的裁减系指军事预算的裁减，因为军费是维持军备的重要因素，军费的多少也就有关于军备的大小。所以，限制军事预算也就是间接限制军备。③ 再者是量的裁减抑或质的裁减。主张量的裁减的是要限制军备的数目，主张质的裁减则要将军备分为侵略的与防击的两类，侵略性质的军备，如重炮、坦克车、航空母舰及轰炸机等都应完全裁减废除，其他防击性的则可以保留，从质地上废除侵略式军备或是把其划归国际联盟。④

除了技术性问题之外，在中国知识界眼中，裁军的最大障碍还是在于政治问题。政治问题为何？亦即有着潜在敌意的相关国家首要关切的安全保障问题。中国知识界对裁军中的政治问题更为忧虑，在其看来，政治与裁军孰先的问题一直是世界裁军难以推进的最大难题，但却又是裁军无法回避的问题，正如袁醒吾指出，"如果政治问题一日不能解决，则军缩即一日不能实现。所以裁军会议的成败，全系于政治"。⑤ 孟平表达了同样的担忧："大会之困难问题，除技术问题外，而政治问题尤难妥协。"⑥ 潘川也指出："最大的争点乃在于裁军与保障安全的孰先孰后，而这个问题因为各有不同的背景，至今无法解决。"⑦

张明养认为，在欧洲和远东地区国家间存在多对此类矛盾，制约着世界裁军的顺利进行。他说：法德的对立、法意的交恶、英俄的敌视以及中

① 良勋：《近年来之裁军问题》，《军事杂志》第 65 期，1934 年，第 253 页。
② 王化成：《世界军缩运动之经过与困难》，《清华周刊》第 7～8 期，1932 年，第 150～161 页。
③ 参见张明养《大战前夜的国际裁军问题》，《中学生》第 46 期，1934 年，第 3～4 页。
④ 参见袁醒吾《裁军会议之回顾与前瞻》，《外交评论》第 5 期，1933 年，第 43～45 页。
⑤ 袁醒吾：《裁军会议之回顾与前瞻》，《外交评论》第 5 期，1933 年，第 61 页。
⑥ 孟平：《裁军会议的回顾与展望》，《平明杂志》第 1 期，1933 年，第 6～7 页。
⑦ 潘川：《裁军与安全》，《国讯》第 71 期，1934 年，第 165 页。

日的争执，其中法德的对立问题尤为严重。"安全先于裁军还是裁军先于安全的问题。前者是法国的主张，在法人的目光看来，只有在国家的安全有妥实的保障后，才能安心地裁减军备。原来军备的存在与维持，本所以保障国家的安全，如国家的安全有保障，则军备的存在就成为不必要，否则贸然裁去军备，那于一国的生存是非常危险的。另一派的人则与法国的主张完全相反，他们以为军备是和平的威胁，只有将各国的军备裁减了，国家的安全才始能够获得保障，要是巨大的军备存在一天，那国家的安全就一天不能有妥切的保障，所以裁军是应先于安全保障的。主张这派意见的是英德诸国。"① 在他看来，这是两派对"军备是战争的原因，抑战争是军备的原因"两种对立观点理解的差异造成的。

率翁平在探讨法德关系与裁军会议成败关系时，也指出："政治问题，已将欧洲国家，釐然割分为二，一方德意等国，对于现状表示不满，而要求改善，所谓修约派是也，一方法兰西及其与国，主张尊重和约，维持现状。此两类国家之正面冲突，彰明较著，无可避免。至于各国军备，本系各国推行政策之工具。是故军备之缩减，必须视各国政策，能否妥协以为断。"② 也就是说，各国相应外交安全政策不改变的话，那么作为执行政策工具的军备不可能出现变化。

在中国知识界看来，裁军如若想成功推进，还有一个关键问题即侵略性武器的范畴问题必须得到解决。沙家鼎指出了三点：何种军械最具攻击性质，何种最易破坏国防，何种最危害平民。③ 的确，在1932年的日内瓦裁军会议上，负责厘清该问题的海陆空三个委员会的委员除对生物与化学武器一致主张废除外，对其他武器的辨别莫衷一是。皆基于本国利益制定辨别武器性质的标准，终究毫无结果。

四、帝国主义的游戏？知识界对既往裁军会议本质的认知

目睹了一战以来世界历次裁军会议的草草收场以及列强军备扩张的历史与现实，中国知识界对既往由帝国主义列强主导召开的裁军会议失望至

① 张明养：《大战前夜的国际裁军问题》，《中学生》第46期，1934年，第3~4页。
② 率翁平：《军缩会议失败之原因：法德两国关系之对峙》，《外交评论》第10期，1933年，第84页。
③ 参见沙家鼎《军缩会议之起点与落点》，《汗血周刊》第18期，1933年，第15页。

极，认为它只是帝国主义换取暂时妥协的幌子，非但不能带来世界和平，反而于和平有害。

在胡学林看来，"所谓军缩会议，只不过是帝国主义列强互相欺骗的一个幌子而已，在帝国主义列强中，即任何国家都不愿意使其军备的缩减，尤其是在此经济恐慌的怒潮激荡中彼此冲突更加尖锐的时候。至于军缩会谈的产生及其本质，单从表面上看，固然是帝国主义列强欲借此而缓和彼此间的冲突，而其实则为（1）借此而给予广大群众的一服宁神剂；（2）借此而会集各国以进行其纵横捭阖的手段；（3）借此而检阅自国军备及刺探他国军备的性质和实力。三者中以后者最为主要"。① 在他看来，军缩会议只是帝国主义的一个幌子，存在多种不可告人的动机与阴谋。类似的，韩一帆则把裁军会议看作帝国主义维护其霸权的工具。"军缩会议是国际帝国主义者维持自身矛盾的冲突，而恐破裂其统制世界大权的御用机关，故在欧战终结后，帝国主义便想尽方法来弥缝这行将致其命脉的裂痕。军缩会议便是帝国主义者用聪慧的脑筋想出的最不彻底的办法。"②

在中国知识界观念中，鉴于帝国主义内部存在不可克服的矛盾，军缩会议必然走向失败。沈志远认为资本主义矛盾和政治经济发展不平衡的规律是其失败的根本原因。对此，他做了详尽阐述："生产技术不断发展、生产容量不断扩大、以及资本主义生产合理化雷厉风行的条件之下，薪工劳动者大众底生活绝对地日益恶化，再加长久的农业危机使中小农民成千累万的破产；这样，国内的民众购买力就缩小到了最低的水平。而国外的市场，却早已分配完毕；而且许多向来成为列强势力范围的落后国家，大战后也纷纷资本主义化了。这样，帝国主义底国外市场，也日益穷蹙，于是争取市场的斗争就发展到异常残酷的地步。大战中战胜的帝国主义列强，固嫌市场日蹙，虎视眈眈垂涎别人的领土和势力范围；而战败的国家，十六年来励精图治的结果，从前一蹶不振的帝国主义也昂然抬起头来，不但绝对再不能忍受凡尔赛锁链底束缚，而且大声疾呼公然要求与战胜的帝国主义列强享有'平等权利'了。帝国主义者狂热备战的根本原因就在这里，而军缩会议死亡之必然性，亦即源于此。"最后，他还断言："实际上军缩会议底破产和死亡何尝始自今日，我们敢断然地说，军

---

① 胡学林：《军缩会议的检讨》，《创进月刊》第 4 期，1934 年，第 25 页。
② 韩一帆：《军缩会议与国际联盟》，《互励月刊》第 2 期，1934 年，第 61 页。

缩会议一诞生就已经注定了它的死亡的命运。"①

再者，在中国知识界看来，帝国主义主导的裁军会议注定失败，对建设和平是无任何效用的，它非但不能带来和平，甚至会产生相反的作用。李惕干即为这种裁军无用论的代表，他说："本来，战争是一种政治上的必要手段，政治经济上战争如不平息，军事上的战争万不可免；区区军缩条约之存在与否，根本上实不足以决定世界之安危。"② 韩一帆甚至悲观地认为："现代世界之有军缩会议，正是现代人类命运蒙着大不祥的征兆。军缩会议非但不会有良好的结果……实转足使世界再度的大毁灭残杀时期的来到。因为世界军缩会议并不是真正的人类倾向于和平的自然的产物，它只是各军国主义的国家互相嫉忌倾轧而预先来较量较量实力的演武厅，和各小国趁此来看看热闹发发牢骚的场所。"③ 沙家鼎甚至对裁军会议失败发出了战争警告，他说虽然军缩会议在表面上和字义上，似乎维持世界人类的和平，但是事实则根本相反，帝国主义者间的破裂因此而走上更危厄的道路——第二次世界大战的危机。④

面对裁军无果、裁军无效乃至进一步恶化国际形势的现实，中国知识界对未来中国的命运忧心忡忡，"中国向何处去？"成为他们的重大关切话题。他们用充满悲观的现实主义的话语大声疾呼："中国乎！中国乎！世界最惨痛的时间快到了，一九三六年的危机已迫在眉睫，我们将何以保存国土，以战制战？"⑤ 葛尚德在考察了裁军会议与国际和平维持的关系后，警告国民："我们现在须得深切地明白，所谓军缩会议也者只是帝国主义玩的把戏，决不是什么谋致国际和平的工具。我们不应重视甚至于迷信军缩会议，我们还有我们底工作在，我们如果重视或是迷信帝国主义所主演的军缩会议，我们会忽略了我们自己底工作，这便是受了帝国主义所施与我们的麻醉，这是怎样地严重的一种损害！我们要谋致我们所日夕殷望着的国际和平，这便须我们出我们自己的力去追求，这便是我们必须要用铁和血去和帝国主义斗争，要这样，国际和平才会有实现的可能！"⑥

① 沈志远：《军缩会议底死亡》，《新中华》第 13 期，1934 年，第 33 页。
② 李惕干：《军缩决裂与今后的建舰竞争》，《经理月刊》第 1 期，1936 年，第 142 页。
③ 绿橘：《军缩会议与国际风云》，《人民周报》第 17 期，1932 年，第 3 页。
④ 韩一帆：《军缩会议与国际联盟》，《互励月刊》第 2 期，1934 年，第 61 页。
⑤ 沙家鼎：《军缩会议之起点与落点》，《汗血周刊》第 18 期，1933 年，第 15 页。
⑥ 葛尚德：《军缩会议与国际和平》，《大夏周报》第 5 期，1932 年，第 84 页。

五、何以前行？中国知识界关于裁军运动推进的构想

20世纪30年代，中国知识界基于对世界政治、经济、军事等的思考，尤其是日本侵华局势越发严重的情况下，为担负起挽救中华民族救亡图存和拯救世界和平的双重历史使命，虽然对既往世界裁军会议屡败屡开、屡开屡败充满着失望，但并没有对这种和平机制绝望，还是提出了自己推进裁军运动的建设性构想与倡议。

中国知识界主张裁减军备必须遵循和落实普遍裁减的原则。普遍裁减原则包含两个不同的方面：一是在国家数量上须普遍，参与裁军的国家要达到一定的数量；二是在裁减的具体内容上应海陆空三军普遍裁减，不可偏废。[①]

首先，在国家数量上，一般而言，中国知识界认为世界上的国家普遍参与是裁军成功的先决条件。张明养就认为："盖裁军工作须普及于各国，始能成功而有效力，假如有若干国家不参加裁军会议而仍拥有巨大军备，则其余各国是不能安心地裁减其本国之军备的。"[②] 倘若只有几个国家参与裁军，就算达成裁军协定，其影响的范围也终究有限。

同时，知识界认为裁减军备在时间顺序上也应该有要求，应同时裁减，时间上若有先后，容易引发争端与猜忌。王化成指出了种种问题所在，"不然，甲国裁减，乙国不减甚至扩充，甲非下愚，亦必立起扩军，于是由裁减军备一变而成竞争矣"。[③] 最后，知识界还提议，在地域分布上各国也该统一行动，推进裁减军备。在袁醒吾看来，军备竞赛是战争和衰落的恶兆，反之，军备缩减则为和平与繁荣的象征，"但欲军缩有济于和平，则其范围宜不仅限于欧洲，而应普及世界，此为欧洲政治家所应郑重思虑者。否则，欧洲裁军之后，如果远东各国犹竭力扩充军备，则欧洲岂能不受影响，而高枕无忧？"1931年日本悍然入侵中国东北三省就是典型的例子。[④] 金通艺也建议："我们这儿要注意的是两点：第一，单方裁军是没有用的。必定世界各国同时裁减，方具成效；第二，各国裁军应依

---

① 参见沙家鼎《军缩会议之起点与落点》，《汗血周刊》第18期，1933年，第14～15页。

② 张明养：《国际裁军问题》，中华书局，1933年，第95～96页。

③ 王化成：《世界军缩运动之经过与困难》，《清华周刊》第7～8期，1932年，第150～161页。

④ 袁醒吾：《裁军会议之回顾与前瞻》，《外交评论》第5期，1933年，第61～62页。

照凡尔赛条约对于德国彻底裁军之办法。"①

其次，中国知识界认为海陆空三军作为一个整体也要普遍裁减，不可局部裁减。般若建议三军统一裁减才有实效，他表示："纵令限制陆军，各国可依海军而养成类似陆军之军队，假如仅限制海军，亦用其节省之军费编制空军，是实际不成军缩，故三种军队，应同时限制。"②他还举例说，1921年在美国华盛顿召开的会议，其目的在于解决远东问题，讨论海军军备裁减问题以维持太平洋的均势，英美日法意五国最后达成海军限制协定，其主要偏重于对海军主力舰吨位的限制，这是华盛顿会议的成功之处，但是从另一方面来说海军限制协定限制的只是海军军备，陆军及空军都不在协定之内。"照此看来，华盛顿会议不过是几个强大军国的军缩会，也仅限于海军主舰的小范围，结果失了普遍性，未博得多数国家的同情。"③基于此，中国知识界对1932年6月国际裁军大会陷于搁浅之际美国提出的"胡佛提案"表示赞赏，其中第五条明确提到："海陆空军有联带性，不可令其分开，根据原则，陆地军备和海军军备减少三分之一，空军减少四分之一。"④"胡佛提案"明确地表明了普遍裁军的意图，海陆空三军作为一个整体构成一个国家的军事力量，从裁减军备构建和平的角度看，三军是要同时裁减的，不可偏废，尤其是随着科学的进步，海军和空军在战争中扮演的角色可能会越来越重要，因此要构建和平就必须同时裁减三军。

中国知识界推进裁军建议的另一方向是强化国际组织的力量，甚至主张建立世界政府，认为只有这样才能克服国际社会的无政府状态。中国知识界在裁军问题上着重强调需要建设一个强有力的国际组织，这个组织就是待改进的国联或类似国际组织，正如王化成建言："故对于军缩问题，欲得一完满解决，必须从解决国家安全问题下手。使国际纠纷，非和平解决不可，使各国武力，无所用之。但欲达到此目的，在国际组织上，必需作更进一步之努力。"⑤虽然之前有国际联盟，但是其力量是远远不够的，在裁军的作为上令人失望的地方居多。沙家鼎就表达了这种失望情绪，

---

① 金通艺：《世界军缩的无望——从过去裁军历史观察》，《主张与批评》第4期，1932年，第19~20页。
② 般若：《国家裁军运动之检讨与展望》，《新时代半月刊》第2期，1931年，第26~41页。
③ 李荣晃：《国际裁军运动的过去与将来》，《金陵大学文学院季刊》第1期，1931年，第23~27页。
④ 刘光炎：《裁军大会之过去与将来（中）》，《中央时事周报》第2期，1933年，第4~11页。
⑤ 王化成：《世界军缩运动之经过与困难》，《清华周刊》第7~8期，1932年，第160~161页。

"裁减军备，必须普遍的实行，国际联盟很不自量力的担任了这项工作。不过，他的组织与任务是极端的背道而驰的；纵然他标榜着为世界谋和平，而他的操持者英法意日等国，都是著名的侵略能手，以他们来进行裁军，宁非与虎谋皮？所以他对于裁军工作，自一九二五年以来，绝少成就"。① 但与此同时，中国知识界对国联还是抱有一分希望，认为："一个中兴的国联也许可以逐渐做到保障欧洲安全与和平的大事业。"②

那么，该如何改组国联以推进裁军的开展呢？胡适提议苏联加入国联，把新鲜的理想主义和新鲜的勇气灌输进那个最近受了重伤的国联，使它重新打起精神来。他坦言道，"我们终相信国际和平不是绝对无望的，但同时我们也相信现时有补充国际联盟的实力的必要"。③ 改造的主要方向为加强国联的立法权和军事上的执行权和监督权。为此，王造时提出了关于改良国联的五个构想：（1）国际联盟应该民主化；（2）国际法庭对于一切司法性质的问题，应该有强迫管辖权；（3）国际联盟行政院对于一切非司法性质问题应该有解决的权利；（4）国际联盟大会应该有权为国际事件立法；（5）整个的国联应该具有必要的制裁去实行国联的决议，并领导世界反对破坏法律的国家的任何行动。④ 他点明了国联在具体立法权和执行权建设上存在的问题和粗略的解决措施，使得国联在法律层面和具体事件操作上都更具有合法性与合理性。同时，王造时先生还提到改良国联没有大国的领导是不可能完成的。

在 1932 年国际裁军大会召开之初，法国的提案中也有关于加强国联军事组织力量的内容，引起中国知识界的兴趣和关注，该提案内容共分为五部分：第一，主张将民用飞机归国际共管；第二，建议载重及行动范围广大之军用飞行器仅国联得自由处置；第三，主张设立国际警察以防止战争之发生，组织一种惩戒军队以援助被侵略之国家；第四，建议保护居民办法；第五，关于和平之组织问题，国联自成立以来，毫无实力，此时实为一个良好机会，可使其成为具有一种执行实力之机关。暂且不管法国的出发点为何，中国知识界对法国提案还是较为欣赏的，提案所言"加强国联军事力量、设立国际警察、加大国联的执行权力，保护居民"等措

---

① 沙家鼎：《军缩会议之起点与落点》，《汗血周刊》第 18 期，1933 年，第 14～15 页。
② 胡适：《看了裁军会议的争论以后》，《独立评论》第 104 号，1934 年，第 2 页。
③ 胡适：《看了裁军会议的争论以后》，《独立评论》第 104 号，1934 年，第 2～3 页。
④ 参见王造时《世界和平与军缩问题》，《东方杂志》第 17 号，1936 年，第 21～25 页。

施实在大有裨益，对于裁军亦有相当的帮助。正如率翁平所言，"法国计划之精义，是在其制度之完密，法庭警察，相辅而成。若能切实行之，当有盛水不漏之效"。①

此外，为了解决制约裁军问题的国际无政府状态这一难题，部分知识分子提出建立类似"世界政府"的主张，在他们看来，虽然很遥远，却也是一个努力的方向。董希白在探讨国际公法与裁军问题的关系时指出："将来的国际公法，必定根据过去之种种经验，要走到一个新的方向，一直走到国家主权说不存在时为止。到了这个时候，'太上国'自必出现，可以自解决国际间一切的纠纷，普遍的裁军当然很易做到，只有国际警察之设立。这个时候，到底还要多少时间才能出现？我们决不敢肯定的回答，只好看人类进化的速度如何而已！"②董希白提到的"太上国"无疑就是超越各个民族国家主权的世界政府。与此类似的是，王造时提出建立一个"世界社会"。对此，他解释道："那么我们所谓一个很有组织的世界社会又当作何解释？如果我们知道一个国家社会的基要元素，我们便能很容易的发现一个国际社会的基要元素。我们必须有一个世界法庭，对于一切司法性质的问题，具有强迫的管辖权。我们必须有一种政治机构，不仅具有解决一切非司法性质的问题的能力，并且须有执行它的决议的能力。我们又必须有一个代议机关去为国际性质的问题立法。总而言之，我们要有国际政府。"③

结语

中华民族传统政治文化中富含和平元素，裁军思想和实践在中国可以说由来已久，这也是 20 世纪 30 年代中国知识界裁军思想生成的哲学渊源和历史由来。早在春秋时期一些政治先贤有感于当时各国兵连祸结，民不聊生的惨状，开始致力于表达和宣扬他们关于裁军的思想。如老子的"兵者不祥之器"；孔子作春秋"会盟之事大者主小，战伐之事后者主先"。孟子曰"春秋无义战"。孟子还曾经痛骂战争："争地以战，杀人盈

---

① 率翁平：《军缩会议失败之原因：法德两国关系之对峙》，《外交评论》第 10 期，1933 年，第 90 页。
② 董希白：《国际公法与裁军问题》，《中法大学月刊》第 5 期，1934 年，第 22～23 页。
③ 王造时：《世界和平与军缩问题》，《东方杂志》第 17 号，1936 年，第 24 页。

野，争城以战，杀人盈城，此所谓率土地而食人肉，罪不容于死。"至于墨翟宋钘一派，更揭非攻寝兵的鲜明旗帜以号召天下。彼时的宋国执政者向戌还曾经发起过一场声势浩大的弭兵运动①。

20世纪30年代中国知识界裁军思想的生成还和风雨骤急的国际形势密切相关。在世界和平不可分割的观念支配下，彼时的中国知识界不但密切关注关乎中华民族存亡绝续的远东太平洋问题，而且对发生在遥远的欧洲和北非的国际形势也无不牵肠挂怀。中国知识界通过对近代以来裁军运动史的回顾，并结合一战后国际局势的演进，体察研判彼时进行的轰轰烈烈的裁军运动进展状况，构建了自己的裁军观。从对裁军内涵的认知到对裁军价值和本质的认识，再到对国际裁军举步维艰的障碍解读，到最后提出自己的解决之道，无不蕴含着国人的国际政治智慧。

鉴于中国和世界和平面临的严峻现实，这一时期中国知识分子生成的裁军观兼具现实主义和理想主义的意味。相较而言，现实主义色彩更为浓厚。现实主义主要体现为对裁军会议本质及其无效性的判断，理想主义则体现为几近绝望中依然抱着一分希望，比如要求淡化绝对主义的国家主权，弱化国际无政府状态，强化国际组织权力，乃至建立世界政府，显然，这一点受到中国大同思想的影响颇深。彼时中国知识界的裁军思想是中国近代战争与和平思想的有机组成部分，有待进一步的梳理和挖掘。

第五节　山雨欲来风满楼：二战爆发前中国知识界的"第二次世界大战"意象

如果说第一次世界大战后的和平大厦是由凡尔赛-华盛顿体系构筑的话，那么这种体系由于其自身的设计缺陷，从成立之日起，就注定走向崩

---

① 宋向戌善于赵文子，又善于令尹子木，欲弭诸侯之兵以为名。如晋，告赵孟。赵孟谋于诸大夫，韩宣子曰："兵，民之残也，财用之蠹，小国之大灾也。将或弭之，虽曰不可，必将许之。弗许，楚将许之，以召诸侯，则我失为盟主矣。"晋人许之。如楚，楚亦许之。如齐，齐人难之。陈文子曰："晋、楚许之，我焉得已？且人曰弭兵，而我弗许，则固携吾民矣，将焉用之？"齐人许之。告于秦，秦亦许之。皆告于小国，为会于宋。《左传·襄公二十七年》。

塌。如胡慕萱所论，"第二次世界大战于第一次大战结束时即已种下胚胎"。[1] 一战后，列强间围绕殖民地、势力范围、市场以及海军霸权的争夺，西方资本主义国家与社会主义苏联之间的矛盾，还有被压迫民族与帝国主义之间的矛盾等等，都使得当时的国际政治波谲云诡，暗流涌动。此种形势致使包括中国知识界在内的国际社会纷纷发出警告，提醒人们"第二次世界大战"到来的紧迫性和危险性。

早在 20 世纪 20 年代末，在中国知识界对国际政治的观察和评论语境中，就已经开始较早地和普遍地提及"第二次世界大战"一词，[2] 蕴含的"狼来了"的意味已经很明显。随着 1929 年世界大萧条的到来和持续，尤其是九一八事变后中国国难日深，欧洲上空也阴霾密布，"第二次世界大战"一词更是成为国内舆论界的一个热门术语。如近代著名历史学家雷海宗所论，"今日凡对世界大局关心的人，心中有意无意都有'二次大战'的暗影"，[3] "评论第二次世界大战的舆论，到了现在，真可谓声入霄汉了"。[4] 中国知识界对第二次世界大战这一主题的关注热度反映在该时期报刊刊登的以二战为主题的论文、时评的数据信息中。

在全国报刊索引数据库中，如果把检索词设定为"第二次世界大战"，时间上限为巴黎和会后的 1919 年，下限到通常认为的大战爆发的 1939 年，精确检索题名中含有该词的论著，数据库显示有 840 条，如果检索词放宽为"二次世界大战"则有 1078 条，如果改为"世界大战"一次作为检索对象，检索结果则高达 3687 条之多。[5] 从这些数据可以看出，两次世界大战之间尤其是九一八事变后中国知识界对该议题关注度之高。

---

① 胡慕萱：《箭在弦上之第二次世界大战》，《新中华》第 8 期，1934 年，第 5 页。
② 早期的研究可见马全鍫《引起第二次世界大战之列强军备（上）》，《晨报副刊：国际》第 82 期，1927 年；愈之：《英俄冲突与二次世界大战》，《一般》第 1 期，1927 年；许世初：《准备参加二次世界大战》，《向前进》第 14 期，1928 年；万里：《二次世界大战的导火线》，《民国日报·觉悟》第 24 期，1928 年；文思：《中国与世界：第二次世界大战预报》，《现代中国》第 3 期，1928 年；观彬：《第二次世界大战之危机》，《国民公论》1928 年创刊号；林民：《第二次世界大战与中国解放》，《新生命》第 9 号，1928 年；朱剑秋：《第二次世界大战与世界革命的前途》，《现代中国》第 1 期，1929 年；高凤鸣：《第二次世界大战与中国》，《现代青年》第 4 期，1929 年；等等。
③ 雷海宗：《第二次世界大战何时发生》，《清华周刊》第 7 期，1936 年，第 33 页。
④ 梁伟才：《从列强军备的扩充论到远东的冲突与第二次世界大战的连系性》，《知用学生》第 7 期，1936 年，第 5 页。
⑤ 全国报刊索引数据库。

在探讨中国知识界这一时期的"第二次世界大战"意象前，需要说明的是他们话语中不时歧异的二战起点观。20世纪三四十年代中国知识界主流把1939年9月1日德国进攻波兰视为第二次世界大战的起点，胡今在德国袭击波兰后声称："壮烈的第二次世界大战——人类再一次的空前浩劫于一九三九年秋天希特拉毅然进攻波兰而爆发了。"[1] 但也有不少知识分子认为，九一八即为第二次世界大战的起点，德国进攻波兰、英法对德宣战，只是第二次世界大战的扩大而已。张铁生提出："谈到第二次世界大战，我们先要问一问，究竟这次大战是以德波战争而开始呢？还是自'九一八'以后就开始了呢？回答是：自'九一八'后第二次世界大战就开始了。"他还继续论道，"现在，由于德波战争爆发以后英法的参战，早已开始了的第二次世界大战便开始由局部的，进而成为普遍的，换句话说更由片面性的进而成为全面性的了"。[2] 宋云彬也持此种论点："德国的法西侵略者悍然进攻波兰，英法为实践其保证波兰诺言，向德国宣战，于是一般人大喊着：第二次世界大战爆发了！其实，第二次世界大战是早已在八年前爆发了的。爆发的地点，在亚细亚洲的东部，就是我们的辽宁省沈阳；爆发的时日，是一九三一年的九月十八日；而开始进行这侵略战争者是日本帝国主义。日本帝国主义者在东方放了一把火，就慢慢延及全世界，到现在已成了燎原之势了。"[3] 由此可知，中国二战史起源研究中的1931年由来已久。但鉴于中国知识界第二次世界大战起点观中1939年说是主流，故本章所用的史料以及讨论的时间下限设定为1939年9月前，也就是国际史学界通常认为的第二次世界大战正式爆发的时间。

20世纪30年代，有着"治国，平天下"情怀的中国知识分子立足于中华民族的安全、解放和复兴，在风云变幻的世界局势中，对未来第二次世界大战的可能起源、性质、战争状态以及在不可避免的第二次世界大战到来时，中国的应对之策等问题加以探究和研判，满怀天下担当与家国情怀。本节通过对这一时期中国知识界在报纸杂志上发表的以"第二次世界大战"为主题的论文、时评以及出版的论著的文本分析和比较分析，

---

[1]　胡今：《论第二次世界大战》，《十日间》第1期，1939年，第9页。

[2]　张铁生：《第二次世界大战与中国》，《中学生》第9期，1939年，第4页。

[3]　宋云彬：《第二次世界大战的展开及其前途》，《中学生》第9期，1939年，第7页。

试图对大战爆发前中国知识界的"第二次世界大战意象"做一解构，以期对国人二战记忆完整图景的构建有所裨益。

一、知识界对第二次世界大战必然性及爆发时空的判断

20 世纪 20 年代中后期到 30 年代初期这一历史时段，在近代以来的国际关系史上是最为暗流涌动、风起云涌的年代。这一时期，法西斯主义在意大利崛起，德国纳粹党上台，日本军国主义化，三国作为不满现状者开始积极扩军备战，在欧洲、非洲和东亚频频发起对凡尔赛－华盛顿体系的挑衅和破坏。九一八事变后，国人亡国灭种的危机日益显明。再考虑到彼时国际政治存在的纠葛不清的重重矛盾，知识界自感第二次世界大战已成必然。正如雷海宗所指出的那样，"有人希望它早日来临，有人愿意它缓期实现，也有人苦想使它不致发生的方法，但没有人否认它的可能性，多数都承认它的必然性"。[①]

胡慕萱在剖析了世界经济大萧条给资本主义世界经济带来恐慌的情势后得出结论："资本主义者在恐慌的袭击之下，是决计用饮鸩止渴的手段求取生路，殖民地再分割的战争是无可避免的。正所谓箭在弦上，不得不发，第二次世界大战已经迫在眉睫。"[②] 柳棠也指出："我们只要稍稍去观察一下近年来各帝国主义国家间像赛跑样准备竞争和备战狂热，很快便可以察觉到：我们正处在人类空前未有的浩劫——第二次世界大战——快要到来的前夜！"[③] 玉田考察了国际政治中的三大矛盾，即帝国主义与殖民地、半殖民地的矛盾，如朝鲜、台湾之反抗日本帝国主义，中美诸邦及菲律宾群岛之反抗美帝国主义，印度、埃及之反抗英帝国主义等；帝国主义与帝国主义国家之间的矛盾，最显著者如法德的对立，其次，太平洋上英日美之间的矛盾也是难以调和；同时还有帝国主义与社会主义国家间的矛盾，如与资本主义世界对立的社会主义国家苏联。随后他得出结论："现阶段的帝国主义，其本身内外的一切矛盾，是极度的复杂和尖锐化了，只待等着一个历史的创口爆发出来，第二次世界大战，必不可避免的来临，

---

① 雷海宗：《第二次世界大战何时发生》，《清华周刊》第 7 期，1936 年，第 33 页。
② 胡慕萱：《箭在弦上之第二次世界大战》，《新中华》第 8 期，1934 年，第 7 页。
③ 柳棠：《第二次世界大战与中国》，《新中华》第 13 期，1934 年，第 59 页。

我们再把一次大战后帝国主义国家对于军备的扩张，加以一番考察，自不难把握着第二次世界大战爆发的必然性。"①

由上可知，彼时中国知识界对第二次世界大战爆发的必然性有着普遍的、充分的认知。在20世纪30年代初期，第二次世界大战爆发的"1936年说"在中国知识界非常流行，形成了舆论界话语中的"1936年危机"②。很多学者推测1936年是最有可能爆发新一轮世界大作战的一年，认为该年是"凶年"。各卜认为1936年是全世界的危机，是千真万确有其必然的绝对可能性。③张逸灵在《第二次世界大战的前哨战》一文中甚至指出，第二次世界大战早已爆发，只不过被国际社会称为内战，这个战争就是1936年7月17日爆发的西班牙内战。④

近代国际法学家周鲠生对当时知识界流行的"1936年说"虽然不太赞成，但也明确承认国际关系已处于危急情势之中，战争迫在眉睫。他评论道："预言是危险事，预言战事，尤其靠不住。今之预言一九三六年世界大战者，纵不像预言火灾之渺茫，至少也像预言地震之缺乏准确性，国际政局，有时于最危险的关头，居然平静的渡过。而在他方面，国际战祸的爆发，则亦常常出人意料之外。一九一四年欧战爆发之后，谁又曾断定世界大战必于那年发生？所以严格说起来，今日说一九三六年将发生世界大战，总不免带几分揣测或宣传的意味。不过现今国际危机的出现，世界战争的祸种的存在，则是不可否认的事实。而推测一九三六年左右国际局势特别危急，也有充分的理由。"在他看来，通常认为的依据有："第一，一九二二年华府海军协约及一九三零年伦敦海军协约到一九三六年十二月都将满期，一九三五年当重开海军会议。其次，苏俄第二次五年计划到一九三六年又将告完成。复次，日本及德国退出国联之通知，都于一九三五年中开始生效，而就日本说，则那时候尚有南洋委任统治地的保留，要成重大问题。复次，欧洲的萨尔区域现行管理制将于一九三五年满期，而须

---

① 玉田：《从帝国主义诸矛盾说到第二次世界大战的必然性》，《国防论坛》第6期，1935年。关于不可避免的言论，还可参见社评《第二次世界大战的难免》，《华年》第24期，1936年；玄同：《第二次世界大战发生的必然性》，《交大周刊》第3期，1933年；林劲草：《第二次世界大战与中华民族之出路》，《华侨半月刊》第48期，1934年。

② 董希白：《第二次世界大战与一九三六年之危机》，《中法大学月刊》第2期，1934年，第1~8页。

③ 各卜：《世界大战与中国存亡》，《东北旬刊》第34期，1934年，第11页。

④ 张逸灵：《第二次世界大战的前哨战》，《星洲日报》第17期，1938年，第3页。

举行人民投票，由国联决定最终的解决。最后，则世界经济问题，国际裁军问题，尤其德国军备平等问题等等重大的国际悬案，都要求急切的解决，在最近一两年内也许发生更可怕的危机。鉴于上述的情势，我们虽然不敢预言一九三六年世界大战必定发生，然亦不可不觉悟国际政局的危局及最近将来战争爆发的可能。"①

张锦帆也对二战爆发的"1936 年说"持怀疑态度，他在对英美日德等之间错综复杂的关系加以分析后，认为第二次世界大战的酝酿尚未成熟，而且当时世界火药库比 1914 年以前少，因此他指出："二次世界大战固不可免，然爆发之日，或不在一九三六年也。"② 有些知识分子在研判时局后，对战争爆发时间做了进一步推测，认为第二次世界大战的爆发"在三年之内，至迟亦不出一九四零年"。③ "从几方面的考虑可以知道，这战事不会发生得太远，在最近三四年里或不免发生，绝不会在十年八年后远不发生的。"④ 站在今天的角度来看，彼时中国知识界对第二次世界大战爆发时间的这一预判，的确有着惊人的精准性。

至于第二次世界大战爆发的地点问题，战前中国知识界也做出了自己的评判。剑父在考察了一战后国际关系的演进后认为："东方的太平洋和西方的欧洲大陆是帝国主义冲突汇合的焦点。而社会主义的苏联领土又横跨欧亚两大陆，因而太平洋问题和欧洲问题不仅包含了帝国主义与帝国主义相互间之冲突和帝国主义与殖民地之冲突，更错综着帝国主义与苏联的对立关系。所以许多人都说欧洲问题和太平洋问题是第二次世界大战的两大火药库，这两大火药库随着世界经济恐慌之发展，国际对立之激化而逼近爆发的前夜。"⑤ 滕雪壑也做出类似判断："在大战未发动以前，一个最值得注意的疑迷要算是大战的地域一项了。按时势可能的趋向和吾人知识领域的所及，能够引起世界大战的地域，大约不是欧陆，就是远东。"⑥可以看出，欧洲与太平洋沿岸是最可能的爆发点。

① 周鲠生：《第二次世界大战与中国》，《时事月报》1934 年第 1～6 期，1934 年，第 154 页。
② 张锦帆：《我之"第二次世界大战论"》，《湖南大学季刊》第 1 期，1936 年；邓西屏：《第二次世界大战与中国》，《内外杂志》第 1 期，1937 年。
③ 袁道丰：《假如第二次世界大战发生》，《东方杂志》第 13 号，1936 年，第 146 页。
④ 臧哲先：《第二次世界大战》，《读书青年》第 11 期，1936 年，第 15 页。
⑤ 剑父：《第二次世界大战的两大火药库》，《新中华》第 13 期，1934 年，第 17 页。
⑥ 滕雪壑：《世界大战与东案》，《黑白半月刊》第 5 期，1934 年，第 11 页。

再者，中国知识界立足中国自身安危情势，并基于对远东形势的判断，认为远东尤其是满洲问题最有可能引爆二战，在他们看来，满洲是东方的"巴尔干火药桶"。早在 1931 年，钟晓初就预测道："然则大战将发于何地乎？盖太平洋为宇内交通之枢纽，军事上之要塞，有之可以制海内列国之伸缩，总天下之金库，法之租界广州湾，英之领印度，日之占雅浦，美之领菲律宾，此列强早有侵占太平洋之计划，是太平洋为其逐鹿之场无疑矣，大战之爆发不在此安可得乎？吾国人谅能知之其亦知所准备乎?!"①

但对此流行的说法，中国知识界也有持异议者。雷海宗就认为，大战仍然会以欧洲为中心展开，"欧洲仍为国际政治的重心。近年来我们听惯太平洋问题的各种论调，与美国为世界经济盟主的说法，往往就以为欧洲已不似先前能左右世界大局。我们中国人处在远东的危机之下，尤其难以相信我们的问题不如欧洲问题重要。但政治经济利益的冲突，军备的扩充与竞争，民族间的仇恨等等，欧洲一隅较世界任何部分都要严重复杂。把欧洲作为一个单位来看，它的战斗力远在东亚或美洲之上。因为欧洲如此重要，所以别处发生战争，不见得能引起欧洲的冲突，欧洲若发生大国间的正面冲突，全世界就必将卷入。因此，二次大战无论如何发生，它必定仍是以欧洲为中心的战争。纵然直接导火线不必在欧洲，但二次大战的第一炮或第一枪仍以由欧洲放掷的可能居多"②。事实也的确如此，1939 年 9 月 1 日德国闪击波兰，正式揭开了第二次世界大战的序幕。

二、中国知识界对第二次世界大战起源与性质的研判

第二次世界大战的起源和性质是中国知识界关注和思考的重要议题，其之所以被关注，如黄醒初所论，"战争是历史的现象，其原因并非由于人类的劣根性，也不是政府的坏政策，乃是社会分裂，阶级对立，而产生出来的现象，我们要反对世界大战，必须要首先明了战争的性质及其原因"③。胡今也撰文指出研究战争原因与性质的重要性："无论研究哪一事

---

① 钟晓初：《第二次世界大战之推测》，《高农期刊》第 1 期，1931 年，第 4 页。
② 雷海宗：《第二次世界大战何时发生》，《清华周刊》第 7 期，1936 年，第 33 页。
③ 黄醒初：《第二次世界大战的几个中心问题》，《新生命》第 1 期，1930 年，第 7 页。

物的现象，形态及其发展的规律，必须从那一事件的本质着手；只有正确了解哪一事物是为哪样的性质所规定着，才不会给任何一时的片面的复杂性所迷乱。"①

在中国知识界看来，第二次世界大战的起源和性质是相互交织的两个问题，在某种意义上，战争的起源与起因很大程度上决定着战争的性质。在他们中的多数看来，同第一次世界大战一样，第二次世界大战仍是起源于帝国主义之间对资源、市场和殖民地的争夺和再分配，争夺和再分配的根源则是帝国主义政治经济发展的不平衡，此即未来必然爆发的第二次世界大战的本质所在。

这一时期，有关帝国主义是战争根源的阐释，代表性的如朱剑秋等人所论："因为帝国主义的发展是不平衡的，尤其是生产力的恢复且超过了战前，因此，新市场的开拓成为了目前帝国主义最迫切的要求。可是世界市场，无论是在亚细亚州，还是阿非利加州，早已被帝国主义宰割，只有从别的帝国主义手里面夺过来。目前这一争夺市场的冲突非常厉害，美日、法德、法意、英美的冲突都紧张起来，形成了不可避免的第二次世界大战爆发的严重空气。"②"世界政治中，有三个矛盾：帝国主义与帝国主义，帝国主义与社会主义苏联及帝国主义内部的人民大众，帝国主义与殖民地和半殖民地。然而，这三个矛盾是怎样产生的呢？一句话，是由于资本主义发展的不平衡。"③"处此列强势力不平均之今日，无论从何方面观察，第二次世界大战有一触即发之势，已毋庸讳言。"④由此可以看出，发展不平衡导致的权力再分配斗争是二战的本质属性所在。

此外，谈及帝国主义是战争的根源时，大多数知识分子都注意到了经济危机，尤其是1929～1933年的大萧条在推动帝国主义国家间爆发战争时的可能作用。玉田认为，经济危机起着催化剂的作用，激化了帝国主义国家之间的矛盾，"因为资本帝国主义第一次世界大战的结果，没有解决其本身的严重矛盾，潜伏到了二十年后的今日，又在'扩大再生产'的

①　胡今：《论第二次世界大战》，《十日间》第1期，1939年，第9～10页。
②　朱剑秋：《第二次世界大战与世界革命的前途》，《现代中国》第1期，1929年，第1页。
③　莫高芳：《对于第二次世界大战的看法》，《民族公论》第1期，1939年，第95页。
④　黄金涛：《第二次世界大战与我国重工业及军需工业》，《时事月报》第1～6期，1934年，第266页；高槩夫：《由认识帝国主义谈到第二次世界大战爆发的必然性》，《长城季刊》第3期，1936年，第2～11页。

基础上，更尖锐和深刻化起来了，资本主义的世界，已踏入了战前的那种状态，革命和战争的新狂潮日益紧迫逼近，凡尔赛和华府会议的世界分割，业已被帝国主义者一脚踏破了，在历史的日程上，又提出了须用武力重新分割世界的问题，这在战后的帝国主义发展时期，在资本主义的总恐慌时期，和不平衡的发展法则表现得特别显明而有力"。① 马学之则注意到了经济危机爆发的情势下帝国主义争夺目标侧重点的变化，即集中于世界市场，"重新瓜分世界的帝国主义战争是一天一天地迫近了。这已不再是列强外交部和参谋本部里密议的问题，实际上已在各处爆发了。世界经济恐慌与资本主义相对稳定的终结，造成了一个国际关系的极端不安；争夺世界市场的斗争已发展为猛烈的经济战争"。②

在中国知识界看来，决定帝国主义间矛盾必然爆发的根本因素还是资本主义私有制及其内在矛盾。黄醒初指出："近代资本主义的战争，是帝国主义国家争夺殖民地的战争，这个原因乃有他的历史背景，质言之，即为生产工具私有制度的直接结果。"③ 对于资本主义内在矛盾诱发经济危机进而导致上层建筑变动的问题，金良本的阐述颇具代表性："现代的经济组织制度，无疑是资本主义而且是金融资本主义的经济组织制度（除俄苏外）。因为资本主义的出发点完全是为自私自利，所以生产的无政府状态，使一切分配消费失去平衡的发展；生产物的过剩，资本的膨胀，引起国与国间的争夺市场战。另一方面，因资本主义自由竞拼的结果，致国内的经济集中到少数人的手中，陷一般劳动者除了出卖劳动力之外，一无所有的状态，于是形成国内贫富悬殊两大阶级的存在——资产阶级与无产阶级，他们各为其阶级的利益，必然的引起冲突与斗争。由是，资本主义的经济恐慌是必然要到来的。政治不过是经济组织的上层建筑而已，现在经济制度既经走上了内在矛盾爆发的阶段，那末，其上层建筑的政治自然会起纠纷，所以我们要研究今后战争的属性问题，必须要理解这点起。"④ 最后，他还得出结论："那末，二次的大战争是属于哪一种性质呢？无疑的只有资本主义者群的混战。所谓现时国际间所闹的什么货币战，关税

---

① 玉田：《从帝国主义诸矛盾说到第二次世界大战的必然》，《国防论坛》第 6 期，1935 年，第 9 页。

② 马学之：《第二次世界大战和目前反战运动的形势》，《客观》第 6 期，1935 年，第 10 页。

③ 黄醒初：《第二次世界大战的几个中心问题》，《新生命》第 1 期，1930 年，第 7 页。

④ 金良本：《二次世界大战的属性问题》，《空军》第 96 期，1934 年，第 5 页。

战，汇兑战，市场问题，军备问题，郡不过是资本帝国主义者战争的各种方式罢了。"①

故而，从整体来看，中国知识界多判定第二次世界大战和第一次世界大战一样，还将是一场帝国主义在发展不平衡规律支配下，围绕资本、市场竞争而展开的掠夺战和权力争夺战。

然而，也有部分知识分子注意到了第二次世界大战性质复杂的一面。胡今在坚持战争性质的主要方面是帝国主义掠夺战的同时，也承认未来战争的复杂的一面，"这一次的战争要更富于曲折性和复杂性。这次比第一次大战重大的特点，是反侵略阵线与侵略阵线的战争，但仍是帝国主义的战争，这是明白的"。② 沈因明也觉察到了未来大战性质的多面性："未来大战的性质怎样，一般地说来，总不外下列数种，即帝国主义相互间争夺殖民地的战争，资本主义与社会主义的战争，殖民地革命战争，社会革命战争。"③ 柳棠也称："一般的说法，是把第二次世界大战的性质分成两种，一种是帝国主义间的战争；另一种便是进攻苏联的战争。自然，这两种性质的战争，我们不能把它对立起来看或者平行的来看，而应该结合起来。"④

在认识到未来大战性质复杂性的基础上，还有一些知识分子注意到了第二次世界大战蕴含的非帝国主义属性的进步主义因素，进而对未来战争的性质做出了另一种界定。1939 年 9 月 6 日，亦即第二次世界大战正式爆发五天后，胡今撰文指出，虽然这场战争是帝国主义战争，"但法西斯侵略者形成为全世界民主国家，弱小民族，殖民地及一切努力推进和平事业人士（包括法西斯国内劳苦大众）的当前死敌，反战反法西斯是世界和平的唯一事业，在世界政治舞台上便产生法西斯侵略阵线与和平的民主阵线的新的对立。因此今日的第二次世界大战，同时又是这两条阵线对立的发展，全世界革命的群众，及侵略国内的进步份子，都应该支持英法保存现状派，猛力的摧毁最反动的法西斯侵略政权，争取公正的民主和平。事物是这样辩证的统一着的"。⑤

① 金良本：《二次世界大战的属性问题》，《空军》第 96 期，1934 年，第 5~6 页。
② 胡今：《论第二次世界大战》，《十日间》第 1 期，1939 年，第 9 页。
③ 沈因明：《世界大战的两个范畴及其可能性》，《东方杂志》第 22 号，1934 年，第 35 页。
④ 柳棠：《第二次世界大战与中国》，《新中华》第 13 期，1934 年，第 59 页。
⑤ 胡今：《论第二次世界大战》，《十日间》第 1 期，1939 年，第 9~10 页。

更有进一步者，莫高芳[①]基于相互冲突的两大阵营的正义与非正义属性，对第二次世界大战的性质加以解读，直接表明未来的战争是进步势力对抗反动势力的正义战争。"由于这三个矛盾的发展，在它的发展过程中便产生了两个集团。这两个集团就是世人皆知的和平阵线与侵略阵线。这两条阵线的组成，在今天已是铁一般的事实；只有头脑不清楚的人才否定它，只有为法西斯作走狗的托派才否定它。如其我们再把这两条阵线的组成部分分析一下，就知道一个是进步的势力，一个是反动的势力。进步势力的和平阵线包含有三个不同的成份：社会主义的苏联和各帝国主义国内爱好和平的人民大众是一个。殖民地和半殖民地是一个，要维持现状的资本主义民主国家是一个，至于反动势力的侵略阵线只是少数的金融资本家及……组成；明白地说，就是德意日法西斯。"[②] 他还进一步指出："提到和平阵线和侵略阵线，我们也必然加入其中的一个，绝不能站在这二者之外。今天的事实已经告诉我们，我们不但已加入了和平阵线，而且正在为和平阵线而努力，成了和平阵线重要的一环……世界大战就是和平阵线与侵略阵线的战争，这个战争是一个进步势力打击和消灭历史的反动势力。"[③]

莫高芳还对二战是帝国主义战争的判断做出批评："几个月以前某大报的社论说这次世界大战和以前第一次世界大战一样仍是帝国主义和帝国主义的战争，这是不对的。这不但把历史重复起来而且抹杀了当前国际上这个主要矛盾的事实，抹杀了两条阵线的存在，抹杀了进步的势力在准备打击反动势力。"最后，他得出结论："我们的抗战就是世界大战的一部份，是世界大战的前哨；因此我们的抗战和世界大战分不开……"我们对日的抗战是进步的战争，那么世界大战也就是进步的战争，因为这是世界的统一战线结成起来打击反动者法西斯。[④]

---

① 莫高芳，别名张英，1914 年出生，广西灵川人。1937 年加入中国共产党。张英在桂林读小学、初中。父亲去世后，在姐姐的资助下，到北平私立朝阳学院读书。1931 年九一八事变后，张英回到桂林，在雷平县立师范讲习所当教员。1935 年，考入上海大夏大学，积极参加救亡活动，曾经担任过上海学生界救亡协会党团书记、中共上海学委组织部部长。1938 年，他作为党员骨干被抽调到新四军工作，改名张英，担任路东特委组织部部长。

② 莫高芳：《对于第二次世界大战的看法》，《民族公论》第 1 期，1939 年，第 95 页。

③ 莫高芳：《对于第二次世界大战的看法》，《民族公论》第 1 期，1939 年，第 99 页。

④ 莫高芳：《对于第二次世界大战的看法》，《民族公论》第 1 期，1939 年，第 101、100 页。

三、危机与转机：未来大战之于中国

第二次世界大战爆发前中国知识界对二战的观察和研判有着突出的民族本位意识，在思考国际形势和战争可能走势的同时，探求中国在战争到来时需要面对的种种情形，如中国是否能孤立于战争之外？战争对于中国是危险还是机遇？在他们眼中，未来的这场战争关系中国命运。梁苦飘指出："第二次世界大战的爆发，对于中国的存亡问题到底是怎样？我始终认定，中国前途的命运，则完全系于这次战争的结果。"① 那么，中华民族的命运到底又会如何呢？

首先，在知识界看来，中国在未来的战争中是不可能置身事外的，只能是参战的一员，而且还是重要的一员。陈敏书从世界的整体发展角度论证了这一点："现在的世界，是一个错综复杂千变万化的连环套，中国不消说是这个套子里面的一个，这是因为种种政治经济文化的关系把世界各国联成为一个息息相关的国际，没有一个国家能够站在这个套子外面单独地生存。所以世界局面的一举一动，马上会牵动到中国，而目前这个世界又无日不在变动之中，中国也就无日不受此种整个的变动的重大影响。"②

还有知识分子从可能引发第二次世界大战的国际矛盾的复杂性这一角度，来证明二战中没有任何一国能置身事外，马学之认为，"二十一年来国际形势起了根本的变化……目前战机的威胁比一九一四年严重多多。所以第二次世界大战和第一次大战的区别，首先就在其范围之大，在这一次战争中一切战争的形态——两个制度的根本冲突，帝国主义列强间的战争，掠夺殖民地与被压迫民族的解放运动，以及各资本主义国家的国内战争——均密切地交织在一起，因此在这一次大战中，没有一个国家，没有一个民族，甚至没有一个个人可抱中立态度的"。③ 黄醒初也明确指出："第二次世界大战是无可避免的事实，世界上的国家都逃不出这个战区的范围，而中国尤其是其中的主要之一。"④ 柳棠也认为，战火的毒焰将燃烧到全世界，特别是中国。他还警告道："企图在侥幸中能够避免战祸的，那是在做着愚

---

① 梁苦飘：《第二次世界大战爆发与中国存亡问题》，《铁血月刊》第4期，1934年，第26页。
② 陈敏书：《中国要做第二次世界大战的主人翁》，《空军》第27期，1933年，第10页。
③ 马学之：《第二次世界大战和目前反战运动的形势》，《客观》第6期，1935年，第10~11页。
④ 黄醒初：《第二次世界大战的几个中心问题》，《新生命》第1期，1930年，第6页。

蠢的美梦！"①

此外，有知识分子认为中国不但会卷入，而且认为"如若战争爆发，中国决不是处于边缘地带的国家"。② 干卓在分析了满洲问题的国际性后指出："满洲问题，就如同一九一二年与一九一三年的巴尔干问题，那么中国毫无疑义的是第二次世界大战的主要角色。"③ 在他们看来，中国一旦卷入二战，注定会在战争进程中发挥重要作用。

其次，中国知识界在达成第二次世界大战之于中国是不可避免的共识后，还认为未来战争之于中国将是危险与机遇并存。

一方面，所谓"危险"亦即战争若爆发给中国可能带来的挑战与风险。胡庶华从中国不能中立、经济社会文化的落后以及将来任人宰割的命运等方面论证，将来大战之于中国存在四重危险，他具体分析道："豪强互撕于吾人之堂奥。欲守中立而不可得。此中国所处之地位极其困难与危险者一……吾国海岸各口易受敌舰封锁，全恃自己力量挣扎于战争漩涡之中。此中国所处之地位极其困难与危险者二……吾国农村破产，工业落后，金融枯窘，纵能卧薪尝胆，已属时不我待。何况举国蒙昧，不知燃眉之急。此中国所处之地位极其困难与危险者三……人为刀俎，我为鱼肉。此中国所处之地位极其困难与危险者四。"④ 李吉仁对战争爆发后中国可能的遭遇抱持悲观看法，认为战争之于中国是亡国灭种的挑战，东四省已亡于暴日；外蒙早已沦为苏俄之附庸；新疆军阀斗争；西藏实则受英帝国主义之唆使；西南之滇桂，英法帝国主义者又常问鼎；东南之闽域，暴日现正自台湾而观望。以上所举出之情势，疆土日渐缩小，国内纷争不断，各帝国主义间之任何一国，即需数小时之间，数十艘战舰由三江而直进，则数千年遗传下之华国将非我所有矣！⑤ 三立也对中国在将来战争中可能被帝国主义趁火打劫的命运表示担忧："不论是帝国主义一致进攻苏联的战争或是资本主义国家相互间的厮杀，中国都不能不卷入漩涡的。前者要以中国的东北和西北做战场……后一个战争，若爆发于远东，则中国沿海

---

① 柳棠：《第二次世界大战与中国》，《新中华》第 13 期，1934 年，第 66 页。

② 剑平：《从国际现势谈到第二次世界大战问题》，《津声周刊》第 10 期，1929 年，第 4 页。

③ 干卓：《第二次世界大战的危机》，《前途》第 6 期，1933 年，第 11 页。

④ 胡庶华：《中国在第二次世界大战中所处地位与所应采之方略》，《时事月报》第 2 期，1934 年，第 158～159 页。

⑤ 参见李吉仁《第二次世界大战与中国》，《感化月刊》第 9、10 期合刊，1935 年，第 165 页。

各省都要变成帝国主义者的用武场；若爆发于中欧或东非，则日本必乘机进入中国，像第一次世界大战时的'二十一条'和最近两国间许多纷争的事件，恐怕到那时候要变本加厉些，也未可知。"①

另一方面，中国知识界也普遍注意到第二次世界大战的爆发对于中国可能产生的积极影响，认为它是中华民族求解放，走向伟大复兴的历史机遇。正如孤帆所讲，"多难兴邦，我们正该趁此国家多事之秋，来复兴我们的民族，唤醒我们的国魂"。② 刘梯岳也明确指出："这是中华民族的危机，也是中华民族复兴的征兆！"③ "国危矣！时急矣！国家兴亡在此一着……设能从此充实国力，外联与国，则安知世界大战结束之日，非我中华民族起死回生之时！"④ 其他知识分子如陈敏书、干卓和窦培恩也都提到如果我们把握得当，战争将是中华民族走向复兴的契机。"什么时候才是中国复兴的日子呢？我以为什么时候世界发生重大的骚动，那个时候便是中国复兴的日子。换句话说，中国的复兴，系于第二次的世界大战。"⑤ "中国在第二次世界大战中，不是做铁锤，便是要做铁砧，如果能做大战中的铁锤，那末，不仅失地可以无条件的收回，即民族国家亦可应运而兴，甚至乎台湾朝鲜亦将可以归还我有，如果做了大战中的铁砧，则不仅失地不能收回，即国内亦将陷入无政府状态。甚至四分五裂，不可收拾。所以第二次世界大战是中国盛衰存亡的关键。"⑥ "中国是远东的唯一大国，也是各帝国主义侵略角逐的目标；远东和平破裂，或第二次世界大战爆发，则中国首当其冲，必然的要遭受重大的牺牲。而这种牺牲，固可以使中国民族陷于万劫不复，然而也可以成为中国民族复兴的契机，要看我们的努力如何而已。"⑦

四、未雨绸缪：中国的因应之道

在中国知识界看来，第二次世界大战之于中华民族将是一场重大危

① 三立：《第二次世界大战与中国》，《通俗文化》第 5 号，1935 年，第 117 页。
② 孤帆：《第二次世界大战与我们应有的准备》，《学校生活》第 62 期，1933 年，第 10 页。
③ 刘梯岳：《人类历史的演进与二次世界大战》，《铁血月刊》第 5 期，1934 年，第 26。
④ 袁道丰：《一九三六年与第二次世界大战》，《时事月报》第 1～6 期，1934 年，第 153 页。
⑤ 陈敏书：《中国要做第二次世界大战的主人翁》，《空军》第 27 期，1933 年，第 10 页。
⑥ 干卓：《第二次世界大战的危机》，《前途》第 6 期，1933 年，第 11 页。
⑦ 窦培恩：《伦敦海缩预备协商与第二次世界大战》，《四十年代》第 2～3 期，1934 年，第 16 页。

机，但危中有机，如果处理得当，将会迎来民族复兴的重大机遇。就像彭瑞夫指出，"在现时，中华民族是处在划时代的阶段，在未来战争中的出路，只有两条：不是灭亡便是复兴，而未来究竟是吉是凶，就只看我们在这一阶段里，准备如何而决定"，他还进一步分析道："中国目前是在风雨飘摇的时期，大战中又是民族危急存亡之秋，中国的前途，存亡间不容发，如果以中国目前的经济、政治、军事而论，中国难免有极大的牺牲；然而，就整个历史的进程来推测，我们也不必悲观，二次世界大战也就是中国复兴的好机会。不是战斗便没落！不是胜利便灭亡！事实是这样地呈示在我们面前！我们唯一的答案，是战斗！从多重的压迫下站起来作英勇的战斗，重建新国家！"① 由此可知，抗战也是建设国家的一个契机。那么，危机和转机中的中国又应该何以自处呢？

著名老一辈漫画家高龙生在其名为《某国人准备第二次世界大战》的漫画（见图1-1）中，对国人持有的应对第二次世界大战的种种错误的观念加以批评。图中有人跳出红尘，企图飞升成仙；有人隐居山洞，远离世俗；有人苦练奇门遁甲，以求金刚不坏之身；有人造船想到北极去，远离战争之地；有人赶造寿材，悲观面对未来；有人学习日语，研究日本。玉田在对国内存在的悲观主义和乐观主义加以批判的基础上，也为国人指明了应对的方向："由于国际的国内的许多不合理的必经的事实……悲观者发出'中国不亡，宁有天理'的感慨，乐观者则终日沉溺于'金迷纸酒''醇酒美人'的极端放纵的浪漫生活之中，这些都是亡国的象征，同时也是大时代将要到临的反映，中国人不应该逃避苦难，应该和苦难奋斗，应该冲破一切恶势力的包围，而创造自己的新生命。"② 骆继常也大声疾呼："赶快站在时代的前头，冲破帝国主义的阵线，打出民族血路，负起救亡的责任。"③

那么，在中国知识界看来，面对即将到来的第二次世界大战，中华民族又应该如何消除错误认识，积极应对，以借机争取中华民族的伟大复兴呢？中国知识界提出的应对倡议，举其荦荦大者，有以下几个方面。

经济应对方面。在彼时中国知识界看来，一个国家要发展，首先得发

---

① 彭瑞夫：《未来世界大战与中华民族出路之展望》，《国衡半月刊》第8期，1935年，第28页。
② 玉田：《从帝国主义诸矛盾说到第二次世界大战的必然》，《国防论坛》第6期，1935年，第12页。
③ 骆继常：《第二次世界大战前夕的中国复兴问题》，《觉是青年》第2期，1934年，第34页。

图 1-1　某国人准备第二次世界大战

资料来源：高龙生：《某国人准备第二次世界大战：[漫画多幅]》，《论语》
第 59 期，1935 年，第 22 页。

展经济，但当时的国民经济是十分落后与混乱不堪，以备战为中心的整顿
与建设可以说迫在眉睫。林劲草在分析中国的进出口和列强在华投资情况
后，主张"目前中国应尽量发展中国的民族工业，以及国营工业。必要
时应该实施经济统制。如在经济生产方面、在交易方面、在消费方面加以
统制"。[1] 军需工业尤其优先发展，"无论何国，未有重工业不建设完全，
而军需工业可以充分发展者"。[2] 他还列举了需要着重发展的产业，如钢
铁工业、燃料工业、三酸工业、电气工业和其他各工业。实行经济统制的
办法也得到骆继常的认可，他认为：中国应该实行经济统制，即在重工

---

①　林劲草：《第二次世界大战与中华民族之出路》，《华侨半月刊》第 48 期，1934 年，第 6 页。

②　黄金涛：《第二次世界大战与我国重工业及军需工业》，《时事月报》第 1~6 期，1934 年，第 266 页。

业、交通、税收方面合作起来，做一个整盘的打算，让人民群众在战时状态下，有自求自给的经济能力。①

此外，他们还认为要实施全国经济总动员，没有强有力的财政支持是行不通的，因此林劲草建议："国家应该设立一种完善的管理货币以及可操控自如的全国金融组织，树立一种极完善的租税制度及良好的公债信用。"② 胡庶华还建议发行公债，"一方面由国家银行，集中现金，发行纸币；一方面发行内国公债，以资应用。既系对外作战，则人民有毁家纾难之心，公债之募集自易……要在能发展国民经济，鼓励生产事业，以培植民力，然后金融不至枯竭。至必要时，虽实行总理钱币革命方法，发行能力本位制的兑换券以救一时之急，亦无不可"。③

军事应对方面。胡庶华认为，20世纪的战争几乎靠科学技术，人力物力并驾齐驱，数量与质量并重，中国人口虽然居世界第一，但整体作战力量弱小，因而他建议"除将现有军队严加淘汰切实整顿外，尤须使全国人民均受军事训练"，如操练民团或者实行征兵制等措施。④ 骆继常认为应实行军事统制，即统一编制，实行征兵制和保甲法。他提出把全国海陆空军集中于中央政府指挥之下，不许私人拥兵自肥；厉行征兵制度和保甲法，使全国皆兵，以捍卫国家，复兴民族。⑤ 林劲草也主张加强军队的统帅权，"为应付第二次世界大战的到来，全国的军队，应该在中央指挥之下，进行着同一的步骤"。⑥

周怀勖还建议国防建设应有突出的着力点，他还草拟了详尽的国防建设大纲，要领有："兵役法之革新；建制之改善；国防机关之集权组织；军事中心点之改定；交通网之构成；要塞之建筑；资源之开发；军需工业之创建等八项原则。"⑦

外交应对方面。外交是军事的后盾，在知识界看来，外交同样可以作为

① 参见骆继常《第二次世界大战前夕的中国复兴问题》，《觉是青年》第2期，1934年，第35页。
② 林劲草：《第二次世界大战与中华民族之出路》，《华侨半月刊》第48期，1934年，第6页。
③ 胡庶华：《中国在第二次世界大战中所处的地位与所应采之方略》，《时事月报》第2期，1934年，第162页。
④ 胡庶华：《中国在第二次世界大战中所处的地位与所应采之方略》，《时事月报》第2期，1934年，第160页。
⑤ 骆继常：《第二次世界大战前夕的中国复兴问题》，《觉是青年》第2期，1934年，第36页。
⑥ 林劲草：《第二次世界大战与中华民族之出路》，《华侨半月刊》第48期，1934年，第6页。
⑦ 周怀勖：《未来世界大战与国防建设问题》，《新中华》第7期，1933年，第10～14页。

弱者的武器。孤帆以普鲁士首相俾斯麦以精巧的外交捭阖成功实现德意志统一为例，强调了外交的重要性。他建议"应该运用远大的目光，巧妙的手段，去连络他国，使站在第三者的中立国，作了敌人的仇敌，做了我们的朋友"，理论上可以得到友邦的帮助。① 张仲实具体提出了与中国交好的对象国和联络国，"如果第二次世界大战是帝国主义进攻苏联的战争，则中国应当与苏联相友相助，因为苏联与中国一样都受到帝国主义的压迫，并且苏联是中国反对帝国主义的有力的友军；假使第二次世界大战是帝国主义间的战争，则中国应当联合世界上被压迫的民众与民族，共同反对世界帝国主义的统治。只有在这种情况下，中国才能达到真正的民族独立与解放"。② 张铁生也提出中国应积极联苏联美的观点。③ 陈光敬则做了进一步的补充："中国应积极构筑中美同盟、中俄同盟，同时积极联络英国以及列强在东南亚的殖民地，务必不使他们落入日本的圈套，并认为这是当务之急。"④

教育应对方面。在很多知识分子看来，现代战争是科学战争，一国人口接受教育和技能培训的程度，也是一国综合国力的重要体现。孤帆指出，"教育是立国之本，关系一国民族的盛衰，所以第一要普及民众教育，扑灭文盲，第二要注意生产教育，使学校里培养出来的人才，个个至少有一技之长，能够生产；第三要加紧军事教育，严格的训练青年学生……具有刻苦耐劳的精神"。⑤ 而在胡庶华看来，教育作为一项国家政策手段，决定着战争的胜负。"盖战争之胜负，与教育有密切之关系，尤其是关乎民族生存之战争，非举全国之民力悉赴于战场，决不足以操胜算。如何能使全国人民有敌忾同仇之心，杀敌致果之志，则非教育不为功。民族性之培养，自信方之陶冶，牺牲精神之振起，固赖教育。而在近代科学战争时期，专门技术人才之造就，普通工程常识之灌输，更赖有良好之教育。尤其在平时专赖外货战时又易被封锁之国家，实验室中，必须有不断之研究，以补各种物质之缺乏"。⑥ 总之，在他们眼中，不管是战

---

① 孤帆：《第二次世界大战与我们应有的准备》，《学校生活杂志》第 26 期，1933 年，第 10 页。
② 张仲实：《第二次世界大战与中国之前途》，《新中华杂志》第 15 期，1935 年，第 22 页。
③ 张铁生：《第二次世界大战与中国》，《中学生战时半月刊》第 9 期，1939 年，第 6 页。
④ 陈光敬：《第二次世界大战之展望与我国今后之外交方针》，《民鸣周刊》第 23 期，1934 年，第 8 页。
⑤ 孤帆：《第二次世界大战与我们应有的准备》，《学校生活》第 62 期，1933 年，第 9 页。
⑥ 胡庶华：《中国在第二次世界大战中所处的地位与所应采之方略》，《时事月报》第 2 期，1934 年，第 160 页。

争相关的技能人才培养还是爱国主义精神、牺牲奉献精神的培育，都有赖于教育的重建。

政治应对方面。中国知识界深为国家分裂、党派对立的政治情势感到忧心。在他们看来，在这样的环境下，中国难有闲心去抵御外来侵略。为更好地应对即将到来的第二次世界大战，中国在政治上必须实现统一，有一个统一的领导阶层。孤帆强调："我们须要一个健全的政府——在以往国际地位低下，内战之众多，无容讳言，自然是无健全政府所致。所以今后，我们希望有个中心领袖来扶植国民，对外采取民族外交，力求主权之独立，并且整顿国防，增加军备……至于对内我们希望政府以最高最大的权力，实施统一政策，增加民族自卫的力量，来坚固中华民族的基础。"[1] 骆继常也提出在非常时期，政治上要实行政治统制，即在国难期实行独裁政治，如苏联的斯大林、意大利的墨索里尼、德国的希特勒、美国的罗斯福都掌握一国的政权。[2] 林劲草也比较激进，他甚至认为只有独裁才能救中国！[3]

由上可知，中国知识界对第二次世界大战抱持谨慎的乐观态度，认为在未来第二次世界大战不可避免的情况下，它之于中国是一场巨大危机，但是只要我们曲突徙薪，积极面对和应对，就可能迎来中华民族伟大复兴的机遇。这些集中地体现在张锦帆的"第二次世界大战观"中，"二次大战之爆发，仅时间上之早晚问题耳，吾知始作俑者，不为德意即为日本，而火药库不在中欧即在中国，大战果发生于远东，其结果，中国纵不为日本独存，亦必为列强共管或瓜分。苟中国，能即刻整饬内政以巩固国基，扩充军备以坚实国防，注重外交，联络舆国，则日本将不敢再侵，而远东大战，庶可避免。大战即不能免，中国亦可与列强共谋日本，一战而胜当可完全独立而增高在国际上之地位焉"。[4]

结语

20 世纪二三十年代，对于世界尤其是中国而言，都是一个多难之秋。从 1931 年的九一八事变，到通常认为标志着第二次世界大战爆发的 1939 年

① 孤帆：《第二次世界大战与我们应有的准备》，《学校生活》第 62 期，1933 年，第 9 页。
② 骆继常：《第二次世界大战前夕的中国复兴问题》，《觉是青年》第 2 期，1934 年，第 36 页。
③ 林劲草：《第二次世界大战与中华民族之出路》，《华侨半月刊》第 48 期，1934 年，第 5 页。
④ 张锦帆：《我之第二次世界大战观（论）》，《湖南大学季刊》第 1 期，1936 年，第 33 页。

9月1日德国突袭波兰，中华民族的艰难抗战已经进行了八年之久。在民族存亡绝续的关头，心忧天下、有着平天下情怀的中国知识界密切关注国际时局的发展态势，尤其是对关乎中国命运的太平洋问题，构建了自己的第二次世界大战意象，并立足中国提出了化战争危机为复兴转机的因应之策。

大战爆发前，中国知识界第二次世界大战意象的生成多是基于对一战以来国际关系演进史实的实证考察和思考。尽管他们的应对建议因为战争造成的艰难情势未能一一落实，但他们对即将爆发的第二次世界大战的概貌和战略走向，也的确形成了相对客观的研判。如他们对第二次世界大战爆发必然性的判断，对爆发时间和地点的精准预测，有意或无意运用唯物史观对帝国主义战争根源的剖析和对国际政治主要矛盾的把握，以及战争爆发后国际阵营分化组合的透视，大多为战争爆发后的历史经验所证实。

此外，中国部分知识分子于纷繁复杂、浮云蔽日的国际局势中，也难得地做出了在今天看来依然具有高度前瞻性的论断。如第二次世界大战是中华民族走向伟大复兴的开端，第二次世界大战始于九一八事变，中国抗战是世界反法西斯战争的组成部分以及第二次世界大战在某种意义上是进步的战争等观点，在今天的二战史研究和抗战史研究话语中也不失为一种前沿表述。对这些问题的探讨与揭示，在丰富国人二战记忆图景的同时，无疑对我们今天的二战史研究也有着重要的推动意义。

第二章　存亡之道：中国知识界对国防安全建设的忧思

九一八事变尤其是七七事变在给中华民族带来灾难与耻辱的同时，也开启了近代中国抗战建国这一新的历史征程。抗战建国，在中国知识界的解读中，唯有先取得抗战胜利，才能建设富强中国，进而国家的安全与发展才能有所保障。

面对20世纪三四十年代中国和世界的风云变幻，在国家山河破碎，整个世界一片狼烟，战火频仍之际，中国知识界力图阻止第二次世界大战的到来，维护和挽救世界和平的梦想渐趋破灭，裁军也罢，国联也好，区域组织也罢，都已经成为过眼云烟。在侵华日军的滚滚铁蹄下，在隆隆的枪炮声中，中国知识界觉醒，在丛林法则支配的世界政治中，唯有自主、自力和自强才能自立于世界民族之林。现代国防建设遂成为中国知识界抗战建国思考的重要向度。

就国防建设而言，中国知识界顺应世界军备大势，主张的强军方向无外有三，一是海军，二是空军，三是陆军，尤其是前两者更是成为知识界力主建设的对象。但考虑到国家捉襟见肘的财政，就优空还是优海问题，知识界展开了激烈论争。但就整体和长远而言，他们大多还是倾向于建设三位一体的立体国防。他们有关国防建设路径的思考，一方面源于对第二次世界大战各个战场上战斗各方得失成败经验和教训的体察，另一方面源于对近代以来世界军事和战争形态趋势的把握，再就是基于对中国军事地理学、地缘政治的剖析。

尽管中国知识界这些在战火中生成的国防思想在当时特殊环境下无法一一落实，但在今天看来，依然具有理性、现代性和前瞻性的元素并构成中国近代军事思想宝库的重要部分。

第一节　航空救国：20 世纪三四十年代
中国知识界的空权观

九一八事变后，中华民族进入存亡绝续的危急时期。在抗战建国之大时代，有着学术济世情怀的中国知识界纷纷以自己的智识担负起时代赋予的探索救亡图存之道的历史使命。基于对第二次世界大战，尤其是中国抗战的现实经验和教训的总结，他们把建设"大空军国家"视为中国"抗战必胜，建国必成"的必由之路。为此，他们纷纷著书立说，[①] 表达他们具有强烈时代感的空权观。

当下学界对这一时期中国知识界军事思想的研究主要集中在海军建设观、国人的海洋观以及个别军政要人的海防思想上，而对作为该时期中国军事思想史重要组成部分的空权思想却未给予应有的重视，迄今未见有相应研究成果问世。本节试借助这一时期知识界出版、发表的有关空权问题研究的时评、论文、专著等大量一手资料，借助文本分析法，来对该时期中国知识界基于特殊情势生成的空权观做一初步解读，抛砖引玉，以期对拓展当下近代中国军事思想史研究领域和中国现代空军发展的理论与实践建设有所裨益。

一、中国知识界话语中的空权内涵

我国虽然在 1919 年便已加入《巴黎航空公约》，但知识界对该问题的集中关注和国民航空意识的大发展则始于 20 世纪三四十年代。该时期大众和中国知识界空权热的兴起与日本入侵所带来的残酷的现实安全情势密切相关。晓明指出："使中国对于空军的觉悟，不外乎是日本自身促成的。我们只要一想日本的飞机在满洲，在上海事变，在热河给予中国人以

---

① 初步统计，该时期仅空权问题研究的专业期刊，如《空军》《航空杂志》《大众航空》《航空建设》《现代防空》《青年空军》等，多达 38 种。

如何的打击，那就了解中国注意空军的事实是当然的啦。"①

该时期中国知识界建构的空权内涵有着国际法意义上的权利和政治学意义上的权力的双重属性。其中，领空权和制空权被中国知识界视为空权的两大核心构成因子。

首先是作为国际法意义上权利属性的领空权。随着 20 世纪航空技术的进步，人类在空中领域的活动逐渐展开和增多，国家的主权范围也随之扩展到空中，如王之相所论："自轻气球及飞艇发明成功以来，各国领土上空的安全遂发生问题，有攻击防卫的必要，有利用的需要，空中主权的观念，也因之产生。"而且他认为，空中主权之于国家民族利害甚大，为维护国家空中主权，亦即领空权的完整，提出的对策是："从速制定航空法律；审慎缔结航空条约；加紧训练航空警察；充实边疆空防。"② 宁墨公也论道："从前国家的主权，仅能达于平面线上，所以有了陆军、海军就算了事。现在不然，主权也好像气球的上升，登峰造极，渐次进入高空的领域。"③ 王述曾认为领空之所以必须受一国主权之支配，即国家必须拥有领空权的理由在于其关乎一国之生存。在他看来，领空之于国家的重要性有三：国防上关系国家生存保障甚大；交通建设，尤其是对于治理边疆意义重大；关乎国民经济中生产事业的兴衰。④ 由上可知，20 世纪三四十年代，中国知识界话语中国家主权意义上的领空权观念已经产生并逐渐明晰。

此外，在中国知识界看来，空权的另一内涵是权力属性上的制空权，也是空权的核心部分。中国知识界对此从不同的角度做出了阐释。饶荣春对"制空"一词的解释是："所谓'制空'，即无论何时，能以空中势力对敌采取攻势行动及隔断敌之陆军及舰队的根据地，不仅使之不能战斗，且使之不能活动，是为国防上策。"⑤ 由此可以看出他主要强调己方空中力量对敌方力量应该具有的绝对压制性优势。陶鲁书则从己方空军在面对敌军时拥有的行动自由性来界定制空权，他论道："何谓制空权？简单地

---

① 晓明：《列强对华航空权获得之斗争》，《朔望半月刊》第 16 期，1933 年，第 4 页。
② 王之相：《空中主权与国际航空关系空中主权与航空法》，《警声月刊》第 2 期，1947 年，第 6~7 页。
③ 宁墨公：《空军建设的原理和要素》，《黄埔》第 17 期，1939 年，第 17 页。
④ 参见王述曾《领空权的重要性》，《交通职工月报》第 6 期，1933 年，第 19~21 页。
⑤ 饶荣春：《空军军备与国防》，《黄埔月刊》第 1/2 期，1936 年，第 193 页。

说，就是空军和地面部队在完全不受敌空军的攻击，或只受敌空军非常之有限的攻击状态下，能完全遂行其重要任务之谓。"① 对此，绍聘也观察道："制空权者，非由何种法律所赋予之一种权柄，乃国家自身上发生之一种力量也。盖以自己在空中享有无上之行动自由，而同时则制止敌人在空中行动与以极端之不自由—类似一种特权，名之曰权，实有未当。"②以上论者，不管角度为何，他们对空权的界定落脚点多强调的是权力能力而非权利属性。

由上可知，一方面源于国人主权意识和法权观念的勃兴，另一方面源于空军在现代战争中日益凸显的相对战略威力和价值，该时期中国知识界话语中的空权内涵具有作为权利的领空权和作为权力的制空权的双重属性。二者之间并非相互孤立，而是有着内在的密切的逻辑联结。前者构成后者的法理基础，而后者构成前者存在的保障力量，二者共同构成该时期中国知识界现代空权概念的完整内涵。

二、中国知识界的空权价值认知

考虑到现代航空技术的进步以及现代战争日益显现出的立体性和总体性的特征，在中国知识界看来，强大空权之于现代民族国家在战时和平时都拥有重要的战略价值。

首先，在军事价值方面，这也是其核心价值所在。万文宣认为空军在战时的效用主要体现在空运部队、破坏敌人后方和封锁敌人对外交通路线。③ 相似的，凌鄂荪则把空军的军事价值总结为三点："侦察敌方之虚实与指导本军之攻守；襄助骑兵、炮兵之攻击与掩护步兵之前进；防守海口与掩护本国舰队施行攻击。"④ 徐同邺概述了空军的六项军事价值："镇压内乱；要塞防御；攻击陆军；攻击海军；战略防御；攻击平民意志等六项。"⑤ 梅电蛮则结合现代战争状态的发展，特别指出了空军在现代总体战中所具有的独特价值："现在的战争不但将前线军队运用，且需要全部

---

① 陶鲁书：《空军在国防上的地位》，《军事杂志》第201期，1948年，第15页。
② 绍聘：《论制空权》，《航空杂志》第9期，1935年，第55页。
③ 参见万文宣《空权时代的世界》，《新中华》第12期，1945年，第6~9页。
④ 凌鄂荪：《空军在军事上之地位》，《浙江保安月刊》第12~13期，1932年，第9~10页。
⑤ 徐同邺：《近年来之空军思潮》，《东方杂志》第10号，1941年，第18~20页。

人力、物力和强固的民族自信力参加。一个能决胜负的战争，不但以破坏敌人第一线军力为目的，并要以敌人后方民族中心为目的。要用地面的武力达到这个目的，一定要先击破敌人的抵抗武力。空军则相反可以超越一切障碍，任意攻击对方武力或对方空军，并且打击整个敌国，损害它的资源，摧毁它的自信力，所以，在今日全体性战争的战略思想中，空军占有极其重要的地位。"①

其次，针对中国其时日益严峻的内外形势，知识界还赋予空军以特殊的政治意义。如曹鹤荪就认为，其政治意义有三：消除割据，促进国家统一；树立国家威信；保护海外侨胞。② 对于当时严峻的边疆危机，徐朗秋指出发展航空可以有效加强边疆与内地的联系，进而有助于解决边疆问题。他指出："边陲像蒙古、青海、甘肃、新疆和西藏等地，简直就谈不上交通事业，以致民智不开，民情隔膜，各地仍保持特异风俗，各自为政，绝少彼此沟通的机会，长此以往，于国家，于民族都有莫大的危害。"③ 徐鹤林除列举了常见的治边主张外，还特别提出了"空军防边"的政策主张。④

再者，在中国知识界看来，即使在和平时期空中力量之于国家民族也具有重要的经济社会价值。卓献书代表性地列举了航空机除军用以外的用途：输送旅客、输送货物、输送邮便物、森林监视、沿岸监视、关税事务、农业事务、水陆测量、科学上观测机探险、紧急事变之急报与救济、海洋调查、渔业指导以及医疗救援等。⑤ 雷震则从农业上的散播种子与杀虫药料、防救森林火灾、测量地图、便利海洋救生、便利调剂金融等方面阐述了飞机之于民生的价值。⑥ 此外，徐朗秋也从航空与国防、交通、农业、工业、商业、文化、治安以及救灾八个方面论述了航空建设的复合价值。⑦

由上可以看出，基于对现实抗战经历的感知和对航空技术发展前景

---

① 梅电鋆：《国防建设与建立大空军》，《军事与政治》第 3 期，1942 年，第 21 页。

② 曹鹤荪：《民航事业对于我国之重要性》，《航空建设》第 3 期，1947 年，第 2 ~ 3 页。

③ 徐朗秋：《谈航空救国》，《广播周报》第 10 期，1934 年，第 9 页。

④ 参见徐鹤林《空军与边疆》，《空军》第 56 期，1933 年，第 7 ~ 12 页。

⑤ 参见卓献书《战时国土防空之理论与实际》，商务印书馆，1935，第 12 ~ 13 页。

⑥ 雷震：《航空救国与国民动员》，《时代公论》第 45 期，1933 年，第 11 页。

⑦ 徐朗秋：《谈航空救国》，《广播周报》第 10 期，1934 年，第 8 ~ 10 页。

的预测与把握，这一时期中国知识界对强大空权价值的认识已经超出了狭义的空防的范畴，而赋予其军事、政治、经济和社会的多重战略价值属性。

三、中国知识界关于中国建设强大空权的路径构想

20 世纪三四十年代，中国知识界基于急剧变动的世界政治、军事和经济情势，尤其是抗日战争中空权丢失带来的血的教训，为践行救亡图存、抗战建国的历史使命，他们纷纷提出了把中国建设为一个"大空军国家"的构想。在此，可以把其归结为组织建设、人才建设、物质建设和思想建设四大层面。

首先是组织建设。空军组织建设，亦即空军在国防体系建设中的定位问题。在王再长看来，"空军地位问题就是国家军队最高组织问题，因为组织的含义，重在层层节制，地位确立，本着现代的经验，现在科学的进步，组织重于一切"。[①]　一般而言，知识界把科学的组织建设视为大空军建设得以成功的先决条件和中心要素。蒋坚忍就认为："一种力量的形成，首要的是使这一力量集团的组织的健全，没有组织，就没有力量。组织不健全，力量即不充分。一般事业的成败关键皆系于此，更何况国家赖以冲锋陷阵，杀敌致果之军队乎？"[②]

这一时期知识界提倡构建的具体组织名称不一，有航空部、空军部等。但就其要义而言，不外乎要具备相互关联的两个特征，即集权性和独立性。蒋坚忍认为建设空军的第一原则是统一和集权，原因在于"凡是军的组织，必须保持军的统一性。保持军的统一性，不仅在形式上的制度要求统一，最重要的是要求其实际统一。所谓实际的统一，就其大者而言，如军令、军政、军的教育、军的人事任免奖惩等都要统一。就其小者而言，如被服器材服装等也要统一"。[③]　关于独立问题，王再长认为大空军组织建设的核心要义是独立。他指出："不先把空军独立，而在陆军或海军中培养，等于树松植于花盆，根基受限，成不了栋梁，所以肯定地

① 王再长：《现代战争中空军威力和它的地位》，《空军参谋学校月刊》第 1 期，1944 年，第 17 页。
② 蒋坚忍：《中国空军之军的精神》，《空军》第 183 期，1936 年，第 5 页。
③ 蒋坚忍：《建设空军的三大原则》，《空军》第 225 期，1937 年，第 3 页。

讲，空军独立是树立国家武力不能不走的途径。"① 关于空军独立的内在含义，林伟成给出的解释是："所谓独立者，乃空军纯然独立于作战中，其内涵有：自行决定空战方式；发挥空军应有战斗力；达成绝对防空手段；支援友军而不受友军指挥与掣肘；实用空军专用战具；空军具有陆战兵员，可占领地域等。"②

其次是人才建设。中国知识界在思考中国空权建设的路径时，毫无例外地提到了航空人才的建设。航空人才的范畴及培养路径在知识界看来，十分广泛，呈现出分工精细和专业化的培养特点。

周至柔这样解释航空人才的种类构成："所谓航空人才，不仅指驾驶人员而言，凡机械、观测、射击投弹、通讯、补给，上自行政统率人才，下至地面服役士兵，夫莫不在培养范围之内。"③ 在中国知识界看来，专业人才培养的重要机制是专业航空学校的建设。顾仲逸结合各国先例，列举了六种造就航空专门人才的学校：陆军飞行学校、海军飞行学校、民用飞行学校、观测学校、机械专科学校、高等航空专门学校。④

再次是物质建设。物的建设即为独立自主的航空工业建设。在中国知识界看来，过去中国空军建设发展缓慢的原因之一是过于依赖向国外购机，没有自己的航空工业基础。他们在对此予以反思的基础上，提出了中国航空工业自立、自力的必然性。

蒋坚忍对之前向国外购机的做法发出警告："长此以往，中国空军永远是依附人家的。空军的一切物质既不能自给自足，也就不能独立作战，永远只有做尾巴主义者，跟着人家的后面跑，决不能向列强迎头赶上。"⑤ 刘剑鸣则从飞机价格的昂贵、质量上的残次、白银外流、一旦遇封锁购机来源的不稳定性四个方面阐述了中国自立的必要性。⑥ 陈严森的《中国空军何处去?》一文也从机密的不可守性、质量上精良的不可能、成本高昂、翻修的不便、遭遇封锁时的困境五个方面指出依赖购机的弊端与祸

---

① 王再长：《现代战争中空军威力和它的地位》，《空军参谋学校月刊》第 1 期，1944 年，第 19～20 页。

② 林伟成：《空军独立论》，《航空杂志》第 1 期，1944 年，第 3～4 页。

③ 周至柔：《建设中国空军之基点》，《空军》第 228 期，1937 年，第 40 页。

④ 参见顾仲逸《我国航空建设论》，《国防论坛》第 12 号，1935 年，第 15～16 页。

⑤ 蒋坚忍：《建设空军的三大原则》，《空军》第 225 期，1937 年，第 2 页。

⑥ 参见刘剑鸣《亟应发展之航空建设运动》，《周行》第 10 期，1936 年，第 167～168 页。

害。进而，他还指出，"航空制造工业，是空军之母。没有健全的航空制造工业，绝对不会有健全的空军。"梅电燮则列举了航空工业自立的简要办法：开发航空工业所需要的资源；建立基础重工业；树立飞机制造工业；发展民航事业。①

在建设中国空军的物质基础时，知识界还特别强调了商业航空、民用航空与空军建设的关系。雷震认为："商业航空可以说是军事航空的变相"。② 王伟也指出："军用航空与民用航空，不过用途上之区别，若器材之构造与检查，人才之训练，初无二致。"而且他还认为商业航空的意义还在于它"立国防之第二重防线"。③

最后是思想建设。在探索中国建设强大空军路径时，知识界基于意识对物质的反作用原理，对思想观念的建设给予了特别的重视。在周至柔看来，"一切建设完全是物质与精神的交织，人类用它的聪明才智来发现、改造、利用宇宙间的自然物，结果是产生了人们需要的东西。在这发现、改造、利用的过程中。物质的有无贫富，固然足以影响到事业的结果，然而精神的有无锐钝，实决定了最后的成败"。④ 这一时期，中国知识界倡导的思想建设主要是在空军和民众两个层面展开。

就空军思想建设的重要性和内容而言，邓德积的论述颇具代表性，他说："现代战争的要素，除了人和物的条件之外，最重要的还要有精神的条件。即使完备人和物的条件，倘若都是萎靡不振，临阵退却的人，虽有最新科学利器也不能运用。反之，如果参加战斗的人员都是勇敢的，各个抱有为民族牺牲决心，虽然人数不多，物质虽然较差，也可战胜敌人，挽救国难。因而，最低限度的修养：破除旧的享乐的、骄傲的、奢侈的、浪漫的、不合理的思想和习惯，培养达观的、奋斗的、创造的和利他的人生观；养成民族国家的观念，祛除个人和家乡的观念，也即树立无我的观念，以随时牺牲自己，赴汤蹈火，以成天下之乐和诚心服从的德性。"⑤ 紫萱也持此类观点，他认为："空军建设有两大支柱，一是一切技术所凭借的物质，另一是维持人心，发挥力量的精神。这两样东西如果加以分析

① 参见梅电燮《国防建设与建立大空军》，《军事与政治》第 3 期，1942 年，第 40 页。
② 雷震：《航空救国与国民动员》，《时代公论》第 45 期，1933 年，第 7 页。
③ 王伟：《中国建设空军刍议》，《空军》第 183 期，1936 年，第 70 页。
④ 周至柔：《此时此地，建设中国空军且莫忘了精神条件》，《空军》第 183 期，1936 年，第 2 页。
⑤ 邓德积：《建设完整空军之面面观》，《空军》第 183 期，1936 年，第 96 ~ 97 页。

而各执一端，不免各不相及，且有时竟彼此矛盾。可是综合起来，便成了一切作用的基本因素。没有物质固然谈不上什么空军；反之，有了器材而没有精神，也是无力无从发挥，军队没有灵魂，也必无成功之望。"①

民众层面的思想建设，亦即积极的航空观念的培育。具体来说，即推广大众航空教育，开展航空大众化运动。在中国知识界看来，中国大空军建设要想取得预期的成功离不开全民的理解和支持，要使民众认识航空建设的价值并使其支持航空建设，就必须开展大众航空教育运动。对此，知识界还列举了众多具体的举措，梅电燮论道："普及航空社会意识，这是空军建设之本。没有正确认识航空器和航空效用的社会，绝建立不起空军。其做法是提倡航空文化，各学校应兼授航空课程，大学须开设航空专科，组织鼓吹航空事业的社会团体与出版物，作为扩散航空意识的发动机。"② 兑之的建议是："我们要求教育部当局提倡国民航空教育，通令全国各中小学，增加关于航空智识的教材，并且在工艺方面制造飞机玩具模型，这对于儿童飞行知识的获得与飞机兴趣的鼓励上，具有极大的意义。"③ 周一尘对此也做了详细探讨，他指出："航空事业，至为艰巨，欲建设强大空军，非集中全国人民之精神力量，努力以付，不易成功。欲求国民意志力之集中，当以普及航空观念为始。主要办法如下：推行学校航空教育；鼓励滑翔飞行；加强航空集会表演竞赛；普遍设立跳伞塔等。"④

四、中国知识界对空权与陆权、海权相对关系的认知

陆权、海权与空权为现代国防体系的三大构成元素，而这一时期中国知识界对空权与海权、陆权间相对关系的认知则构成了他们空权观的重要部分。该时期中国知识界虽然有不少知识分子倾向于把空权视为决定战争胜负和关系国运兴衰的主导力量，但并未把其置于压倒一切的排他性地位，他们更多还是持空军优势下三位一体的建军思想。

一方面，他们对空军在现代战争中的主导地位予以充分肯定。在周至

① 紫萱：《建设空军杂感》，《大众航空》第9期，1941年，第9页。
② 梅电燮：《国防建设与建立大空军》，《军事与政治》第3期，1942年，第39页。
③ 兑之：《建立大空军》，《创导半月刊》第9期，1938年，第4页。
④ 周一尘：《建设强大空军》，《航空机械》第5期，1944年，第3~4页。

柔看来，"虽说现代战争乃全国力量之较量，空军不过为武力的一部门，而武力只是国力的一种。但依据'最有力之一击乃运用全身的力量于一点'之理论，则不论在平时或战时，宜将全民族的力量集中于最有效的一点，以求必胜。此最有效只一点在近代便是空军"。① 张立民也论道："现代战争的主要作战因素是凶猛的火器和运动性极大的兵器。在这种作战的要求上，今日空军力量的发挥已可满足之。所以时代的条件是由空军把握住了。"②

另一方面，他们更多持有的还是海陆空三位一体的建军思想和立国主张。陶鲁书认为："所谓空军至上主义，并不是废止陆海军而单致力于空军。空军的威力固极强大，且为现代战争必不可少的因素，但也需要和友军互相协同，方能顺利而迅速地施行全面作战。"③ "现代空军是未来战争最可怕的兵器。不过，正确地说，这个军种只是一国整个军队构成的一部分，在战争问题的解决，他是不能个别地独自的意义的，因为未来战争之机械化较想象更是一个复杂的过程。"④ 在沙学浚看来，"二十世纪四十年代世界历史正式步入了航空时代或空权时代。空权时代并不与海洋时代或大陆时代相对立，亦不会取而代之"。⑤

中国知识界这种三位一体的建军观念的形成直接源自他们对第二次世界大战现实经历的感知。万文宣对比二战中空军、海军和陆军的表现后，指出："在这次战争中，充分的证明现代战争已经成为立体战争，必须陆军海军配合作战。"⑥ 连家瑶在总结战争教训时，关于三军关系得出的结论是："这次大战所能告诉我们的是：不论海军，陆军或空军，是不能独立的；它们之相互为用……如果把它们分开，即失却真正的作用。所以将空军视为绝对重要的单位则可，倘若置之'至尊无上'的座位，则尚言之过早。"他认为，原因在于三者各有优劣："军事事实告诉我们：击破敌军，歼灭敌人，将敌领土据而守御之者，还是陆军或海军，并不是空军……空军，不管如何强大，仍无法执行攻占的任务……此外，空军还有

① 周至柔：《建设中国空军之基点》，《空军》第 228 期，1937 年，第 38 页。
② 张立民：《海军与空军之威力的检讨》，《航空杂志》第 1 期，1937 年，第 20 页。
③ 陶鲁书：《空军在国防上的地位》，《军事杂志》第 201 期，1948 年，第 14 页。
④ 范铁峰：《现代的空军》，《大道》第 5 期，1936 年，第 3 页。
⑤ 沙学浚：《空权时代与中国经济地理的变迁》，《东方杂志》第 16 号，1944 年，第 21 页。
⑥ 万文宣：《空权时代的世界》，《新中华》第 12 期，1945 年，第 9 页。

内在的许多限制，气候可使它减少或完全停止活动，它不能像海军，陆军，可以徘徊犹豫于某一地点，以便取决行动；为了燃料的限制，它又不能长征如意。且升降均需相当设备的场所，不能如陆军之可以随遇而安等。"①

结语

20世纪三四十年代中国知识界现代空权思想的生成具有特定的历史情势。首先是抗日战争期间中国"空而不军"的惨痛的现实教训。从早期的淞沪会战到后期的重庆大轰炸，中国吃尽了日本空权优势的苦头，中国知识界也认识到了空军的现代价值和空军之于抗战建国的重要性。其次是东西方文化交流碰撞的大背景下，西方的法权思想和军事思想，尤其是主张空军制胜的杜黑主义传入中国，并引起中国知识界的广泛关注和讨论，不可避免地影响到他们关于空权问题的思考。再次是中国知识分子持有的"修身、齐家、治国、平天下"的传统济世情怀，这一点引发了其时知识界参政、论政的热潮，而在家国危亡的关头，最大的"政"莫过于探索抗战必胜和建国必成之路，由此空权研究一时成为显学。这些构成中国知识界空权观念得以生成的历史、思想与伦理的渊源。

然而，由于中国国际法学、国际政治学、军事科学以及战略学等相应学科建设与发展的不足以及战时特殊形势下印刷、信息交流的不便，这一时期中国知识界生成的空权观缺少科学理论的指导，更多的是对直接现实经验观察的产物。很多有关空权建设问题的有益思考和建议也因为特殊的战争情势未落到实处。尽管如此，但它仍具有诸多理性思考的进步特征，如对法理上的领空权作为一国空权重要组成部分的肯定、大空军建设中商业航空建设和空军建设的交相为用、空军建设中的精神教育灌输、民众积极空权观的培植以及三位一体的立体国防建设等。这些先进的思想观念不仅在观念普及的意义上对抗战时期民众抗战建国的社会舆情产生了积极影响，对于我们今天的军事学学科建设、科学合理的国防建设规划和大空军建设都具有较强的现实启迪价值。

需要说明的是，从广义上讲，这一时期中国知识界有关航空法制建设、空军战略战术、防空教育等问题的思考，都应归入中国知识界空权观

---

① 连家瑶：《现代战争与空军》，《学生之友》第1~2期，1944年，第8~9页。

的范畴，但囿于篇幅，另文再述。在此，笔者只为抛砖引玉，盼能引起学界对此问题的广泛关注和深入探讨。

第二节　走向深蓝：20 世纪三四十年代中国知识界的海权观

近代国人对海权问题的关注，可溯源于以英国为首的西方列强凭借其工业化带来的海权优势强迫中国开关的 19 世纪 40 年代。西方铁甲舰的隆隆炮声首先震醒了统治阶级内部的开明派人士。早期如林则徐、魏源，后期如李鸿章、丁日昌、张之洞等军政官员遂掀起了以海防为旨归的"开眼看世界"思潮。然而，在晚清和民国早期的民间学界层面，就既有成果观之，海权问题尚未成为人们普遍关注的议题。① 直到全面抗战爆发后，在"抗战建国"的神圣使命驱动下，有着入世情怀的中国知识界因应时势，以其特有的智识，为保"国家之安全独立，民族之生存发展"乃至世界新秩序建设问题进行思考谋划，有关海权问题的研究一时蔚然成风。知识界纷纷呼吁在战后把中国建设为一个立足于世界海权中心太平洋的强大海洋国家，并认为这是战后中国安全和复兴之根本，也是远东和平与稳定的重要凭借。诚如近代政治地理学家张其昀在哈佛大学演讲中指出的："中国海权之恢复，实为远东和平之柱石。"②

当下学界对近代国人海权思想、海权建设的研究已取得了相对丰硕的成果，③ 主要表现为对鸦片战争以来国人海防思想的发展脉络所做的相应

---

① 西方现代海权思想在 20 世纪初才被引入我国，直到 1928 年中国才出版了第一部有关海权问题研究的篇幅仅 62 页的简明专著《海上权力论》（林子贞著，三星印刷局，1928 年）。该书通过西方海权强国历史的回顾与梳理，列出了各国发展海权的十个目的：伸张国势、争夺商业霸权、维持国势均衡、实施海外移民政策、开拓海外殖民地和半殖民地富源、保护工商业、图自国在海上贸易的安全、报复、报仇与保护独立国的主权。
② 张其昀：《中国之陆权与海权》，《思想与时代》第 39 期，1945 年，第 1 页。
③ 有关近代以来国人海权观的嬗变的研究，代表性的著述有刘中民《中国近代海防思想史论》，中国海洋大学出版社，2006 年；黄顺力：《海洋迷思——中国海洋观的传统与变迁》，江西高校出版社，1999 年；周益锋：《海权论的传入和晚清海权思想》，《唐都学刊》2005 年第 4 期；孙立新：《中国海洋观的历史变迁》，《理论学刊》2012 年第 1 期；潘前之：《陈绍宽海防思想论析》，《军事历史研究》2007 年第 4 期；皮明勇：《抗日战争前后中国海军学术述论》，《军事历史研究》1994 年第 3 期；等等。

梳理和归纳。同时，也存在一些不足，如在研究对象上侧重对李鸿章、孙中山、陈绍宽等特定军政要人海防思想的研究；在时段上则主要集中在晚晴时期；在研究议题上主要限于晚清政府的海防政策、西方海权论的传入、中国时期的海防战略战术思想等。而对抗战胜利前后中国知识界群体在民族危亡、抗战建国、战后世界秩序重建等特殊时代情势下生成的海权观的探究却存在很大欠缺。

本节旨在通过对这一时期中国知识界围绕该主题出版的论著的深入解读，试图对他们基于特殊情势生成的海权观、海权之于中国的战略价值、战后中国建设海权的可能性与必要性以及中国建设海权基本路径的思考做一剖析，以期丰富学界中国海权问题研究内涵、进一步增强时下国人的海权意识推动制定和实施海权发展战略，推动建设与自身地位相适应的海权有所裨益。

一、有海无防：中国知识界对战时经历的现实教训感知

在抗战早期的鲁南、江阴、南京、虎门、马当、田家镇、葛店、西江、浦江、厦门、洞庭湖以及荆河防卫等对日战役中，中国海军以无畏之勇气付出了巨大牺牲。虽在一些战役中，如江阴封锁战和马当阻塞战中，达到了消耗敌人，阻止敌人沿江西上、深入内陆的战术目的，但考虑到代价的高昂以及海军在整个战争中的战绩，中国海军仍未摆脱整体战略失利和最终惨败的结局。尤其是在 1937 年的江阴海战中，中国付出了 43 艘海军军舰和商船自沉的惨重代价，最终以沉船封江打造江阴封锁线的无奈和悲壮之举收尾。①

基于上述残酷的现实，战时中国知识界在反思日军之所以能越洋大举入侵中国并能保持较长时期进攻态势和中国的战略被动时，往往把中国海军的羸弱导致的有海无防的局面视为主因。中国海军建设相对于同时期日本的绝对落后状态，可从七七事变前夕中日两国海军实力的对比（见表 2-1）中看出。

---

① 有关中国海军在抗日战争时期运作的论著可参见海军总司令部编《海军战史》，海军总司令部，1941 年；翁仁元：《抗战中的海军问题》，黎明书局，1938 年；陈绍宽：《海军抗战工作之回顾与前瞻》，《整建月刊》第 1 期，1940 年；擎霄：《中国海军抗战之麟爪》，《海军杂志》第 4 期，1941 年；等等。

表 2-1　七七事变前夕中日两国海军实力对比

国别舰别/吨数	主力舰 吨数/艘数	航空母舰 吨数/艘数	一级巡洋舰 吨数/艘数	二级巡洋舰 吨数/艘数	驱逐舰 吨数/艘数	潜水艇 吨数/艘数
中国	0/0	0/0	4300/1	20900/8	780/2	0/0
日本	272000/9	68370/4	107800/12	98455/19	12185/100	8006/68

注：到 1941 年底时，依据美国海军部情报处发布的报告，日本海军实力进一步增强，主力舰达 15 艘，航母达 8 艘，巡洋舰达 46 艘，驱逐舰达 125 艘，潜艇达 71 艘。

资料来源：吕超：《怎样发展我们的海军》，《海风》第 1 期，1940 年；金云峰：《民族抗战与海防建设》，《中国公论》1937 年第 10 期；赵在田：《美日海空军力和资源》，《海军杂志》第 8 期，1942 年，第 29 页；《日本海军在中国作战》，天津市政协编译委员会译，中华书局，1991 年，第 150~160 页。

在中国知识界看来，正是中国制海权的缺乏才使得我们海疆门户洞开，藩篱尽撤，日本的跨海远侵与登陆进而才成为可能。黄征夫总结道："最近日本之所以能向西侵略中国大陆，最大原因是中国没有海防。"① 八一三事变后，时任青岛海军学校校长的刘襄指出："此次抗战，敌复籍其庞大之海军，对淞沪战线作猛烈之威胁，使以最英勇之战士，最壮烈之牺牲，不能将敌人逐出湖滨，保此东南之半壁人文财富。更如广州之沦陷，海上之北敌舰封锁，凡此等等，均因我无海军，而彼得睥睨海上肆无忌惮也。"② 反观我方，"对于浩瀚海水一点不能利用，而敌人却把倾国之师搬上我们的土地，这是何等不幸！"③ 在知识界看来，正是此窘境使中国海军扼腕痛惜："我愿意献身海上，可是船呢，我知道我的责任重大，国家训练海军不易，海疆需要我们来拱卫，可是船呢。"④

再者，中国在知识界眼中，日军也正是借助其强大的海军来确保其跨海作战的兵力和战略物资的长期持续投放。日本源源不断的陆军后续部队、作战物资的补给无一不是由日本海军经由海路投送。巨公观察道："两年来，敌人一兵一卒，一枪一弹，都由海军输送而来，当时若是我国有强大的海军，阻击于海上，一举而歼灭之，则敌人何能侵入我寸土，即使再退一步言，若是我国有相当力量的海军与敌人周旋，阻碍其交通，使

---

① 黄征夫：《中国海军建设问题管见》，《整建月刊》第 2 期，1940 年，第 51 页。

② 刘襄：《在抗战期间吾国之海军问题》，《海风》第 1 期，1940 年，第 10 页。

③ 孟昭藩：《抗战中我们对于国防的海军应有的认识》，《整建月刊》第 2 期，1940 年，第 54 页。

④ 履冰：《太平洋大战前夕我海军军人应有之认识》，《海风》第 5~6 期，1940 年，第 6 页。

敌人陆上部队的接济运输发生极大困难，则整个战局定必改观。"① 事实的确如此，如果中国海军能强大到拒敌于海疆门户之外的话，日本的登陆入侵和后续持久作战将是不可能发生的事情。因而，雷海宗得出了"我们今日抗战的最大痛苦，不是坦克、飞机和大炮的缺乏，而是敌人由海军所赐予的调动与运输的便利，而我们只能在陆地上艰苦的应付，日本海军是我们一切困难的最大来源"② 这一比较符合史实的判断。

战时海军的羸弱酿成的民族抗战悲剧给中国知识分子留下了难以磨灭的沉痛记忆。抗战后期，随着反法西斯同盟胜利在即，他们针对战后国人可能出现的幻觉与错觉发出警告："然欲求民族之永久生存，必求所以自立之道，并非敌人一去，吾即可相安无事，设敌人退出我国领土，休养生息，数年以后，又凭其海上武力进攻沿海经济军事重心，我海防毫未建设，又将何以御之？况此次抗战，敌之海军，并无若何损失，战后必日益扩张，将来所给予我军事上之威胁，当更甚于过去与今日！是以我国抗战胜利之后，若不能在极短之时间，树立海上屏障，建设国防海军，则既不能安枕无忧，而此重大之牺牲所换得之胜利与民族生存，恐也无保障也。"③ 巨公在解释战后中国为什么需要一支大海军时论道："抗战之后，敌人海军固仍虎视以伺，随时都可卷土重来，所以欲确保此次神圣抗战的胜利成果，彻底消除敌人对我之危害，必需建立强大的海军。"④ 由此观之，知识界并未因中国大国地位的取得和即将到来的胜利前景而陶醉，他们对战后日本海军对中国潜在的可能威胁仍保持高度警惕，并对中国战后建设强大海权予以警示。

二、中国知识界的海权意象

第二次世界大战尤其是中国抗战的现实经历强化了知识界对海权问题理论与建设实践的关注，也使中国知识界对海权的内涵以及海权之于国家生存与发展的战略价值有了进一步的切身认识，进而构筑了相对系统而现代的海权意象。正如孙绎年所论："这次大战启示了我们关于海军的新观

---

① 巨公：《为什么我们需要一个海军》，《海风》第 1 期，1940 年，第 19 页。
② 雷海宗：《海军与海权》，《当代评论》第 9 期，1940 年，第 132 页。
③ 刘襄：《在抗战期间吾国之海军问题》，《海风》第 1 期，1940 年，第 10 页。
④ 巨公：《为什么我们需要一个海军》，《海风》第 1 期，1940 年，第 20 页。

念，事实告诉了我们海军的重要性。"①

需要指出的是，该时期中国知识界对海权的理解超越了传统海防意义上海军、军舰和军港建设的狭义军事范畴，而是一个富有政治、经济、军事等多样内涵的术语。知识界主要从海权的构成、价值功效以及海权国的定义三个方面对其做出了界定。所谓海权，在著名史学家、政论家胡秋原看来，包括三个要素："一是海口、海港的拥有和保护，二是运输力，三是保护或进攻前两者的海上战斗力。"② 在地理学家丁骕眼中，"海权两个字的意思，可从战斗的传播与商业的港湾上面着想"。③ 雷海宗对海权的解释则是："所谓海权，即能控制，最少能利用世界上最大最广最便利的交通线。"④ 此外，从学界对海权国的定义中也可间接看出知识界话语中的海权内涵。沙学浚对海权国的定义是："有强大之海军支配公海上之军略要地与海运路线"⑤ 的国家。杨虎则把海权国界定为："保有强大海军力量掌握海洋上军事要地，及能保护本国或外国海运路线的国家。"⑥

综上可知，这一时期中国知识界对海权内涵的认知已经相对成熟，在他们看来，海权包括战斗力、对重要战略要地和战略航线的控制力以及商业航运力等。即使对海权中心要素之一的海军的理解，也已比较全面。翁仁元论道："海军二字，不只指水上军舰而言，尚包括水下的潜水艇与水雷阵，海空的海空军，陆上的军要港部队，海岸要塞部队，陆战队，及管理海上行政的其他诸部队。"⑦ 海军将领何希琨也特别指出："本人所说的海军，是指有了适当空军武力配备的现代化海军，而并非单纯具有水上武力的舰队。"⑧

对海权之于现代国家屹立于世界民族之林的价值，该时期中国知识界已经形成了较为普遍而深刻的认知。在他们看来，海权的价值不仅在于其

① 孙绛年：《建国与海军》，《建国》第1期，1946年，第21页。
② 胡秋原：《中国的太平洋》，《海军杂志》第12期，1942年，第10页。
③ 丁骕：《海权与各国海军》，《世界政治》第15期，1942年，第19页。
④ 雷海宗：《海军与海权》，《当代评论》第9期，1941年，第132页。
⑤ 沙学浚：《海洋国家》，《荆凡》第1期，1941年，第21页。
⑥ 杨虎：《我国应成为一个海洋国家》，《中华海员》第1期，1947年，第6页。此外，他还认为，海洋国家构成要素更广，包含海洋运输、海上权威和海外殖民三种因素。
⑦ 翁仁元：《抗战中的海军问题》，黎明书局，1938年，第8~9页。
⑧ 何希琨：《海军的性质和效能》，《中国海军》第2期，1947年，第10页。

作为海上长城、护卫边疆门户的国防功能，也在于其平时所具备的诸多陆军与空军所没有的经济和社会效用。有知识分子较为系统地总结了海军战时与平时的价值效用（见表2-2）。

表2-2　海军战时与平时的价值效用

战时价值效用	侦察；索敌；戒备；监视；会战；商业破坏战；远征队之交通线联络；陆空军之协同动作；违禁品搭载船之临检；港湾、洋面之封锁；军事资源地之炮击；前进根据地之占领；水雷布设；要塞攻围；洋上通信之阻挠并破坏；军械军需的辅助役务
平时效用价值	侨民、航商、渔业之保护；难船救助；外交之后盾；战争之准备；关税权、海事裁判权、领海行政权之维持；海洋学之辅助调查；水警权之后援；水陆交通之梳理；海洋气象之报告；海图记载之修正；国际邦交的联谊；工业生产力与精进力之促进；海事教育等

资料来源：李冠礼著《新海军知识》，商务印书馆，1938年，第49~51页；关于海军战时价值和平时价值的探讨还可参见张荫良《海军建设之研讨》，《海军建设》第7期，1941年。

中国知识界对海权这种复合战略价值认知的形成直接源于他们对第二次世界大战中海战的关注及对其战场地位的解读。考虑到海战在战争中凸显的对二战全局的作用与价值，同济工学院院长倪超甚至直接把第二次世界大战定性为一场"海洋战争"。[①] 在探讨盟军取胜的因素时，知识界多把盟国的制胜关键归为其海军优势，认为海军是挽救盟国危局的力量中枢。宁墨公就认为："第二次世界大战盟军在欧洲战场和太平洋战场胜利之关键在于盟军制海权的取得。"[②] 抗战后期，中国海军官校校长魏济民也观察道："北非大捷为联合国转败为胜的第一个转折点。继之以第二战场之开辟，奠定了欧局胜利之基础。此两役无一不靠海权在握，登陆不发生困难，与水上补给畅通无阻。这样方能使百万大军按计划逐步前进。"接着进一步得出结论："在此次大战中，海权之重要性，不仅没有减少，反处处显示其潜在的威力。"[③] 针对德国入侵英伦三岛行动的失败，雷海宗解释道："此次大战中德国不能渡过区区的海峡去征服英国的强大海军，最后冒险去攻击苏联，也是因为英国的海军使得希特勒在西线与非洲

---

① 倪超：《海洋交通与第二次世界大战》，《国立同济大学工学院土木系三十一周年纪念刊》第1期，1942年，第10~17页。

② 宁墨公：《海权争持中之达达尼尔海峡》，《智慧》第15期，1947年，第28页。

③ 魏济民：《中国海军建设论》，《中央日报》1944年9月3日，第2版。

莫可奈何。"① 可以看出，在该时期中国知识界眼中，第二次世界大战双方在战场上的得失使海军的战略价值进一步凸显，进而强化了他们对海权战略价值的认知。

面对当时长期存在的海主陆从论、陆主海从论，尤其是倡导空军决定一切的杜黑主义②等建军观念的论争，中国知识界主流在对海权的立国价值予以充分肯定的同时也并未扬此抑彼，而把海权地位绝对化。海军问题研究专家王师复从海军、空军的基本战略、战术、技术和成本四方面对两者做了比较，认为空权相对于海权并无优势，更多的还是互补性的关系。③ 欧阳格从空军是否可以单独与海军作战和空军是否可以取得制海权两个方面来否定了空军可以取代海军的论断。④ 丁骕则从飞机能否代替船舶在国际贸易上的地位和能否像战舰一样有效地保护或破坏商船两方面的比较，得出空权不能代替海权的结论。⑤

总的来看，该时期中国知识界持有更多的还是三军协同，不可缺一的立体防御观念，如唐德纲认为："诚然要立足于当今世界的国家，即但求建立一个最低限度的守势国防以及最低限度的领土主权得到保障，那三位一体的国防军备是必须的。"⑥ "取得战争的胜利必须在特定条件内将三者联合使用，才能解决战争"⑦ "世界权是两性的，是水陆两栖的……一个国家必需有充分的陆权和海权——陆权和海权，当然都离不了空权，陆权缺少空权，够不上陆权，海权缺少空权，够不上海权——才有世界权的基础和能力"⑧ 等论断也反映了中国知识界中普遍存在的海权、陆权与空权

---

① 雷海宗：《海军与海权》，《当代评论》第 9 期，1941 年，第 132 页。

② 朱利奥·杜黑是 20 世纪早期意大利著名军事理论家，最先系统地阐述了建设空军和使用空军的空权理论，又名杜黑主义。主要观点：制空权是赢得一切战争胜利的前提；独立的空中作战是未来战争战略行动的主要样式，空中战场将是决定性战场；空军应当成为国家军事力量的主体等。该时期中国知识界关于杜黑主义的研究，可见萧家骧《杜黑主义之评判》，《军事杂志》第 206 期，1948 年；韩汉雏：《评杜黑主义》，《现代防空》第 2 期，1942 年；陈树德：《怎样研究杜黑之我见》，《青年空军》第 4 期，1943 年；等等。

③ 王师复：《海军制度之理论与实际》，《海军整建月刊》第 5 期，1940 年，第 16～18 页。

④ 参见欧阳格《世界海军军备》，正中书局，1939 年，第 10～13 页。

⑤ 参见丁骕《海权与各国海军》，《世界政治》第 15 期，1942 年，第 19 页。

⑥ 唐德纲：《中国海军的结胎时代》，《海校校刊》第 89 期，1946 年，第 220 页。

⑦ 陈朗：《论海洋战争下》，《时代中国》第 3 期，1943 年，第 26 页。此外，张其昀的《海权与陆权》（《粤秀文全》第 5 期，1947 年）一文论述了海权与陆权相互辅助与相互依赖之关系。

⑧ 陶朋非：《海洋空间与海权（二）》，《时与潮》第 3 期，1948 年，第 28 页。

多位一体的观念。因而，随着军事技术的革新和战争向三维空间的发展，海权、陆权与空权在中国知识界持有的国防建军思想中是相辅相成而非相互取代的关系。

三、中国知识界对中国建设海权之可能性与必要性的认知

基于对变动的时代情势和第二次世界大战的直接现实感知，战时中国学界在对海权之于一国的巨大战略价值形成广泛认知的前提下，结合中国的历史与现实，进而论证了战后中国建设强大海权的可能性与历史必然性。

关于战后中国建设海权的可能性问题，中国知识界认为中国具备发展海权的先决条件和必要因素。继而，他们批驳了传统认为中国不适宜发展海权的观念。沙学浚对比美国海权论者马汉的海国成立的种种条件后，认为："中国有变成完全海国的最大可能。"[1] 刘荫续持同样观点："一般地理学权威公认的可成为海权国的地理与人民条件，中国都是完全具备的。"因而，他提出："战后中国要建设成一个海权国家，同时战后国防理论的重心应该注意到海权建设。"[2] 雷海宗在论及海权构建条件时，先是指出了海权的相对普适性："任何国家，除非完全没有海岸，皆可以建设海军，发展海权。"[3] 进而得出结论："决定一国有无海权和强弱的主要因素中国基本都具备，在某些方面还比较优越。"陶朋非也论道："中国发展海权的区位优势，由中国海洋空间的性质来决定：在交通发达的时期，又有海岸，又有后方的环境，又有海洋空间，又有陆地空间，才是地理政治上理想的位置。如果中国的后方交通发达，中国的地位确有这样的蓄力。"[4] 此外，其他知识分子也撰文专门介绍了中国发展海权的优越地理基础，尤其是丰富的良港资源。[5] 综上可知，这一时期中国知识界对中国建设海权的可能性达成了充分肯定的共识。

---

① 沙学浚：《海洋国家》，《荆凡》第1期，1941年，第22页。
② 刘荫续：《中国海军建设论》，《现代军事》第2期，1947年，第12～13页。
③ 雷海宗：《海军与海权》，《当代评论》第9期，1941年，第133～135页。
④ 陶朋非：《海洋空间与海权（三）》，《时与潮》第4期，1948年，第31页。
⑤ 参见吴锦华《中国的海洋和港湾》，《知识》第1期，1948年，第20～21页；程潞、邓静中：《我国海权建设之地理基础》，《海军建设》第12期，1942年，第37～44页。

　　基于对中国自身完全具备发展海权基本条件与可能性的认知，对于战后中国建设海权的理由①和必要性问题，中国知识界主要从以下三点进行考量。

　　第一，建设海权是由中国特殊的地缘政治、地缘经济情形所决定。在西方地缘政治理论②的影响下，鉴于当时中国拥有大大小小 3338 个岛屿、绵延 18000 多公里的海岸线的滨海地缘现实，知识界认为强大的海权之于战后中国，无论是从国防建设还是从经济建设的角度来讲，都是未来的生命线和国家保险。地理学家程潞在谈及地理环境之于国家方略制定的影响时论道："近代科学进步，战术日新，攻守之术在局部地形已有变迁，然而自战略上观之，无论中外，一国之作战方略及国防配备其规划筹措，仍莫不以其特有之地理环境为根据。"③ 就此问题，魏济民结合中国现实做了代表性的综合阐述，他说："海权与地理的关系是分不开的。打开中国地图，我们可以看到由呼伦到巴安的一线，天然将中国割成两个截然不同的地区。在这条线之西北，姑名之为西北区，其东南为东南区。东南沿海，地当太平洋大动脉之心脏，实欧、美、非，三大洲海路之咽喉。中国若海权丧失，则不但西南国际路线难以发展……并且一切接水之区将尽为敌人侵略之桥梁，海岸受封锁，国际运输被窒息，民族有被迫退回农业社会的危机。"④ 方振经则从渔业建设与海洋国防的关系来论证中国建设海防的经济必要性。他认为，就海岸线的长度和海岸坡度而言，中国有着得天独厚的发展渔业的条件，而现实中中国渔业却处于长期入超的窘境。在他看来，主导原因在于渔业建设与海洋国防脱节，海洋国防的落后直接导致渔业的不振。⑤ 因而，为繁荣渔业计，他主张战后加强海防建设，而且

---

① 有知识分子从海洋共有、地理环境、人民习性、海外殖民、现代化、国际贸易和巩固国防七个方面论证了中国应该成为海洋国家的理由，具体参见杨虎《我国应成为一个海洋国家》，《中华海员》第 1 期，1947 年，第 6 页。

② 鉴于其时学科属性的模糊，该理论在当时中国知识界称呼不一，有"国防地理学""政治地理学""战事地理学""地缘政治学"等。在当时知识界语境中，总的来讲，该理论主要是从地缘方面着眼，探讨地理对军事战略战术、国家安全行为的影响。在当时知识界看来，地缘因素包括面积、形状、位置、疆界、临海、地形、气候、资源、交通、人口。吴传钧：《地缘战略论》，《文化先锋》第 4 期，1944 年，第 12~14 页；胡焕庸：《国防地理》，国防文化出版社，1942；沙学浚：《国防地理新论》，商务印书馆，1946 年。

③ 程潞、邓静中：《我国海权建设之地理基础》，《海军建设》第 12 期，1942 年，第 44 页。

④ 魏济民：《中国海军建设论》，《中央日报》1944 年 9 月 3 日，第 2 版。

⑤ 参见方振经《论渔业建设与海洋国防》，《银行季刊》第 2 期，1941 年，第 12~15 页。

在他看来，后者的发展反过来也能进一步促进前者的发达。

第二，建设海权是维持中国大国地位的必然选择。鉴于对世界反法西斯战争胜利做出的巨大牺牲与贡献，中国跻身世界四强。但中国知识界经过对世界史上大国兴衰的探究，把海权强弱视为关乎一国国际地位高低和国运盛衰的主要因子。回顾大国争霸史，雷海宗认为："历来国际地位等级之区分，本以海军吨数之多寡为标准，欲确立四强国之一地位，提高国际等级，尤须先加强海军实力，否则有名无实，终难与其他大强国并峙于世界之上。"因而，"要作世界上的一个第一等强国，而无相当可观的海军，至今仍是不可想像的事"。① 静海则通过对世界近现代史上大国兴衰的考察，得出"海军势力之兴衰，实为国家历史改变之主因"的结论。② 孙绛年在强调建设大海军之于建国的意义时警告道："惟有奋发图强，始可跻于强国之林，否则五大强国之地位能否确保，舍勿敢言。"③ 故而，在中国知识界看来，战后中国以巨大牺牲获取的大国地位的维持与巩固都离不开强大的海权的支撑。

第三，建设海权是世界历史发展的必然趋势。许多知识分子从世界历史发展的趋势和时代特征对中国战后建设海权国家的必要性做出阐释。沙学浚论道：近世世界史的发展，从权力结构和文化性质看，是以海洋权力和海洋文化为基础的。欧洲以外的国家不论是否欧洲的子国，只要有海洋权力海洋文化便能生存，便能强大，所以近世世界史可称之为海洋时代或更正确地称为大洋时代。④ 因而，他断言："中国海洋活动的进行在过去时断时续可断可续，在现代及将来不可能一日中断，这是世界历史发展之结果。"⑤ 鉴于世界各国相互依赖态势的加强，胡秋原认为："中国闭关数千年来并不觉什么缺乏。但在现代，在工业时代，就不行了。工业资源分配不匀。今天不独没有一国自足，也没有一洲能够离开其他大陆自给自足……而大陆与大陆之间，要通过海。因此，就需要海上交通。因此，必

---

① 雷海宗：《海军与海权》，《当代评论》第 9 期，1941 年，第 136 页。

② 静海：《海军改变国家历史》，《海光》第 1 期，1940 年，第 1 ~ 4 页。

③ 孙绛年：《建国与海军》，《建国》第 1 期，1946 年，第 22 页。

④ 参见沙学浚《海国之类型》，《学原》第 2 期，1947 年，第 61 页。有关"大洋时代"特征的阐述，也可参见沙学浚《海洋国家》，《荆凡》第 1 期，1944 年，第 20 页。他认为大洋时代只有海国才能成为世界的领导者。

⑤ 沙学浚：《中国需要海洋活动》，《新经济半月刊》第 5 期，1944 年，第 134 ~ 135 页。

须争海口，争海滩，争海上交通线的把握。因此，控制海洋，就能控制经济的生命。"① 因而，在中国知识界看来，战后海权建设之于中国是海洋时代必然的战略，唯其如此，中国才能成为自己命运的主宰者。

四、中国知识界对战后中国海权建设路径的构想

多难兴邦，抗战建国可以说是 20 世纪三四十年代中国知识界占支配地位的重要政治语境。在抗战建国的神圣使命驱动下，知识界有关战后规划的思考涉及国家建设的方方面面，但在国家安全建设领域多以大海权的建设为旨归。沙学浚直接指出："抗战建国的目的之一就是把大陆国的中国变为'海洋活动之海国'。"② 可以说，在很多知识分子眼中，海权建设在建国方略中的地位之高，正如魏济民认为，"为国家建设之一部，而且是国家建设最高表现之一部"。③

该时期中国知识界对作为战后国家建设重要组成部分的海权建设路径的思考，离不开对中国过去海权不振教训的回顾与梳理。正如达夫总结的那样，计有四点。第一，对海防的忽视心理，中国政府过去向来存着傲慢的自大心理，认为中国是堂堂大国，绝不会有任何国家侵入海岸；第二，中国科学落后，工业不发达，海军人才更是衰落不堪，以致虽有计划，却因始终没有人执行而告停顿；第三，中国素来处在割据的局面中，军阀割据使海防荒废；第四，中国财政向来等于几个高等官僚的私产，国库常常空虚不堪。④ 在对这些问题回顾与反思的基础上，中国知识界提出了于战后把中国建设为一个强大海权国家的基本构想。

第一，积极的海洋观与海权观的树立和普及。孙中山云："先有思想，继有信仰，然后才发生力量。"这一点得到了中国知识界的认可。中国知识界中普遍存在的一个观念是，中国欲成功建设一个强大的海权，必须在知识界与民众中确立明确而积极的海洋观、海权观。所谓"积极的

---

① 胡秋原：《中国的太平洋：论我国策之基点》，《海军杂志》第 12 期，1942 年，第 4 页。

② 沙学浚：《中国需要海洋活动》，《新经济》第 5 期，1944 年，第 133～134 页。

③ 魏济民：《中国海军建设论》，《中央日报》1944 年 9 月 3 日，第 2 版。

④ 参见达夫《海军会议与复兴中国》，《市声半月刊》第 6 期，1942 年，第 15 页。翁仁元在所著的《抗战中的海军问题》一书中把中国海军落后原因归于历史上的失败、政府的失策以及民众见解的错误。类似观点，还可参见黄征夫《中国海军建设问题管见》，《整建月刊》第 2 期，1940 年，第 51～52 页。

海洋观"，在他们看来，首先要确立对海洋战略价值的认同。如陶朋非所言，须知"海洋永远表现一个不变的效用：供给一个国家向外发展权势的出路"。① 亦即彻底改变传统国人视海为畏途的观念，树立海洋是国家向外发展通道的意识。沙学浚强调了积极海洋观、海洋意识的普遍确立对于建设海权的重要意义，他甚至认为："海洋权力的骨骼不是军舰与水兵，而是认识海洋、热爱海洋的海洋文化的形成。"②

翁仁元在回顾近代中国海军不振的根源时，特别提到民众中存在的弃海军、改旧军舰为商船、扩充空军或只造潜水艇与航空母舰等错误观念对中国海军落后局面所负有的责任。他指出："这些错误的观念，无形中已怀着瞧不起我们海军的心理，对于海军人员的行动和组织，往往不加以适当监督，对于海军军备，也不适当给予适当注意和倡导，这无疑是给了我们海军永远不可推动的压力，迫使我们做军事政治的孤岛，天天被狂风大浪打击；这样我们海军做件小事，要想获得各方面同情，本已很难，如果单靠本军努力，扩大军备，更是梦中之梦。"③ 在回顾中国海军与日本竞争失败的原因时，周望德总结道："虽然在某种客观条件与地理位置上远不如日本的优越……但一向传统视海为畏途的恶观念，确是一个不可忽视的主要因素。"④ 张维正也指出："发展海军是我国一件艰巨的工作，必须要靠我们全民力量的拥护方能加速成功。"基于此，他还提到新闻界及教育界应该"协助推进海军整建运动的舆论"。⑤ 同样，为构建国民积极的海洋观，黄征夫提出的应对举措是："扩大海军建设宣传，使全国民众都能认识海军建设与中国国防与国运关系的密切，一致拥护海军建设的计划，迫切要求海军建设的实现。"⑥ 因而，也正是基于知识界对积极海洋观之于战后中国海权建设重要性的认知，钟山道遂发出"在这次战争胜利到来的时候，我们必须介绍我们的国人与海洋见见面，认识海洋的伟大

① 陶朋非：《海洋空间与海权（二）》，《时与潮》第2期，1948年，第27页。
② 沙学浚：《中国需要海洋活动》，《新经济半月刊》第5期，1944年，第133页。
③ 翁仁元：《抗战中的海军问题》，黎明书局，1938年，第5～6页。
④ 周望德：《从海与中国说到未来中国海防发展应有的趋势》，《海校校刊》第3期，1948年，第38页；陶朋非指出，中国传统的龙王爷爷、龙王奶奶、龙王宫、龙王庙的迷信邪说都不利于增强一个民族征服海洋的观念，提高一个民族对航海的兴趣。参见陶朋非《海洋空间与海权（一）》，《时与潮》第2期，1948年。
⑤ 张维正：《新中国应该如何发展新海军》，《海校校刊》第3期，1948年，第38页。
⑥ 黄征夫：《中国海军建设问题管见》，《整建月刊》第2期，1940年，第52页。

与重要性，培植一个不可动摇的海洋观"① 的呼声。

第二，加强科学规划与海军机制建设。中国知识界认为欲成功建设强大海权，必须有一个科学的建设方案，尤其是造舰方案，现代化的海军不可能一日建成。海权建设科学规划之重要性，代表性的有："我们海军过去不但没有正确的认识，而且向来没有海军政策与海军建设方案，作我们全军努力的目标，这样光是靠官军从形式上操演备战、救火、枪炮、鱼雷、堵塞、大操攻御、检队登岸等等，无异是亭子间里谈暴动的乌托邦。哪里会发生什么大的作用，这也是造成我们海军不易发展的另一内在原因。"② 对此，他提出了以 20 年为期逐年累进式打造中国立体舰队的方案。黄征夫总结了建设中国海军应遵循的五个原则，第二个即为"群密的计划"。③ 此外，张荫良在思考海军建设的规划方案时，把中国海军建设整体分为三个时期，分别为准备期、整顿期和扩充期，其中每一期又细分为若干步骤和内容。④ 以上论点和思考体现了中国知识界对中国海权建设过程中科学规划意义的强调。

在中国知识界讨论语境中，机制建设主要指高层次的专门统筹、管理机构⑤的建设和海军人才培养制度的建立。二者旨在为战后海权建设奠定组织和人才基础。就前者而言，王师复对当时存在的确立海军军政与军令平行分开制的论点进行了批判，主张建立一个全盘负责、统一的新海军部，他论道："海军部的设立，在技术的根据上，已成世界一般的趋势了……且将来却有它更大的发展。因此今后，除不建国则已，如其建国，绝无理不扩充海军制度的。"⑥ 黄征夫在总结建设中国海军应遵循的原则时，首先强调的就是"必须有一个建设的中心力量，该力量在唯一最高当局指挥下，对于海军建设有绝对的全权"。⑦ 还有知识分子在总结抗战

① 钟山道：《一个新概念——我们的海洋》，《新世界》第 10 期，1944 年，第 67 页。
② 翁仁元：《抗战中的海军问题》，黎明书局，1938 年，第 29 页。
③ 黄征夫：《中国海军建设问题管见》，《整建月刊》第 2 期，1940 年，第 52 页。
④ 张荫良：《海军建设之研讨》，《海军建设》第 7 期，1941 年，第 37~38 页。
⑤ 早在 1929 年 6 月 1 日，中国海军部就已正式成立。但在江阴会战后，海军部被"暂行裁撤"，被降格为海军总司令部，海军部的历史遂告终结。此问题可参见君威《恢复整建海军的领导机关——海军部》，《整建月刊》第 2 期，1940 年；许文：《略论建设海军与设立海军部》，《整建月刊》第 2 期，1940 年。
⑥ 王师复：《海军制度之理论与实际》，《海军整建月刊》第 5 期，1940 年，第 19 页。
⑦ 黄征夫：《中国海军建设问题管见》，《整建月刊》第 2 期，1940 年，第 52 页。

教训时认为："海军机构必须统一，过去我国海军因地域观念，战前五万多吨之舰艇竟隶属于三个不同机构而各自为政，以致作战难收协同之效，今后海军整建不容再重蹈覆辙！"① 就海军人才培养机制建设而言，陈绍宽提出的战后海军建设大纲的第三项便是"精神建设，即人才训练"。② 刘襄也认为："建设将来海军的要点之一，即为建立海军学术组织以及人才储备等。"③ 唐静海同样把"不断研究学习，优秀智能之充实"④ 视为海军机制建设的重点。可以看出，基于科学与技术是海军建设之基的认识，中国知识界不约而同地把海军人才培养机制建设视为战后海权建设的重要机制保障之一。

梁龙光指出，领海教育的内容应该包括四个方面。一为基本教育，包含民族文化之陶冶、国家政策之认识，海外环境之研究，以及人生态度之养成。二为专业教育，无论商业专科或师范专科均求实用。三为领袖教育，吾人必视海疆工作者海疆事业继往开来之健者，使其能组织侨胞，从事建设。四为团体教育。⑤ 梁龙光早在1947年就预见到海疆教育在南洋群岛的重要性。南洋侨胞因为远离祖国，且之前对侨胞的教育不够重视，特别是在海疆教育上，恐几代人过后，数典忘祖，背离祖国，忘记中华之传统，失却民族认同感，对祖国的海疆更是不重视。海疆教育的着眼点，除了培养海疆建设的专门人才和培养能创造和能服务的精神，更重要的是培养海外侨胞的民族认同感，使海外侨胞在祖国海疆发生危机之时能够知道中国的海疆范围，并且共同行动起来保卫海疆。

第三，海权中心区建设，亦即战略点的布局与掌控。在战时中国知识界的话语中，对这种战略点有不同的表达术语，诸如"据点""海权中心区域""生长尖"等。可以概括为世界地缘政治、经济的关键地区，即具有枢纽意义的战略要地、战略门户、海洋通道等。中国知识界认为对这些战略点的控制对于打造中国水上长城、拓展国家利益以及世界强国地位的

① 其时，中国海军虽有海军部，但因隶属于中央、东北和广东三个系统，各处于独立状态，而无法实现全国统一的协调。参见天鸟《中国海军往何处去》，《时代批评》第61期，1940年，第30页。
② 陈绍宽：《论中国海军建设》，《海军杂志》第5期，1944年，第2~3页。
③ 刘襄：《在抗战期间吾国之海军问题》，《海风》第1期，1940年，第1页。
④ 唐静海：《对海军之期望》，《海风》第1期，1940年，第12~13页。
⑤ 梁龙光：《海疆教育建设方针》，《海疆学报》第2期，1947年，第5页。

获取、巩固和维护具有重大意义。

关于如何掌控海洋，陶朋非建议："没有任何权势，能真正占领海洋空间，只能掌握这个空间里的据点。据点'位置蓄力'的力量最大，因此占领据点，是控制海洋空间的先决条件……不管据点在海洋的中心或外围，也不管它是密集在一起或分散得很远，克服和统制海洋空间的'力量线'，永远是从一个据点，或者从几个据点连成的'点网'，向四面伸张，向四面辐射，去发展支配和统制海洋空间的力量。"[①] 郭寿生则建议把中国的海防区划分为三大中心板块（见表2-3）。

表2-3　中国海防区划三大中心板块

北部海防区	辽东半岛、山东半岛及渤海、黄海的全部，以拱卫东北、华北
东部海防区	琉球、台湾及澎湖列岛，以为南京及长江、淮河流域的外卫
南部海防区	海南岛及南海的东沙、西沙、南沙等各群岛，以为珠江流域屏障

　　资料来源：李冠礼著《新海军知识》，商务印书馆，1938，第49~51页；关于海军战时价值和平时价值的探讨，还可参见张荫良《海军建设之研讨》，《海军建设》第7期，1941年。

此外，郭寿生等知识分子还特别强调了台湾在构建海权中心区域中的独特价值，并对其做了深刻而具有前瞻性的解析：台湾之西南有马公军港山岳拱抱，并有空军根据地，台北有基隆淡水二港，加以出产丰富，可以自给，故台湾实为我国海军发展的生命线。若将台湾与本国中心点连成一线而向东南延伸，则恰指向太平洋中心，且又在朝鲜、海南岛的中央，也在我海岸线的中央，其地位之重要，不言而喻。[②]

第四，领海界限的划定，亦即划定适合中国国情的领海界线。在中国知识界看来，一国领海界线的划定关乎国家权益的有效维护。傅角今分析了强国和弱国采取大领海制和小领海制的利弊："强国以小领海为有利，弱国则以大领海为有利。强国以其强大之海军，众多之商船渔船，得任意驰骋于公海，甚而，侵入他国之领海及私海。"但弱国无力

---

① 陶朋非：《海洋空间与海权（二）》，《时与潮》第3期，1948年，第27~28页。
② 参见郭寿生《中国海防线与海权中心区域》，《海军杂志》第5期，1944年，第5~8页。关于台湾岛之于中国海权地缘战略重要性的阐述，还可参见沙学浚《台湾岛与台湾海峡之地位价值》，《世纪评论》第11期，1947年；潘永年：《台湾是我国海权的生命线》，《海军建设》第12期，1942年，第37~44页。

与大国在领海附近之公海相争，弱国海军弱小，商船渔船又少，只有采取大领海之策才能维护本国的领海主权，遏制强国的侵害。① 在他看来，大领海制之于弱国相对更适合捍卫国家利益，因而他认为，中国采用三海里为领海界线，在保护中国领海主权方面实际效果并不理想，中国海军实力弱小，且国力弱小，这种大领海制显然不符合中国的国情，采用三海里为领海界线不仅有丧失海权的危险，也不足以自卫，后来日本在中国沿海附近频频侵犯我们的渔业便证明了这一点。"我国领海定三海里，既嫌过少，但如葡萄牙主张十八海里，亦失之过大，鄙意似可采用折衷方法，定十二海里为领海界线。"同时，他也指出，大领海制亦有其缺陷，"如扩充过大，其结果将限制航海自由，阻碍国际贸易，及航海之发展，并增加海员航海之困难，势必引起外国反对；同时所定范围愈宽，所负责任亦愈大"。②

第五，理性海军建设目标、目的和原则的设定。杨世恩提出了较有影响的海军建设三原则："决定我们海军规模的是本国的地理形势、假想敌的海军武力以及中国在未来国际上所担当的任务三者。"③ 张维正则指出，中国建设海权旨在"卫国、护侨而发展经济与文化的前程，及联合世界各国以维持人类的和平，决不是为对外侵略的工具"。④ 张荫良在论及海军建设目标时明确指出："我国之建设海军，目的在于自卫确保国家之安全，与民族之生存，以御侵略。"⑤ 魏济民在谈及海军建设之指导方针时也认为："建军理论之树立，一方面固须参证世界军备建设的趋势……邻邦情势，实际上也仍需根据本身实力，以为立论的出发点。"⑥

总的来看，在中国知识界话语中，中国未来建设海权的指导原则的拟定有五个参考依据：本国地缘情形，主要指本国海岸线的长短，出海口、良港的多寡等；假想敌的海军实力；中国未来所担当的国际义务大小与性质；世界军备建设的方向；自身具备的物质基础。可以看出，依据该五个原则，知识界倡导建立的中国海权是一个能满足自身安全需

---

① 参见傅角今《我国领海界问题之研讨》，《地理教学》第 4 期，1942 年，第 9 页。
② 傅角今：《我国领海界问题之研讨》，《地理教学》第 4 期，1942 年，第 9 页。
③ 杨世恩：《海军的现在与将来》，《海军杂志》第 3 期，1944 年，第 18 页。
④ 张维正：《新中国应该如何发展新海军》，《海校校刊》第 3 期，1948 年，第 39 页。
⑤ 张荫良：《海军建设之研讨》，《海军建设》第 7 期，1941 年，第 37 页。
⑥ 魏济民：《中国海军建设论》，《中央日报》1944 年 9 月 3 日，第 2 版。

要、国际责任担当①，且与自身实力相匹配的"不求制人，也不为人所制"的防御性海权。

结语

在民族存亡绝续之秋、抗战建国之大时代，基于变动的世界情势，中国知识界表达了对战后中国建设一个强大海权的关注与思考。该时期中国知识界对海权问题的关注有着复杂的历史与现实背景。影响该时期中国知识界海权观生成的主要变量有四：一是中国知识分子传统的入世和学术济世情怀，构成知识界海权观生成的伦理基础。在"地不分南北，人不分老幼，皆有抗战守土之责"的全国总动员鼓召下，中国知识界以其特有的智识参与挽救民族危亡和建设新中国的历史进程；二是西学东渐，尤其是西方地缘政治思想的传入，奠定了中国知识界海权观生成的学术理论基础；三是知识界对中国近代以来一再遭遇来自海上侵略的历史教训的总结与感知；四是抗战、建国与救世的现实特殊时势感召。具体表现为争取抗战的最后胜利，建设独立自由富强的新中国，并使战后中国成为维护远东乃至世界和平的中流砥柱。概而言之，即构建中国能够而且应该担当重要角色的战后世界新秩序。而这些在中国知识界看来都离不开强大海权的担保。

同时，也应看到，鉴于特殊时期中国国际政治相关学科正处于起步阶段以及战时交通、通信、学术交流及印刷不便等带来的局限性，该时期中国知识界的海权观念与海权建设思想存在偏重宏观思考、缺乏系统性、理论体系构建欠缺等不足。然而，不能否认的是，这一时期中国知识界于救亡图存情势下生成的海权观以及有关战后中国海权建设的思想，即使在今天看来仍具有理性思维和前瞻性。尽管囿于抗战后特殊的国内政治情势，知识界这些有关海权问题的理论思考与构想在实践层面遭遇了挫折，但考虑到当时中国知识界参政、国民外交兴起以及学界对讲坛、报刊媒体话语

---

① 二战后期中国作为世界四强之一的世界大国地位的取得激发了中国知识界的国际责任感。其时中国知识界话语中的国际责任担当内涵，如周望德所言："我们要把握时机，建立坚强的海防，为世界和平作保姆。我们无野心要做太平洋的主人翁，使太平洋成为我们的内湖；但维护太平洋的永久太平，国际间的永久安全，却是我们不可旁贷的职责。"参见周望德《从海与中国说到未来中国海防发展应有的趋势》，《海校校刊》第 3 期，1948 年，第 39 页。

权的把握，他们的观念主张不可避免地对当时的抗战建国舆情产生了广泛的影响。

"省过去，励将来"，鉴于时代命题的相似性与关联性，其时知识界所做出的有关海权问题的理性思考对今天我们国家安全方略的制定依然具有方向性和原则性的启迪价值。

第一，世界已经入海洋时代，发展海权是世界历史发展的必然方向，它关乎一国国运的兴衰。中国仅作为自然地理上滨海之国意义上的"海国"不能立足于世，只有成为一个拥有强大海权的海国方能求得自己的生存与发展。海权兴，则国运兴；海权衰，则国运衰。这是战时中国学界基于世界历史视野的深刻感知，也是对当下国人的警示。

第二，推动海权研究成果的社会转化。亦即嫁接海权研究与海权教育的桥梁，推广海权教育与宣传，在民众、知识界和政府决策层中必须培植普遍浓郁的海洋文化、树立积极的海洋观与海权意识。唯其如此，海权建设作为一项国家战略才能会获得持续的动力与广泛的支持。

第三，突出战略布局的海防思想。历史上，没有哪个海洋强国能实现对自己海疆全面而有效的部署与防御，对当下中国而言更是如此。中国拥有近 300 万平方公里的海洋国土、18000 多公里长的海岸线，唯有集中优势资源，对有着重大"位置蓄力"的"据点""海权中心区域""生长尖"施加有效掌控，方能达到以点带线、以线促面的战略防御效果。

第四，建设海权要有科学的统筹规划。海权建设的性质、规模与目标的制定，要与国家安全的维护、经济社会发展需要的满足、国家的物质基础和世界军备潮流相适应。

21 世纪建设与中国大国地位相适应的海权对当下中国更具有鲜明的时代意义。钓鱼岛问题、南海问题、台湾问题的解决以及中国对世界经济、国际贸易的依赖与融入安全等都需要强大的海权。令人欣慰的是，2012 年党的十八大报告明确提出高度关注海洋安全，明确提出"提高海洋资源开发能力，发展海洋经济，保护海洋生态环境，坚决维护国家海洋权益，建设海洋强国"的大国诉求。2017 年，党的十九大报告再次明确提出"坚持陆海统筹，加快建设海洋强国"的战略。这表明建设强大海权已进入最高决策层的战略关怀视野，政策层面的举国共识由此形成。走向深蓝，是中国不可逆转的历史命运！

第三节 蛟龙入海，抑或飞龙在天：20 世纪三四十年代中国知识界的海权与空权之论争

1875 年，清政府高层内部分别以李鸿章和左宗棠为首的中国决策层曾发生了一场有关海防与塞防孰优的著名论争，① 直接影响了清帝国晚期的国防战略走向。鲜为人知的是，在民族存亡绝续的 20 世纪三四年代，中国知识界在救亡图存的使命驱动下就中国应该优先建设海权还是空权的问题也掀起了一场学术层面的思想论争，对当时的抗战建国舆情产生了重要影响，并构成近代中国军事思想史上的重要一页。

19 世纪末 20 世纪初以降，作为开眼看世界以救亡图存的重要构成部分，西方的海权②、陆权、空权等地缘政治思想逐渐被引入中国，并为中国知识界所接纳，尤其是在 20 世纪三四十年代成为他们探求抗战建国之路的重要思考向度。当下学界对该时期中国知识界海权观和空权观的分类研究③已有相应成果问世，但对这场思想论争进行探讨的研究成果至今尚未看到。笔者不揣浅陋，通过对该时期中国知识界发表和出版的与此次论争相关的大量时评、论文和专著等一手资料的解读，尝试对这场海权与空权之争的源起、论争话语中的海权与空权内涵、论争的维度及其留给当下的思想遗产等问题做一初步探究，力争在最大程度上还原这场思想论争的概貌，以期对丰富近代中国军事思想史的研究以及中国科学的国防建设规划提供些许有益的借鉴。

---

① Immanuel C. Y. Hsu, "The Great Policy Debate in China, 1874: Maritime Defense Vs. Frontier Defense", *Harvard Journal of Asiatic Studies* 25 (1964 – 1965): 212 – 228.

② 有关海权思想何时传入中国的研究，可参见周益峰《海权论东渐及其影响》，《史学月刊》2006 年第 4 期。

③ 有关近代国人海权观嬗变的研究，代表性的著述有刘中民的《中国近代海防思想史论》（中国海洋大学出版社，2006 年）、黄顺力的《海洋迷思——中国海洋观的传统与变迁》（江西高校出版社，1999 年）、周益峰的《海权论的传入和晚清海权思想》（《唐都学刊》2005 年第 4 期）和孙立新的《中国海洋观的历史变迁》（《理论学刊》2012 年第 1 期）等。

一、中国知识界优空与优海之争的缘起

九一八事变、一·二八事件的爆发使中华民族陷入了存亡绝续的危急境地。随后，抗战建国、救亡图存成为其时中国毫无疑义占据支配地位的政治语境，而在中国知识界有关抗战建国理论与实际问题的探讨中，"抗战必先建国，建国必先建军"成为他们普遍的共识逻辑。该逻辑的形成主要源于他们对其时风云变幻的残酷国际时局的透视。

九一八事变后，国联在调停过程中表现出的软弱和调停失败的残酷现实，使弱肉强食的现实主义政治观开始主导国人对民族生存如何维系、国家繁荣如何取得的思考。如众多知识分子所论："无论国联盟约、非战公约或任何维系和平的条约，都不足以阻止野心者的侵略。他们的生命财产，全赖他的自有抵抗力来维持。"[1] "世界多数法学家政治家虽经订定国际间之种种战争法规，然一遇战争，究只系一种具文，毫无效力之可言。斯时也，双方所恃以判曲直定是非者，将纯惟武力之是视耳！"[2] "现在世界情势，真是优胜劣败，适者生存。国际的均势既被打破，条约的尊严也失其效用，要想救亡图存，凭自己的真本领，真实力去奋斗。"[3] 以上言论皆反映了他们在九一八事变前持有的依靠国际制度与国际法来维护国家主权与领土完整的理想主义观念已经破灭，遂得出"处在快将灭亡的中华民族，如何从战争中取得民族的生存呢？自然，充实武力是目前中国唯一的要求"[4] 这一充满现实主义意味的结论。在以自强、自力方能求生存、求发展的共识下，如何自强亦即如何建设一个强大、高效而能满顺应时代趋势的国防体系，便成为这一时期中国知识界思考的一个重大理论与现实命题。

在中国知识界关于如何建设强大国防的思考中，除保留必要的传统陆权之外，分别以海军和空军为核心内核的海权和空权建设也成为中国知识界建军倡议的重要选择。然而，考虑到积贫积弱的中国面临的严峻的政治、军事和经济形势以及由此导致的中国国防资源的可得性和稀缺性，为救亡图存计，多数知识分子认为只能选择最具价值、最具必要性与可能性

---

① 朱瑞林：《我国海防建设的研究》，《建国月刊》第 4 期，1935 年，第 1 页。
② 绍聘：《论制空权》，《航空杂志》第 9 期，1935 年，第 55～56 页。
③ 梅景周：《航空救国运动》，《华侨先锋》第 6～7 期，1940 年，第 8 页。
④ 沈开赛：《空防与国防》，《航空生活》第 12 期，1936 年，第 6 页。

的一方作为优先发展的对象，吴锡凯认为，"敌军侵入我国，必先获得制海权，吾之应付此点，非空军即海军。惟此两者，在我国今日均属幼稚时期，其待扩张则一"。① 萧健在谈及中国国防建设方针时也指出："现代军事建设略可分为陆海空三大部门，最理想的办法就是同时扩充，这个办法无论哪一国都是不可能，故在一切都待改进的我国，唯有分期去发展。"② 然而，考虑到该时期中国知识分子各自的成长背景、知识结构和认知能力等因素的差异，他们围绕究竟优先发展空权还是优先发展海权的问题，即为哪方的优先建设更有利于民族的生存与国家的繁荣问题产生了路径分歧，由此引发了这场思想层面的大论争。

二、中国知识界论争话语中的海权与空权认知

该时期中国知识界对海权的认知超越了近代早期国人观念中海军、军舰和军港建设的狭义海防，赋予其政治、经济、军事等多元价值内涵。这一点可以从中国知识界对海权的构成及定义的阐释中看出。所谓海权，在著名史学家胡秋原看来，包括三个要素：一是海口、海港的拥有和保护；二是海上运输力，即船只；三是保护或进攻前两者的海上战斗力。③ 张泽善在《论海权之重要性》一文中，这样界定海上权力，"所谓海上权力者，不独有海上支配军事之权力，且有支配商船杭航业之能力。其不可分离的要素有三：舰队、商船及所需之根据地"。④ 在丁骕眼中，"海权两个字的意思，可从战斗的传播与商业的港湾上面着想"⑤。雷海宗对海权的解释则是："所谓海权，即能控制，最少能利用，世界上最大最广最便利的交通线。"⑥ 故而，在该时期中国知识界看来，海权主要表现为一种权力能力，它包括一国海军及舰只所拥有的海上战斗力、对世界重要战略要地和战略航线的控制力以及国际商业航运力等多元权力范畴。

论及空权内涵，该时期中国知识界主要从权力属性加以阐释，强调的

---

① 吴锡凯：《空军在我国今日国防上之地位》，《行健月刊》第1期，1933年，第72页。
② 萧健：《未来战争之趋势与我国建设国防之方针》，《军事杂志》第134期，1941年，第32页。
③ 参见胡秋原《中国的太平洋：论我国策之基点》，《海军杂志》第12期，1942年，第10页。
④ 张泽善：《论海权之重要》，《海军杂志》第6期，1937年，第3页。
⑤ 丁骕：《海权与各国海军》，《世界政治》第15期，1942年，第19页。
⑥ 雷海宗：《海军与海权》，《当代评论》第9期，1941年，第132页。

是本国空军对于敌国的相对优势，即制空权，何谓制空权？空权论者陶鲁书的解释则为："空军和地面部队在完全不受敌空军的攻击，或只受敌空军非常之有限的攻击状态下，能完全遂行其重要任务之谓。"[1] 与陶鲁书强调己方被动防御状态下的自由行动度不同的是，饶荣春突出了己方主动掌控事态的行动能力，把制空权界定为："无论何时，能以空中势力对敌采取攻势行动及隔断敌之陆军及舰队的根据地，不仅使之不能战斗，且使之不能活动，是为国防上策。"[2] 值得一提的是，该时期权利属性意义上的领空权也进入了中国知识界的视野。如王之相所论："自轻气球及飞艇发明成功以来，各国领土上空的安全遂发生问题，有攻击防卫的必要，有利用的需要，空中主权的观念，也因之产生。"[3] 概而言之，所谓空权，在知识界看来即为一国绝对领有空中主权，并在任意状态下都能够在空中拥有排他性的行动自由和实践自己意志的一种状态或能力。

由上可知，随着西方地缘政治思想的传入、近代军事技术的革新以及抗日战争乃至第二次世界大战经历的现实冲击，这一时期中国知识界发展了近代国人对海权与空权的传统认知，经历了从海防到海权、从防空到空权的转变。他们对海权、空权形成的这种新的认知，与他们对海权与空权两者战略价值和历史地位的判断密切相连，并直接影响了优海论者与优空论者论争的展开。

三、中国知识界优空与优海之争的维度

整体而言，20 世纪三四十年代中国知识界有关海权与空权孰优的这场论争主要是围绕二者中哪一方更符合历史演进的时代趋势、哪方具有更强的战斗力、哪方具有更为重大的战略价值、哪方的建设具有更为理想的成本收益比和比较优势等四个维度展开。

首先是历史演进的时代趋势之争。

对此，双方从近代以来的世界政治、经济、社会以及技术变迁的角度展开了激烈交锋，力图证明己方的历史正当性。空权论者万文宣指出：

---

[1]　陶鲁书：《空军在国防上的地位》，《军事杂志》第 201 期，1948 年，第 15 页。

[2]　饶荣春：《空军备与国防》，《黄埔月刊》第 2 期，1936 年，第 193 页。

[3]　王之相：《空中主权与国际航空关系空中主权与航空法》，《警声月刊》第 2 期，1947 年，第 6 页。

"由于飞机制造术的进步，人类活动领域的扩大；人类已进入了一个新的时代——空权时代。"① 林伟成在考察了世界军事史后得出结论："今日空军之重要，已于战场表演百战百胜之势能，是则空军替代海军、陆军之时代，业已来临。"② 李旭旦也论道："时代在演变……我们从陆权进展到海权，现在已进展到空权了。人类先征服陆地，次征服海洋，现在已经进一步的征服了天空，让我们认清，我们今日正逢着空权新时代的来临。""谁掌控空中交通，谁就成为世界的霸权。"③ 继满甚至直接宣布海权时代已经结束，他说道："时代的轮子在不停地旋转，转瞬间，海权时代已成为过去，代之而起的是空权时代。"④ 严德一更是直接把 20 世纪称为"航空世纪""空中交通时代""空权时代"⑤。

在对其时依然是海洋时代的定性方面，海权论者沙学浚的发声最为有力："现代是一海洋时代，凡能控制海洋者，便能与世界相交通，以发展国家之势力；反之，有些国家或民族生活空间限于本国或大或小的领土及生存所需限于领土内所出的不能自给自足之经济资源。在平时固须仰人鼻息以出入大洋（假定有商船），一至战时则为他国所封锁，被动的变为闭关自守，其苦痛情形无异人之被窒息。"⑥ 在之后的另一文中，他进一步论道："近世世界史的发展从权力结构和文化性质上看，是以海洋权力和海洋文化基础的。欧洲以外的国家不论是否欧洲的子国，只要有海洋权力、海洋文化便能生存，强大，所以近世世界史可称之为海洋时代。"⑦ 朱中良在总结欧亚战事事态演进趋势时得出结论："无论为抗战，为建国，为国防，为建军，为应付当前的国际局势，为树立长治久安的保障，必须建设海军，建设海军是时代的需要。"⑧《新海军》杂志创始人郭寿生

---

① 万文宣：《空权时代的世界》，《新中华》第 12 期，1945 年，第 5 页。
② 林伟成：《空军独立论》，《航空杂志》第 1 期，1944 年，第 6 页。
③ 李旭旦：《空权时代的世界新形势》，《学识》第 4 期，1948 年，第 8 页。
④ 继满：《空权时代的新形势》，《天声》第 3 期，1948 年，第 6 页。
⑤ 严德一：《海权世界与空权世界》，《新中华》第 2 期，1945 年，第 5~6 页。
⑥ 沙学浚：《海洋控制与世界和平》，《东方杂志》第 2 号，1944 年，第 6 页。
⑦ 沙学浚：《海国之类型》，《学原》第 2 期，1947 年，第 61 页。有关"大洋时代"特征的阐述，亦可参见他的《海洋国家》（《荆凡》第 1 期，1941 年，第 20 页）一文，他认为"大洋时代"只有海国才能成为世界的领导者。
⑧ 朱中良：《建设呼声——国际现势下的海军建军问题——海军建军成了时代需要》，《海军建设》第 1 期，1941 年，第 131 页。

对一些绝对空军主义者予以驳斥，并指出了空权论者错误观念的危害："有一些患近视眼光者常在诅咒着说：'海洋时代已经过去……海洋竞争是时代的落伍者。'又有一些人不了解海军的性能而武断地说：'海军无用'、'在现在空军发展下海军等于零'。这种看法实等于自暴自弃，欲自外于海洋竞争，其流毒所至，实足以消灭中华民族制海的雄心，而继续蜷曲于为海所制的可怜地位。"①

其次是建设成本与效率比的高低之争。

在论证空权建设的优势时，空权论者无一例外地强调了空军建设相较于海军建设的成本优势，亦即空军拥有较突出的成本收益比，并认为这是建设空军应该优于建设海军的最有力的证据。绝对空军主义者陈西滢对海军建设的高成本批驳道："海军不要便罢，如要维持，就得造可以与人对敌的战舰。一艘三万五千吨的主力舰，造价常在六百万磅，就是说九千六百万元左右。我们有此财力吗？而且普通的轰炸机以四十万元一架计算，造一舰的费用便可以造轰炸机二百四十架了。"② 蒋展民则强调了空军建设的成本效率比优势，他认为，"若以一艘巡洋舰或战斗舰的效率与成本大致相等的百架战斗机的效率在战争上相较，则舰的效力相差太远啦"。③ 通过更为周密、详尽的公式计算，空权论者惕干也指出："战舰每艘之耗资，恒在二千数百万元至三千万元之间。此外，此项军舰之修理费亦极为可观，因需规模宏大，工程极巨之船坞，以作修补之用。在另一方面，以同样之金钱，即可建造大批军用飞机。制造每小时飞二百五十里之轰炸机，只需二万数千元之代价，制造一架速度最高之飞机代价仅为四万数千元……虽然一架飞机仅能用四年至五年，而一艘战船之寿命则在二十年至二十五年，但以同样代价所制成之飞机队，却足以消灭停泊在离飞机根据地不远为飞行距离所及之海军舰队……因此彼具有贵族式海军之强盛国家，备受具有平民化之空军国家之威胁矣。"④ 由此，空权论者自然而然地认为，作为"平民化"国家的中国理应该优先建设空军而非"贵族化"的海军。

针对广受空权论者垢议的海军建设"所谓的高成本、低效率"问题，

① 郭寿生：《中国国防政策与海军建设》，《中央日报》1944年9月3日，第2版。
② 陈西滢：《海军与空军》，《独立评论》第200号，1935年，第13页。
③ 蒋展民：《抗日图存战中的空军与空防》，《新粤周刊》第13期，1937年，第25页。
④ 惕干：《海空军在未来战争上之地位》，《航空杂志》第4期，1937年，第20~22页。

海权论者魏济民反驳道："至于国内有些人持海军建设费太贵以为缓建海军的理由，则实是对于军备建设缺乏研究的论调。一个军种建设费用的昂贵与否并不是以一只军舰，一辆战车，或一架飞机的造价来简单对比，而要以其总军力之建设费与其维持费、补充费之总和来衡量。"在他看来，如果以总军力对比的话，"海军的需费最小，不是最贵也不是超出国家财力和国民负担以外的要求。倘将维持、补充等问题计算在内，则军舰更远较飞机战车的问题来得简单"。① 海权论者迪肯也同样认为海军实际建设成本要比空军低得多，战斗效能也高得多。他说："一般人认为建设空军经费无疑比海军要经济，这是空军的最大优点。何以海军要比空军要经济？六千七百五十架轰炸机，在一小时内所发出的炸力和十五艘战舰相等。每架轰炸机费用三十五万美金，一艘战舰费用七千万美金；六千七百五十架轰炸机共需二十四万万元美金，十五艘战舰共需十万万美金，可见二者费用相差一倍以上。一架轰炸机可用八年，一艘战舰可用二十六年，在二十六年内轰炸机须重建三次，而战舰则无需更换，于是二十六年内轰炸机所需的经费比战舰要多出七倍以上。一架轰炸机须十五人，一艘战舰须一千五百人，六千七百五十轰炸机需十万人，十五艘战舰只需二万人，以人力而论，轰炸机所需要的人力比战舰多八万人。"② 因而，在海权论者看来，综合计量的话，建设海军的成本效率比并不比建设空军低，甚至还要高。

再次是军事战斗力强弱之争。

分别作为空权与海权核心构成因子的空军和海军的战斗力强弱，亦即在战场上的进攻和防御价值大小是双方论争的第三个焦点。空权论者认为空军战斗价值要优于海军。捷夫指出："现代战争，岛屿的防御，其或可以不用海军，因为海军的行动过于迟缓，易受威胁，俯冲轰炸机不但可以炸毁一切较小的船只，驱逐舰，潜水艇以及巡洋舰，且可以炸毁轻型舰只，而发现被驱逐舰掩护中之主力舰及运输舰之所在。"③ 万文宣则强调了空军独具的相对攻防优势："空军有迅速集中的特性，有居高临下的优势，最富于流动性，对于海陆军而言，空军处于主动的地位，空军可以配

① 魏济民：《中国海军建设论》，《中央日报》1944 年 9 月 3 日，第 2 版。
② 迪肯：《空军是否可以代替海军？》，《海军整建月刊》第 3 期，1940 年，第 49～50 页。
③ 捷夫：《空军能制胜海军吗？》，《大众航空》第 7 期，1944 年，第 1～2 页。

合海陆军作战，空军更可以单独打击海陆军，完成作战的任务；但海陆军除夺取空军基地外，却还没有有效的方法防御空军的攻击，自然更没有有效的方法采取主动地位攻击空军。这就是说，空军是立于可以攻击海陆军，而海陆军不能攻击它的地位，这是空军优越性之所在。"① 也正是基于以上类似原因，萧健甚至得出"空军是现代武力最大兵种，我们空军假如有力量，甚至没有海军我们也能战胜敌人"的结论。②

然而，海权论者对此持有不同意见。他们在承认新时代空军占有重要军事地位的同时，对空权论者肆意贬低海军军事价值甚至要求废弃海军的观点予以反驳。有知识分子从飞机携带炸弹数量的有限性、轰炸的精准度低、作战半径小、发射鱼雷的低效和高风险等方面对空军的有效攻击力表示怀疑。③ 张立民通过详细考察对比海军、空军的攻击和防御武器，认为海军对空军具有较强的防御力：兵舰除本身的强度有相当的抵抗力外，对于它所装备的良好防空枪炮，亦使它增加了相当的对空防御力。由此观之，一般兵器颇不易破坏兵舰也，即能破坏其一部，亦不易使之沉没。进而指出：我们需要了解海军的范围，果然海军的武器是兵舰，不单为浮在水面上的军舰，还有大批可以活动在水面下的武器，如果这些武器的本身性能加以改良，同时配备良好的火炮，则它的力量也可以大增。④ 对此，魏济民总结答复道："从战术和战略上来讲，'制海者制世界'依然有效，主议废弃海军或是提倡海军过时论者，强调威尔士亲王号之沉默、珍珠港之被袭，克里特岛之攻占诸役，用证海权时代之寿终正寝，认为今世已不是海权时代。固然，在上述诸役中，空军曾发挥相当威力，但是仅以战果之得失，遂判定某一军种在作战中的有无存在的价值，则似嫌过火。"⑤

最后是平时战略价值大小之争。

所谓"战略价值"，在此即指在和平时期拥有的政治、经济和社会等非军事价值。在海权论者看来，海权价值既在于其作为海上长城护卫海疆门户的国防功能，也在于其平时所具有的其他军种所不能胜任的经济和社

① 万文宣：《空权时代的世界》，《新中华》第 12 期，1945 年，第 9 页。
② 萧健：《未来战争之趋势与我国建设国防之方针》，《军事杂志》第 134 期，1941 年，第 32 页。
③ 参见浙《海军与空军》，《芥舟》第 5 期，1935 年，第 78 ~ 79 页。
④ 参见张立民《海军与空军之威力的检讨》，《航空杂志》第 1 期，1937 年，第 20 ~ 29 页。
⑤ 魏济民：《中国海军建设论》，《中央日报》1944 年 9 月 3 日，第 2 版。

会等战略效用。有知识分子较为系统地总结了和平时期海军的战略价值，如侨民、航商、渔业之保护；难船救助；外交之后盾；战争之准备；关税权、海事裁判权、领海行政权之维持；海洋学之辅助调查；水警权之后援；水陆交通之梳理；海洋气象之报告；海图记载之修正；国际邦交的联谊；工业生产力与精进力之促进；海事教育；等等。[①]　此外，海权论者还强调了海权的政治价值，把发展海权和中国大国地位的维系直接挂钩。雷海宗认为：历来国际地位等级之区分，本以海军吨数之多寡为标准，欲确立四强国之一地位，提高国际等级，尤须先加强海军实力，否则有名无实，终难与其他大强国并峙于世界之上。[②]　孙绛年在强调建设大海军之于建国的意义时也警告说："惟有奋发图强，始可跻于强国之林，否则五大强国之地位能否确保，舍勿敢言。"[③]

当然，在空权论者看来，空军即使在和平时期也同样拥有政治、经济和社会等战略意义。就政治意义而言，曹鹤荪强调了空军对于国家建设的重要价值：消除割据，促进国家统一；树立国家威信；保护海外侨胞。[④]在空权论者看来，空军对于当时动荡的边疆而言作用也相当突出。徐朗秋指出发展航空对于解决边疆分裂问题具有重要价值。[⑤]　徐鹤林也特别提出了"空军防边"的政策主张。[⑥]

此外，在空权的经济社会价值方面，空权论者卓献书代表性地做了相对完整的概述：输送旅客、输送货物、输送邮便物、森林监视、沿岸监视、关税事务、农业事务、水陆测量、科学上观测机探险、紧急事变之急报与救济、海洋之调查、渔业之指导以及医疗救援等。[⑦]　其中，尤其需要一提的是，大多空权论者在论证空权的经济价值时特别强调了它巨大的运输价值。针对海权论者持有的航空机运载量小的质疑，他们多从航空机速率大的角度予以反驳。陶希圣代表性地回应道："空运数量虽小，但其往返时间则远较轮船为迅速，故吾人可以预料，战后空中运输，在商业及交通

① 李冠礼：《新海军知识》，商务印书馆，1938年，第49~51页。关于海军战时价值和平时价值的探讨还可参见张荫良《海军建设之研讨》，《海军建设》第7期，1941年。
② 参见雷海宗《海军与海权》，《当代评论》第9期，1941年，第136页。
③ 孙绛年：《建国与海军》，《建国》第1期，1946年，第22页。
④ 参见曹鹤荪《民航事业对于我国之重要性》，《航空建设》第3期，1947年，第2~3页。
⑤ 徐朗秋：《谈航空救国》，《广播周报》第10期，1934年，第9页。
⑥ 参见徐鹤林《空军与边疆》，《空军》第56期，1933年，第7~12页。
⑦ 卓献书：《国土防空之理论与实际》，商务印书馆，1934年，第12~13页。

上一定占据重要之地位，假若将来飞机之运输量增大，且更借滑翔机之巧妙，组成空中列车，协助运输，则海运必为空运所代替。"而且，他还认为世界经济地理将因之改观，"交通工具影响交通路线，交通路线影响经济中心，昔日若干繁华之海港，今后将因海运减少，而减其重要，反之空中交通所经之地，将日趋繁荣"。① 李旭旦也提醒道：注意二者之间速率的悬殊，当下飞机的速率二十倍于轮船，并认为将来空运将代替海运。②

对于空权论者过度夸大飞机经济价值的做法，沙学浚予以批驳："空中交通的价值既然是客运重于货运，文化与政治重于经济，自然以服务于现在的大城市大海港以及很重要的游览中心为主要，成为他们的交通结构的一个枝节。一条航空线上，纵然有若干城市可以兴起，不会但因空运而怎样繁荣的。"③ 万文宣也对此做出回应："诚然现在运输机的载重量，还不能和轮船相比拟，但飞机速度之快，可以补其载重量之不足，在两地之间，轮船往来一次，飞机可以来往十几次。"同时，他也承认，"空中交通虽然发达，但决不能完全代替陆上海上交通……今后海陆空交通各有各的范围，各有各的作用，决不互相妨碍，而有互相补助，互相促进的功能"。④

由上可知，在民族存亡绝续的 20 世纪三四十年代，中国知识界围绕空权与海权哪方更享有建设优先权的问题展开了持久而激烈的论争，双方都从不同角度论证己方所拥有的更为突出的相对价值。然而，这种思想层面的碰撞与争执并不是不可调和的，考虑到军事技术革新带来的战争形态向立体战的转变，双方在军备建设方面的对立中也存在统一的一面。

四、优海论者与优空论者对立中的统一

在这场有关中国军备建设优海还是优空的论争中，除少数极端主义者的立论带有排斥其他军种的目的外，陈西滢认为："要是国防必须有海军，没有海军便够不上讲国防的话，那么我们自然只有排除一切困难，急起直追的一法。可是事实是自从有了空军，海军的重要一落千丈，尤其是

① 陶希圣：《从海权时代到空权时代》，《国立中央大学校刊》第 2 期，1944 年，第 3 页。
② 参见李旭旦《空权时代的世界新形势》，《学识》第 4～5 期，第 10 页。
③ 沙学浚：《空权时代与中国经济地理的变迁》，《东方杂志》第 16 号，1944 年，第 23 页。
④ 万文宣：《空权时代的世界》，《新中华》第 12 期，1945 年，第 13、14 页。

在守土防敌方面，有了空军便不必再有海军。"① 这一时期，双方参与论争的大多数知识分子持的是海陆空三位一体的军备观念，尤其是对海空协同作战的必要性予以认可，他们的分歧仅在于建设的优先次序上。

万文宣指出了三度空间时代海陆空权的不可分性："空权陆权与海权并不是对立的互不相容的东西，而是相互结合的三位一体。"它们是相互包含的，如果我们把三者对立起来，我们就犯了严重错误。② 陶鲁书也认为："所谓空军至上主义，并不是废止陆海军而单致力于空军。空军的威力固极强大，且为现代战争必不可少的因素，但也需要和友军互相协同，方能顺利而迅速地施行全面作战。"③ 林伟成也论道："夫空军军国主义者，非所谓废止友军，而单行致力于狭义之空军。空中威力固甚强大，但必须各友军互保协同，方可实行全面之作战。"④ 由此可见，空权论者大多并不必然否定海军的存在价值，也认识到了两者在形势下协同的重要性。

海军问题研究专家王师复从海军、空军的基本战略、战术、技术和成本四方面对两者做了比较，认为空权相对于海权并无优势，两者在战略和战术上更多的还是互补的关系。⑤ 郭寿生对此论道："要想达到健全国防地位，海陆空军三种军备，没有一种是可以漠视，或是可以落后的。"⑥ 在沙学浚看来，"二十世纪四十年代世界历史正式步入了航空时代或空权时代。空权时代并不与海洋时代或大陆时代相对立，亦不会取而代之"。⑦ 也有知识分子在比较了海空军各自优缺点后强调了海空军之间相互联络的必要："海军与空军实有相互之关系，不可偏废，若偏重其一，或不相联络，皆非得计。"⑧

中国知识界这种三位一体建军思想的产生有着相应的观念和经验基础。其观念基础就是知识界对现代战争发展到立体战的认知。优空论者周一尘论道："现代战争由平面而立体，由陆军单独作战，进而至海陆军联

① 陈西滢：《海军与空军》，《独立评论》第 200 号，1935 年，第 12 页。
② 参见万文宣《空权时代的世界》，《新中华》第 12 期，1945 年，第 9 页。
③ 陶鲁书：《空军在国防上的地位》，《军事杂志》第 201 期，1948 年，第 14 页。
④ 林伟成：《空军独立论》，《航空杂志》第 1 期，1944 年，第 2 页。
⑤ 王师复：《海军制度之理论与实际》，《海军整建月刊》第 5 期，1940 年，第 16～18 页。
⑥ 郭寿生：《中国国防政策与海军建设》，《中央日报》1944 年 9 月 3 日，第 2 版。
⑦ 沙学浚：《空权时代与中国经济地理的变迁》，《东方杂志》第 16 号，1944 年，第 21 页。
⑧ 浙：《海军与空军》，《芥舟》第 5 期，1935 年，第 79 页。

络作战。由海陆军联络作战，进而至海陆空军联络配合作战，故以兵种武器不同，防御攻击之效用斯异，故今三者单独作战，鲜有不失败者。"[1]洪兰友也指出："在这战争工具发展的情形下所产生的战争，是一种海陆空的综合战争，由平面的战争进到了立体的战争。"[2] 此外，中国知识界这种三位一体建军思想的产生还和他们对第二次世界大战的切身感知密不可分。

结语

民国时期是近代历史上中西文化交流碰撞最为激烈的时期之一。其时西方流行的地缘政治学等理论，如马汉的海权论、杜黑的制空权等学说相继传入中国，并成为中国知识分子观察、分析国际政治问题的理论工具。继而，在救亡图存成为压倒一切的政治语境的 20 世纪三四十年代，海权和空权建设遂成为知识界有关抗战建国理论与实际问题思考的两个重要考量方向。考虑到知识界对该时期舆论话语权的强势把握[3]这一事实，他们这场有关优空与优海的论争在普及和树立这一时期中国民众积极、进步而理性的空权观与海权观方面有着重要的推动作用，进而不可避免地对该时期抗战建国的社会舆情产生重要影响。

透过这场知识界优空与优海的思想之争，我们可以一窥其时他们虽简朴但不失理性和前瞻性的军备思想。这场论争在丰富和发展近代中国军事思想内涵的同时，对于当下中国的国防建设也同样具有重要的价值启迪。（1）在无政府状态主导的国际社会中，顺应世界军备潮流，建设自主、强大、高效的国防力量永远是维持民族生存与发展的不二法宝。（2）一国科学有效的军事战略战术的制定要与现代军事技术的革新保持紧密的同步，战略战术部署与军事技术的错位只能带来战场上的失利和国家、民族的灾难。（3）在战争进入立体战、整体战的时代，国家安全的确保和国家利益的维护离不开海陆空三位一体的国防建设和战时多军种之间的有效协同，不可偏废其一和孤军作战。这一点，对于有着绵长海岸线、陆地边

---

① 周一尘：《建设强大空军》，《航空机械月刊》第 5 期，1944 年，第 1 页。

② 洪兰友：《对于航空建设应有的认识和努力》，《广播周报》第 190 期，1945 年，第 9 页。

③ 在一定意义上，这一时期知识分子几乎垄断了报纸、杂志以及学术协会（如航空建设协会、海军协会等）等重要的思想与舆论传播平台，他们借以向公众宣扬各自旨在救亡图存的路径与主张。

界，日益融入世界和海外利益和全球利益不断拓展的中国而言更是如此。
(4) 国防事业建设要有军用与民用兼顾的统筹和考量。商船和民航事业可以作为现代海军与空军的强大后备力量和有效补充，而海、空军事力量的发达也可服务于平时的国家建设，从而实现其助推经济社会发展的战略价值。

20 世纪三四十年代是包括海军学术、空军学术在内的中国现代军事思想萌生、发展并逐步走向成熟的重要阶段，这一点我们从这场论争折射出的思想中可见一斑。对该时期中国知识界军事思想观念的深入挖掘无疑对我们今天军事学学科建设和有中国特色的国防现代化建设有莫大裨益。鉴于篇幅和史料所限，上文只为抛砖引玉，借助有限的史料从一个片段尝试揭开中国军事学术思想的"冰山一角"，以期学界有更多的研究关注于此。

第三章　多元并举：建构永久和平之路

1941 年 8 月 14 日，英、美两国首脑共同签署了《大西洋宪章》——在中国彼时的知识界话语中有时也被称为《罗斯福丘吉尔联合宣言》。在该文件中，英美两国首脑共同宣示了战争与和平的总目标。太平洋战争爆发后的 1942 年 1 月 1 日，26 个国家发表《联合国家宣言》，并认可了《大西洋宪章》的基本原则，标志着世界反法西斯同盟形成，同时也使战后和平规划开始早早地进入人们的视野。在战争进行正酣、胜负尚不明朗时，包括中国在内的盟国官方和民间便已开启了战后和平建设的思考与规划，其间中国知识界更是以自己的智识为战后和平建设贡献了独特的智慧。

汪叔棣表达了国人这样做的初衷与动机："所谓战后永久和平也者，也决不是等到战争结束之后，就可以凭空创造出来的东西。而战后正义世界秩序的建立，也绝不能仅仅靠了战后国际会议席上少数代表专家们的一纸空文，就可予以实现。严格说起来，它们不过分别是我们当前这个从事大战最根本的决心，向先推进一步，再向先前推进一步而已。问题就是，我们必需要向引导一股洪流般的，时时刻刻把战争进行的方向，引向正义的世界秩序，引向永久和平的境地。那样，方可以收到水到渠成的功效。"[①] 故而，中国知识界不顾时局之艰，勇于担当历史赋予的责任，"冀求世界人类之如何和平相处，遂为政治知识界专心致意以研究之问题矣"。[②]

需要指出的是，抗战前后中国知识界持有的和平建设观有着现代的属性与前瞻性，除了传统的裁军倡议外，还着重强调了民生、教育、社会公正等为传统和平学所忽略的面向，体现出和平建设中国特色的政治智

---

① 汪叔棣：《由彻底胜利到永久和平》，《东方杂志》第 2 号，1944 年，第 1 页。
② 孙本文等编著《中国战时学术》，正中书局，1946 年，第 86 页。

慧。今天和平学研究中的积极和平理念在彼时已经为中国学者所提出。吴之椿在《和平观念的改造》一文中指出："如果人类长此逗留于平静虚空的消极和平观念，任何国际和平的企图，在思想与行动上，必属徒劳无功，毫无疑义。"① 他认为积极的国际和平建设工作应包含两个方面："其一，消除人类饥寒的恐慌，予以最低限度的温饱。其二，消除人类生活上的不安定，代以有保障的制度。"他在论及《大西洋宪章》第 5 条和第 6 条时评价道："人类在和平工作上的抱负，从未如此之伟大。大西洋宪章及其一流的文字，是国际关系，由消极的和平改造为积极的和平在思想上的转折点。"② 可以说，在近代以来的国际和平学研究界，这很有可能是最早明确对积极和平与消极和平内涵做出阐释的表述。

第一节　心理和平：二战结束前后中国
知识界的教育和平观

反法西斯盟国于第二次世界大战中后期开始构建的战后和平体系，在一定意义上确保了战后至今世界长达半个多世纪的整体和平。然而，当下国内学界对该时期盟国战后世界和平建设的关注主要集中在美英的战后和平构想与实践，而对中国尤其是知识界对战后世界秩序建设思考与所做的努力则缺少相应关注。③

抗战后期，中国因对世界反法西斯战争的卓越贡献跻身世界四强。大国地位的获取激励着中国知识界勇于担当"起世界之沉疴，挽人类之浩劫"的救世责任，进行了诸多构建战后和平的思考。其中难能可贵的是他们能跳出既往国际社会和平建设路径的窠臼，从教育层面来构建战后世界永久和平。在对二战爆发的教育层面起源形成认知的基础上，他们对教育改造在战后和平建设中的重要价值与方法等问题做了广泛探究。1944年 5 月，中国教育学术团体第三届联合会在重庆召开，就把"世界和平与

---

① 吴之椿：《和平观念的改造》，《天下文章》第 2 期，1943 年，第 14 页。
② 吴之椿：《和平观念的改造》，《天下文章》第 2 期，1943 年，第 15 页。
③ 标题中的"教育和平"一词系由笔者自主创设，借鉴了西方和平学研究中的"民主和平""贸易和平"等概念范式。

教育改造"列为讨论的中心议题之一。就此问题，与会专家提出了 12 份提案，对战后世界教育的目标、原则方案、措施等进行了检讨。①

本节试通过对这一时期知识界在报刊上发表和出版的论著的文本解析，对中国知识界教育视角下的二战起源反思、教育之于和平的独特价值、战后教育改造的理念以及中国传统文化在和平教育中的价值认知等加以梳理，对中国知识界于特殊历史情势下生成的教育和平观做一初步探究。

一、中国知识界对二战起源之教育层面的反思

确保战后永久和平的世界秩序的构建离不开对第二次世界大战起源的历史教训的总结。中国知识界多认为，在世界走向战争的过程中相关国家失当的教育体系扮演了重要角色。喻智微认为，"世界大战发生的原因，固然有政治、经济、种族和宗教诸项，但战争根源与教育关联最深"。②张治安也指出，"今日世界之血战根源，可知其与教育关联最深。教育不啻为推动战争破坏和平的利器，散播恐怖浩劫的种子，摧毁文化的毒素"。③ 因而，该时期中国知识界对法西斯扩张主义兴起原因的探讨，多注意到相关国家内部教育层面的战争起因。

具体而论，在中国知识界眼中，第二次世界大战的爆发很大程度上源于一战后国际社会和平建设的缺陷，即未对各国教育尤其是战败国教育制度予以应有的注意，致使侵略性的法西斯主义教育思想在相关国内传播。而"政治是教育的延长"④ 的逻辑则驱使这些国家走上了对外扩张的道路。关炎章把一战后和平建设失败的原因归为未能及早以教育的力量来指导各国国际道德及义务，致令侵略国得以教育为侵略工具，造成民族偏见，各以优秀自居，彼此嫉视，殆为主要原因。⑤ 一战刚过了二十年，为什么二战就接踵而至？对此，喻智微的解释是："凡尔赛和约剥夺了德国

---

① 汪家正：《提倡战后世界教育的研究》，《文化先锋》第 1 期，1944 年，第 3 页。
② 喻智微：《国际教育与世界和平（上）》，《智慧》第 44 期，1948 年，第 11 页。
③ 张治安：《社会教育与世界和平》，《教育与社会》第 2 期，1947 年，第 8 页。
④ 刘独峰：《国际学大纲》，平民书屋，1946 年，第 200～201 页。
⑤ 参见关炎章《战后世界教育的改造》，《新风周刊》第 4 期，1946 年，第 8 页。

一切权力，唯教育权安全无恙，此乃德国之大幸，抑或英美之失策。"①
在考察日本法西斯主义兴起的原因时，陶联城认为："其教育实予以莫大
之支持，即除外交与军事上之阴谋外，日本尚有教育上之阴谋。"② 故而，
罗忠恕提出战后"对德、意、日诸国之教育，似应加以监督，必需重新
教育其人民，改正其黩武思想，消灭其侵略野心，洗刷其谬误观念，培养
其爱好和平之精神，此种工作，虽至艰巨，实属必要，决不能以教育乃一
国之内政，而不能加以干涉也"。③ 这一认识的形成无疑是吸取一战后国
际社会和平建设失败教训的结果。

　　此外，知识界也对在轴心国挑起战争过程中扮演了重要角色的法西斯
主义教育的特质做了概括归纳，因为正是这些特质推动了相关国家走上扩
张主义之路。知名教育哲学家瞿菊农在反思法西斯国家兴起原因时，认为
其教育理论有四个特点，即反理性反科学、种族优越、全体权威、反民主
以及武力征服压制的教育。④ 李武忠在考察世界教育思潮时指出："法西
斯主义教育的主要内容是狭隘的国家观和自大的民族意识，此种狭隘的观
念与自大的意识实为引起战争的主要毒素。"⑤ 企平在论及对日本的改造
时说道：德日的教育实质是一种麻醉国民的教育。"在国家的立场，则以
战争为推行国家的政策的手段，和解决国际争端的途径；在个人，则以战
争为专业，为光荣的死所，因此自杀飞机也，集团切腹也，其背后的最有
力的动机，莫不出发于这一个教育的原因。"⑥ 刘独峰则把法西斯国家反
动教育的中心思想总结为崇拜武力、种族优越和领土扩张等。⑦ 因而，在
他们眼中，正是法西斯主义教育体系所具有的这些反动特性推动这些国家
走上对外扩张的不归路。

二、中国知识界对教育在战后和平建设中的价值认知

　　源于抗日战争带来的政治、经济、社会等情势的剧烈变动，教育开始

① 喻智微：《国际教育与世界和平（上）》，《智慧》第 44 期，1948 年，第 12 页。
② 陶联城：《日本教育之缺陷》，《新教育旬刊》第 7 期，1939 年，第 10 页。
③ 罗忠恕：《国际教育与世界和平》，《学生杂志》第 11 期，1945 年，第 11 页。
④ 参见瞿菊农《战后世界教育的趋势当然是民主的》，《华声》第 4 期，1944 年，第 5～7 页。
⑤ 李武忠：《世界和平与教育改造》，《现代周刊》第 5 期，1946 年，第 69 页。
⑥ 企平：《日本教育的彻底改革》，《中国建设》第 2 期，1945 年，第 8 页。
⑦ 参见刘独峰《国际学大纲》，平民书屋，1946 年，第 204 页。

被知识界赋予特殊的时代使命。瞿菊农认为：“教育活动作为一种以社会力量影响个人行为的过程，从教育的本质上和变形上讲，具有时代性和永久性的任务特征。”① 1945 年 8 月初日本广岛和长崎的核爆炸，标志着国际政治进入原子时代。而在这一时代，“怎样防止第三次世界大战的爆发，怎样寻求真正的永久世界和平，便成为当下教育上一个最紧迫、最重要和最远大的时代命题。”② 在中国知识界看来，教育负有对这一时代命题做出积极回应的历史责任。

中国知识界对教育在战后和平建设中价值的认知形成首先源自对教育的本质、社会效用与目的的认识。红色教育家钱亦石在论及教育的本质时认为：“教育是一种工具，在某种社会条件下，是帮助人类经营社会生活的一种工具。”③ 瞿菊农提出：“教育是推动社会进步，也是社会控制的一种方法。”④ 萧孝嵘则把教育的目的直接定位为“控制人类的行为和它的发展”。⑤ 程懋圭强调了教育活动社会价值的和平向度，他通过对教育本质横的和纵的方面的探讨得出结论：“真正的教育并非专重社会效率，或能力之发展等，而是主要地在倾向普天之下的人道生活之和谐；是谋整个环境之内外近远的因素之调适……所以社会效率，或能力之发展等也必须在助长和谐生长的条件之下几有意义。”⑥ 基于此，中国知识界把教育视为新时代进行社会控制、维持社会稳定的有效工具，并认为这一工具性是其固有的属性。

其次，中国知识界对教育之于和平建设价值认知的形成还基于一个逻辑前提，即战争根源于人类的精神和心理层面。陈友松认为：“盖世界问题，本来是一个哲学与思想的问题。如果过于强调物质因素而忽视了精神因素，则不管我们新世界建设是如何努力，恐怕结果还是功亏一篑。”⑦ 故而，“毫无疑问的是，永久和平的基础必须深深地奠立于人类的和平心理”。⑧ 在常道直看来，“锋利的兵器并非引发人类好战心理的重要因素；

① 瞿菊农：《抗战七年来的教育学》，孙本文等编著《中国战时学术》，正中书局，1946 年，第 38 页。
② 雷香庭：《和平与教育》，《广州大学校刊》第 17 期，1947 年，第 19 页。
③ 钱亦石：《现代教育原理》，中华书局，1949 年，第 22 页。
④ 瞿菊农：《战后世界教育的趋势当然是民主的》，《华声》第 4 期，1944 年，第 8 页。
⑤ 萧孝嵘：《战后的教育建设与心理建设》，《教育杂志》第 2 号，1947 年，第 18 页。
⑥ 程懋圭：《战后教育改造之基本原理》，《东方杂志》第 10 号，1944 年，第 12 页。
⑦ 陈友松：《新世界建设的展望》，《东方杂志》第 8 号，1945 年，第 7 页。
⑧ 汪家正：《战后世界教育的归趋》，《新中华》第 2 期，1945 年，第 41 页。

反之，好战的心理确然足以促成新杀人利器的发明制造和使用。"① 著名心理学家谭维汉也总结道："由于第二次世界大战使人类深感以战争求和平不是好办法，以政治、经济、军事来解决世界和平问题，也不过是理想而已。因战争起于人心，如果人类不良心理不是根本改变，战争永远不能消灭。"②

故而，在中国知识界看来，教育之所以能成为战后和平建设的关键，原因就在于它能直接作用于人类有关战争与和平的思想观念，是人类培养和平文化与和平心理的有效且重要的途径。对此，张君劢从心理与军事、经济、外交相关联的角度进行了阐述："教育者，全人类心理之所由以形成也，心理倾向和平，斯无不平和之军事经济与外交，心理倾向战争，斯扰乱世界之军事经济外交因之而起。然则谓新世界之能否出现，视乎教育可也。"③ 此外，陈科美、雷香庭和蔡彰淑等人的看法，如"教育的作用在于改造旧的心理，故个人或集体的心理（自大，自私，恐怖，成见等）需要改造时，亦必从教育入手"④，"战争是人类的一种集体的行动，一种有意的行为；这行为是受了人类意志的指使的：所以必须人们先平了自己的心，然后世界才可以望和平。想平了人们的心，转移人们的意念——厌恶战争，崇尚和平，教育实为唯一的法宝"⑤"欲求世界和平，必先从教育入手，因为教育是在人类思想上用工夫，人类的基本习惯上用工夫，它可以建立和平的思想，博爱的精神，在无形中消弭战争"⑥ 等，皆体现了教育能够改造人类心理进而影响外在行为的观念。可以说，正是基于教育改造人性、诱导人类心理止于至善的社会改造价值，中国知识界在要构建和平必先改造心理、欲改造心理必先改造教育上达成共识。

三、中国知识界战后以和平为旨归的教育改造新理念

在对二战的教育起源以及教育之于战后和平建设重要性形成基本认知

① 常道直：《基本教育与世界和平》，《教育杂志》第 3 号，1947 年，第 6～7 页。
② 谭维汉：《国际教育的新境界》，《广东教育》第 5 期，1947 年，第 33～34 页。
③ 张君劢：《国际会议中之战后世界教育方针》，《东方杂志》第 14 号，1944 年，第 23 页。
④ 陈科美：《和平的教育与战争的政治》，《申论》第 5 期，1946 年，第 4 页。
⑤ 雷香庭：《和平与教育》，《广州大学校刊》第 17 期，1947 年，第 19 页。
⑥ 雷香庭：《和平与教育》，《广州大学校刊》第 17 期，1947 年，第 17 页。

的基础上，中国知识界提出确保战后世界永久和平建设有效性必须兼顾对传统教育哲学理想、教育方法和教育目的的改造。张治安代表性地列举了各国传统教育思想体系之于世界和平的危害：（1）养成国民自私自利心理，爱己国不爱人国，遂至彼此争权夺利，不顾他国他民族的生存权利；（2）造成崇拜侵略英雄主义，直接间接鼓励青年霸道为荣，遂使世界公理无存；（3）造成民族偏见，各以优越自居，遂至互相敌视；（4）隔绝世界潮流，忽视人类之互助合作，互尊互爱的理性启发，遂至人类善良本性淹没。① 观念决定行为，朱炳干提出，要改变这些导致人类战争行为的世界观，必须借助于教育改造，原因在于"世界观的改组与重建关乎个人与社会行为的改变"，而教育表现个人与社会过程的生长与持续的各方面，与人类世界观的改变息息相关。② 为改造传统各国狭隘的具有民族主义和黩武主义特性的教育体系，使教育在战后担负起构建和平的社会使命，有着大国责任感的中国知识界主要提出了以下战后教育重建的新理念。

　　首先，教育制度的国际化设计。

　　战时中国知识界在论及战后教育的改造方向时，提出的一个重要思路便是战后教育制度的国际化安排，亦即战后把各国教育运行置于一个超国家的机构监管、指导之下，如国际教育局、国际大学以及世界教育学院等。汪家正在论及战后教育的趋势时提出："假如我们要想保证战后的永久和平，那么对于各国的教育措施，我们就不能不加以注意，精透的研究和严格的监察。"③ 楚图南认为："将教育，至少将大学这个阶段的教育，置于国际性的设计，国际性的组织和管理之下，不使任何野心家和侵略性的政客，甚至于任何狭隘的民族主义国家主义者所得而私有，所得而利用……歪曲真理……又非使教育置于超国家关系，超国家利害之上，不能实现。"④ 王云五在谈及战后之国际和平组织建设要义时也建议："战后之国际组织，宜特设国际教育机构，对各国教育宗旨与所采教材积极上导以国际人群互助自尊尊人之旨，消极上矫正流于促狭主义之弊。教育为百年

---

① 张治安:《社会教育与世界和平》,《教育与社会》第 2 期, 1947 年, 第 9 页。
② 参见朱炳干《新教育原理》, 商务印书馆, 1948 年, 第 2 页。
③ 王云五:《战后国际和平问题》,《东方杂志》第 4 号, 1943 年, 第 25 页。
④ 楚图南:《战后和平与教育问题》,《民主周刊》第 10 期, 1945 年, 第 4~5 页。

大计，永久和平实多赖之。"① 胡鸿烈甚至把国际教育视为战后国际机构建设的重要原则，认为教育是促进和平的最妙的方法。② 总之，基于"战后教育问题已不再是一国的事情，而是一个国际问题"③ 的认知，中国知识界视教育制度的国际化创设为构建战后世界持久和平的关键。

其次，以培养世界公民为教育目标。

世界公民教育的实质是对二战前各国传统偏执的狭隘国家主义教育的一种更正。随着近世交通通信技术进步带来的世界整体化进程的加速，在罗忠恕看来，传统以国家主义为中心的教育已经不合时宜，所有国家的教育目的"不外造成本国之良好公民，从无有以造成世界公民为理想者，近世因科学之发明，交通之便利，交换知识与思想之迅速已使分隔人类之空间，与自然之障碍，日益消除，无论居何地域之人民，皆以成为比邻，世界一家，为必然之结果"。④ 基于同样的理由，常道直认为新时代的国民需要一种新的国民精神，"前此所要求于国民的只是平时勤力生产，战时保卫国土；当代的国民还需同时自觉是一个世界的公民，深切地体认本国最高利益与全人类的最高幸福是一致的，并对于国际正义之伸张有切实的贡献"。⑤

关于世界公民教育的内涵，中国知识界从教育的目的、理想进行了界定。此种世界公民"首先使其与国际思想相协调，有为人类一分子的自觉，在这自觉的过程中，去掉自私与狭隘的国家观念，以最善的努力协同创造人类的安全与幸福"。⑥ 张治安认为，世界公民教育"在目的上应以启发人性，培养善于合群的健全公民为宗旨。并以消灭狭隘的爱国主义个人主义，含有危害人类集体安全的教育为急务；在理想上，更树立崇高而远大的天下为公，世界大同的理想社会的教育思想，培养其对国际关系之正确认识，以及对世界和平之神圣责任……不仅是一个爱己爱国的份子，而亦是一员爱世界爱人类的份子"。⑦ 中国知识界有关世界公民教育内涵

---

① 王云五：《战后国际和平问题》，《东方杂志》第4号，1943年，第8页。

② 参见胡鸿烈《战后国际和平组织之调整与建设》，《新认识》第3期，1942年，第32页。

③ 参见常道直《基本教育与世界和平》，《教育杂志》第3号，1947年，第4~5页。

④ 罗忠恕：《国际教育与世界和平》，《学生杂志》第11期，1945年，第10页。

⑤ 常道直：《基本教育与世界和平》，《教育杂志》第3号，1947年，第5页。

⑥ 陈礼江：《世界教育建设献议》，《教育与社会》第4卷特辑，1945年，第15页。

⑦ 张治安：《社会教育与世界和平》，《教育与社会》第2、3期，1947年，第11页。

的界定与战时美国知名学者詹姆斯·奎林的定义基本吻合。他认为："世界公民教育的目标包括理解、理想与能力。具体为理解合作的需要和实现合作的可能；勇于担负作为人类的一员所应担负的提高人类福利的个体责任的理想；能用他的智力而非不受限制的暴力和盲目的歧视来解决世界问题的愿望和能力。"①

再次，倡导以教育公平为诉求的平民教育。

20世纪三四十年代中国的平民教育是以平民大众为对象的全民教育，其追求的是教育机会的平等。在抗战后期谋划世界永久和平的过程中，中国知识界赋予了其独特的国际政治价值。早在一战结束后，近现代著名教育家蒋梦麟就认识到了平民教育的和平构建价值："平民主义愈发达，则其和平之基础愈固。故欲言和平之教育，当先言平民主义之教育。"② 平民教育家晏阳初认为："社会上如果一天没有承认平民教育的重要，不把平民教育作为立国的生命，立世的生命，社会就不平一天。非社会平等，人人受教育，世界决不能和平。"并且认为："和平要永恒，就得奠基于民众之上。人类历史，经过了第二次世界大战的血洗人心，人们站在新的旅程上，迎接新的世纪，这是一个最新的契机，也是一个最后的契机。"③ 邹鲁甚至把高等教育的普及以及随之而来的全人类知识的平等视为实现战后真正和平的捷径，是解决战争问题的治本办法。④ 这些观念反映了中国知识界试图通过借助教育的力量对大众进行理性启蒙，进而打下和平的思想基础的主张。

最后，提倡国际和平教育儿童化。

中国知识界倡导战后国际和平教育的开展应从教育对象的幼年时期做起，并对需要向儿童灌输的和平理念做了梳理、提炼。张怀认为："由儿童教育做起，建设儿童心理，才是在根本上解决国际和平，防止人类斗争的彻底办法。"⑤ 近代教育家赵廷为则提醒远东区基本会议代表："欲根本消弭战祸……须从基本教育入手……使下一代的儿童明是非之辨。客观的

---

① James Quillen, "Education for World Citizenship", *Annals of the American Academy of Political and Social Science* 235 (1944): 122.
② 蒋梦麟：《和平与教育》，《教育杂志》第11号，1919年，第5页。
③ 晏阳初：《为和平而教育世界》，《新教育》第11期，1947年，第7页。
④ 参见邹鲁《教育与和平》，《东方杂志》第21号，1944年，第2~8页。
⑤ 张怀：《国际和平与教育》，《广播周报》第96期，1948年，第3页。

事实必须要尊重；欺人之言必须要揭穿；成见必须要破除。用正确的思考来研究国际的问题，下一代的儿童及青年应该要了解白皙人种的优越乃是一种偏见，'强权即公理'一语实属谬误，爱自己的国家而损害他国利益，完全是偏狭自私……使知人类的相互依赖，世界的不可分割性等。"①

蔡彰淑在论及教育人类的和平关系时也强调："尤其在人类的儿童期，我们如能用教育发展其慈爱和同情的美德，遏止其自私和倔强的偏性及发怒与争胜的本能""把世界上各种族的儿童教育成互助合作，平等博爱的美德；同情牺牲，舍己为群的果敢行为；无类无界的伟大人生观，则可奠定人类和平基础而使和平永存于世。"②

四、中国知识界对中国传统文化之于教育改造价值的解读

抗战后期，中国忝列四强的情势激发了中国知识分子身为中华民族一员的自豪感、自信心，也促使他们重新认识、挖掘中华五千年的本位文化所蕴含的和平教育价值，并把其视为汪叔棣提出的"人类面临的重大时代课题之一：什么是我们全人类应该接受的教育精神？"③ 这一命题的答案。

在论及战后世界教育建设的指导思想时，中国知识界基于世界相互依存的现实，倡导打破地域畛域，以世界而非以国家为中心的教育理想。而这种教育理想的践行，在他们看来，关键在于中国儒家大同文化的推广。黄玉璋认为："中华文化特质，即是天下为公的博爱精神，其反应于教育者为大同主义之人生。"④ 周绶章通过对欧美各国教育思潮的考察，得出"世界各国的教育思想都趋向于偏狭的国家主义、自私的民族主义和个人主义"的结论，因而"中国的传统教育精神，便有了新的价值和作用，可能对世界和平有所贡献"。在他看来，中国的传统教育精神要义以"公天下"为重，在"修、齐、治、平的大同教育大纲中，以平天下为最后

---

① 赵廷为：《向远东基本教育会议代表请教——兼论基本教育与国际和平》，《教育杂志》第3号，1947年，第2页。
② 蔡彰淑：《教育与人类的和平》，《教育半月刊》第5期，1946年，第17~18页。
③ 汪叔棣：《迎接战后新世界》，《东方杂志》第1号，1943年，第19页。
④ 黄玉璋：《教育与和平——献给联合国教育科学文化组织首届大会》，《豫教通讯》第2期，1946年，第6~7页。

的归宿"。所以，如果要谈真正的世界和平，则世界大同，天下一家的思想应为各国教育思想的极则，否则不能大同，也就难保和平，更谈不上永久了。① 王之平把导致人类相残的观念原因归结为三点，即偏重物质、资本主义和帝国主义，认为只有借助中国的大同学说才能消除它们。原因在于大同主义"政教本于五伦，人人皆得其所，人人皆化于善，精神物质并重也；货不藏己，力不为己，资产公有也；讲信修睦，协和万邦，破种族国家之畛域也"② 的特性。陈劭南甚至把大同主义教育理想元素视为人类世界教育的最高原则。③ 因而，知识界的这些论点都充分肯定了中国传统大同文化所蕴含的和平精神内核。

此外，中国传统的王道文化承载的和平教育价值也得到广泛认可。何为王道？在张齐贤眼中，王道的基本精神为："在博爱、忠恕、亲仁善邻，在世界大同。遵之则人类安定，弃之则秩序混乱。"④ 喻智微对王道的解释是："以中国数千年的固有道德，仁、义、礼、智、信为基础，不仅以发扬自己民族的文化为手段，且进而预谋发展各民族文化为目的。"他还通过对比西方的霸道文化，得出结论："只有从中国的王道文化做出发点，继能开创世界和平的新天地。只有用王道文化的手段去消灭集权国家的侵略思想，继能实现永久的真正的和平。"⑤ 何键在对比王道与霸道的内涵时，特别强调了中国王道文化以及中国在战后世界中的地位："将来世界和平之日，自然是王道大行之时。我国是王道政治与大同思想发祥之地，更应该发扬传统的优良政治，以顺应世界潮流，为人类造福！为万世永保和平！"⑥

结语

"化民成俗，其必由学"，"善政之，不如善教也"。早在春秋战国时期，先贤们就已经注意到了教育在改变人类观念行为方面的积极作用。到

---

① 参见周绶章《教育思想与世界和平》，《文化先锋》第 2 期，1946 年，第 5 页。

② 王之平：《大同主义之研究》，天地出版社，1943 年，第 34 页。

③ 参见陈劭南《明日的世界教育》，《民族文化》第 1 期，1944 年，第 4 页。

④ 张齐贤：《东方王道精神与世界大同》，《江苏月刊》第 2 期，1941 年，第 35 页。

⑤ 喻智微：《国际教育与世界和平（下）》，《智慧》第 44 期，1948 年，第 10 页。

⑥ 何键：《王道与霸道》，《新中华》第 1 期，1944 年，第 8 页。

了近代，惨绝人寰的第二次世界大战的爆发在很大程度上源于法西斯国家民众中普遍存在的种族优越主义、黩武主义和独夫式英雄主义等狭隘、偏执、极端观念的事实，推动着战时胸怀"平天下"情怀的中国知识界在借鉴先贤智慧的基础上，探索以教育改造的方式来奠定人类和平的心理基础，进而构筑战后世界永久和平大厦之基的路径。

鉴于二战未能避免的教训，战时中国知识界尤其是教育界知识分子以他们特有的智识前瞻性地直接或间接提出了战后至今仍流行的先进和平教育理念，如倡议天下为公的世界公民教育、消除民族间存在的歧视、偏见和畛域的国际理解教育、跨文化教育以及和平教育等。不能否认的是，这些以建设和平为导向的教育改造方案多少带有一定的理想主义色彩，没有充分注意到各国教育思想民族主义本位现实的顽固性，并且缺少具体、系统且操作性强的实践措施，但仍不失理性思考的特性，并成为国际社会探求建设永久和平的富有建设性的路径。他们的这些思考为今日世界和平发展的实践提供了有价值的启迪，也为国际政治学中的和平学研究提出了许多有待深入探讨的课题。

需要特别指出的是，中国知识界对战后世界和平建设的贡献并未止于理论思考层面，他们也代表中国政府积极参与了盟国战后和平建设的实践。1945 年 11 月联合国教科文组织预备会议在伦敦召开，胡适、瞿菊农、杨公达以及赵元任等作为代表出席；1946 年 11 月 19 日，联合国教科文组织正式会议暨成立大会在巴黎首次召开，知名教育家、浙江大学校长竺可桢以及赵元任、瞿菊农、胡天石等作为代表出席了会议。他们在这些会议上都做了重要发言，并提出了改良性建议和提案，为战后世界和平秩序的构建做出了应有的贡献。

第二节　仓廪实而知礼节：20 世纪 40 年代中国知识界的民生和平观

在第二次世界大战胜利前后的几年里，反法西斯盟国面临两个重大现实问题：一是如何赢得当下的战争？二是怎样赢得战后的和平？其间，西方社会的政治精英与和平主义者在吸取一战后和平建设失败教训的基础上提出了许多富有创见的方案，但他们更多的是从国际政治体系改造入手，比如建立世界性和平组织、成立世界联邦、加强国际法、推动裁军、构建均势以及完善集体安全机制等。

在这些传统和平构建的路径之外，基于对第二次世界大战起源的考察，中国知识界的战后和平建设思想还普遍具有的一个特征就是对经济因素的重视，亦即从提高人民生活水平、平均分配物质以及加强社会保障等方面入手，探讨维护社会稳定的因素，呼吁通过改善民生来达到建设世界和平的目标。这一思考路径在近代世界和平思想发展脉络中无疑是一个有特色的创见，深受中国传统政治哲学中大同思想的影响。

一、中国知识界话语中民生的内涵

谈及中国知识界持有的民生和平观，首先应该了解中国知识界眼中的"民生"意为何指。稽诸史乘，"民生"一词最早出现于《左传·宣公十二年》中"民生在勤，勤则不匮"一句，表达了古人朴素的民生思想。战国时期孟子明确提出"民为贵，社稷次之，君为轻"，他的贵民思想对后世影响巨大。到了西汉初年，贾谊对民本思想做了进一步阐述，告诫当权者国家的安危决定于民，要"以民为本""富民利民"等。盛唐时期，柳宗元提出"吏为民役"的观念，把古代民本思想提升到一个新的高度。此后，明代吕坤、清代黄宗羲也都就民本思想多有论述，提出了许多经世致用、改善民生的方法。由此可见民生思想在中国产生和发展的历史之悠久，构成中国知识界民生和平观的重要思想来源。

这一时期影响中国知识界民生内涵构建最深的还是中国古代的大同学说及其近代衍生思想——孙中山的民生史观。邓公玄在提到战后世界和平建设的指导思想时指出："我们必须本着先圣先贤以天下为公的'大同主义'和'王道原则'，及三民主义的民族平等的理想做我们的建议的基础，然后不仅可以实现我国的正当要求，同时也还能够达到世界永久和平与集体安全的伟大目的。这是我们中华民族应有的义务，同时也是我们应有的权利。"[1]

古代大同思想出自《礼记·礼运·大同》：

---

[1]　邓公玄：《到世界永久和平之路》，《华侨先锋》第 3 期，1943 年，第 47 页。

大道之行也，天下为公，选贤与能，讲信修睦，故人不独亲其
亲，不独子其子，使老有所终，壮有所用，幼有所长，鳏寡孤独废疾
者皆有所养。男有分，女有归。货，恶其弃于地也，不必藏于己；
力，恶其不出于身也，不必为己。是故谋闭而不兴，盗窃乱贼而不
作，故外户而不闭，是谓大同。

它为世人描绘了理想中美好社会的建设图景，成为历代先贤国治的最
高政治理想和所能达到的最佳境地。其中充满着对民生的关切，就业、养
老、弱势群体的社会关怀和扶持、经济的发展、社会的安定等，无不强调
了民生在美好社会图景建设中的地位。

这一时期，孙中山的民生史观及其具体化的产物——民生主义思想也
是中国知识界民生和平观的重要理论来源。孙中山的民生史观的形成基于
对"民生"的认识。在他看来，"民生是社会一切活动的原动力。因为民
生不遂，所以社会的文明不能发达，经济组织不能改良，和道德退步，以
及发生种种不平的事情。像阶级斗争和工人痛苦，那些种种压迫，都是由
于民生不遂的问题没有解决。所以社会中的各种变态都是果，民生问题才
是因"。① 1924 年，孙中山作了主题为"民生主义"的系列演讲，首次对
民生内涵做出解释："民生就是人民的生活——社会的生存、国民的生
计、群众的生命便是。"② 对民生内涵，他还进一步做了明确说明："吃
饭"就是"民生"第一个需要，"民生的需要，从前经济学家都是说衣食
住三种，照我的研究，应该有四种，于衣食住之外，还有一种就是行"。③

基于孙中山的民生思想，孙介君对民生主义做了进一步的阐释，认
为："三民主义的民生主义，就是从民生史观的基础出发，欲使人民获得
经济上平等地位，富则同富，乐则同乐，不宜有贫富阶段的悬殊，而陷社
会于竞争悲苦之境。"④ 还有知识分子把这种民生主义与经济民主的观念
并列，"经济民主"是在经济方面给予人民以自由平等和享有。这里所说
的"自由"主要是指"不虞匮乏的自由和免除失业的自由"，这里所说的
"平等"是发展经济和教育机会的平等。经济民主的目的在于给予人们一些

---

① 《孙中山选集》，人民出版社，1981 年，第 835 页。
② 《孙中山全集》第 9 卷，中华书局，1989 年，第 356 页。
③ 《孙中山全集》第 9 卷，中华书局，1989 年，第 411 页。
④ 孙介君：《三民主义与世界永久和平》，《青年中国季刊》第 2 期，1941 年，第 23 页。

自由平等的办法，使社会财富能有合理的分配，使人民公平享有经济进步的成果。就其性质来说，经济民主是一种民生主义的经济制度。①

二、中国知识界对二战民生起源的反思

近年来，学界对二战起源的探讨日益关注的一个方向就是其经济社会根源，尤其是聚焦于 1929～1933 年世界经济大萧条对各国国内经济与社会秩序带来的冲击，进而对世界和平造成的破坏问题，暗含民生与和平维持之间的密切关系。第二次世界大战爆发后，尤其是在构建战后永久和平的思考中，中国知识界对二战起因中的民生因素也做了诸多探讨。

周谷城也认为经济之不民主，乃战祸之源、世界不宁之源。他反思战争起源时论述道："全世界竟陷入苦战之中，此何故与？曰经济方面之不民主所生之恶果有以促成之也……此种不民主之恶果，即为经济恐慌……资本家……意欲反损，其势惟有工厂闭门，驱多数劳动者于工厂之外；无产劳动者离工厂而入社会，社会失业人口骤增，又呈不安，是曰社会恐慌；社会恐慌乃随经济恐慌而生者也。"又道："此次世界大战，几可认为德意日等国对此难题解决方法错误所酿成。"② 马哲民也认为，二战的直接原因是法西斯的侵略，根本原因还是政治经济不平等，"我们试一论究这一次世界大战爆发的直接原因，固起于法西斯集团之侵略，而其祸根之所在，实即为国父所指示现代世界之国际不平等，政治不平等，经济不平等所发生之当然得结果"，"我们知道，近代资本主义经济结构，是营造社会问题，发生一切经济的，政治的，文化的，国际的不平等的根源。我们在此次大战后，如不能将各个国家之资本主义加以改造，实现国民间与国际间之经济平等，则所为社会问题，民主问题，民族问题等等，只会扩大，不会解决"。"我们试想，如能实现我们国父所主张之国际平等，政治平等，经济平等的大同世界，则一切战争的原因根本消灭，永久的世界和平，人类的共同理想也即实现。"③

张国安从各国经济政策冲突、各国立国经济主义冲突、经济生产机构

---

① 伍启元：《民主经济与经济民主》，《自由文摘》第 5 期，1946 年，第 5 页。
② 周谷城：《论世界民主政治之最后胜利》，《东方杂志》第 6 号，1944 年，第 9 页。
③ 马哲民：《战后世界和平与世界政治》，《大学月刊》第 11 期，1942 年，第 2 页。

之变动三个方面阐述了第二次世界大战爆发经济动因。他认为："政治既大半随经济制度转移，故国家政治设施，对内不得不着重资产势力……而对外不得不求发展本国之政治经济实力……对外探取倾销过剩品，争夺原料，强占弱小国家领土……人类大劫遂应运而生。"①

总之，在中国知识界看来，政治经济发展不平衡引发的社会问题和经济恐慌，是法西斯为争取生存空间发动战争的根本动因。法西斯主义者之所以能鼓动全国人民参战，则是因国内民生凋敝，人民生活得不到保障。中国知识界正是基于这种认识，认为只有提倡民生，保证人民稳定的生活，才能建立政治经济大同的世界，他们认为只有达到大同境界，才能永保世界和平。如祝世康指出，"人类经过第二次世界大战，已经饱受了呻吟挣扎的痛苦。为求生而发生物欲，因物欲而弄到残杀。这种自相矛盾的途径，已有许多人觉悟其错误了。故各国对于现有的经济制度，已发生了深切的怀疑。但这种严重的世界问题，决不是科学所能单独解决的。唯有将富有哲学基础的民生主义推动起来，使成为全世界的中心思想，才能改造社会，达到世界大同的终极目标"。② 在他看来，只有顺着民生主义，达到大同世界，方可制止战祸。③

三、民生和平观主导下的战后和平建设举措

由上可知，民生主义被中国知识界视为战后世界和平建设的关键指导思想，民生建设是世界和平建设的重要一环。在中国知识界眼中，战后规划的中心工作自然而然落在各国经济社会制度的改造上，正如刘独峰指出，"具有一个正确世界观的人，对这次世界战争爆发的看法，必然是站在现代的社会经济制度上去寻求根因的。于高唱世界改造之中，提出民生主义的主张，因为今后欲树立永久和平的基础，应当注意到经济方面的因素。将各国的经济制度彻底改善，从根本上消灭人类间的剥削关系。否则虽然暂时获得了暂时的军事上的胜利，将来第三次世界大战的生殖细胞，还是隐伏在和平条约之中，毁灭人类的战争屠杀，仍是难以幸免的"。④

---

① 张国安：《世界永久和平之症结及其出路》，《学思》第 12 期，1942 年，第 8 页。
② 祝世康：《民生主义与世界改造》，正谊书店，1943 年，第 5 页。
③ 参见祝世康《我的大同学说》，《新中华》第 7 期，1943 年，第 67 页。
④ 刘独峰：《国际学大纲》，平民书屋，1946 年，第 72 页。

在中国知识界看来，为确保战后世界各国人民的普遍繁荣和民生的提高，必须在国内和国际两个层面革新垄断性质的资本主义制度，以至最终废除。唯有如此，各国国内经济和世界经济秩序才能平等、开放、自由地运行并走向互助的道路，世界和平才能可期。

（一）对各国国内经济制度的改造

在中国知识界看来，资本主义制度本身的弊端，亦即剥削与财富分配不均，是现代战争的重要起因。要想确立、维护战后世界的永久和平，必须以民生主义改造资本主义制度。陈世材指出："于高唱世界改造之际，提出民生主义的主张，因为今后欲树立永久和平的基础，应当注意到经济方面的因素。将各国的经济制度彻底完善，从根本上消灭人间的剥削关系。否则虽然暂时获得了军事上的胜利，将来第三次世界大战的生殖细胞，还是隐伏在和平条约之中，毁灭人类的战争屠杀，仍是难以幸免的……唯有将富有哲学基础的民生主义推动起来，成为全世界的中心思想，才能改造社会，才能达到世界大同的终极目标。"[1]

具体而言，以和平建设为导向的经济制度改革的第一个方面，也是实现经济民主的第一个步骤，即废除各国的金融独占资本。在沈志远看来，经济民主只通过生产资料公有化的社会主义改造方式才能彻底实现，但他认为，这在现阶段不合乎历史的现实，暂时还是超越历史阶段的理想。最现实的是改良各国资本主义制度。他指出了改革的两大原则："要在资本主义基础之上来实现经济民主的原则，我想迫切的中心任务是在一面至少要严格限制乃至要完全消除少数资本贵族的财富独占，一面消灭人民大众的普遍贫乏和失业，使人人有权享受丰衣足食的生活。这是今后实行经济改革所必须做到的两大原则，离开了这两大原则底任何一个，经济民主是不能想像的。"[2]

社会经济制度改造的另一个方面是建立经济互助制度，以确保财富在社会不同阶层间更平等地分配，构建全民福利社会，全面提高各国民众生活质量，建立大同的世界。祝世康基于对历史经验的回顾与分析，强调了互助制度在战后和平建设中的意义："我们从这个经验观察，世界和平的

---

[1]　陈世材：《战后世界和平怎样才能持久》，《天下文章》第 2 期，1943 年，第 18 页。关于资本主义之于和平流弊的分析，还可参见周呈书《从经济观点论战后世界和平》，《胜流》第 5 期，1945 年，第 19 页。

[2]　沈志远：《从经济制度展望世界和平》，《大学》第 3 期，1945 年，第 38 页。

关键显然是在乎经济方面。除非完成了互助的经济制度，和平是永远不容易实现的。换言之，如保留了资本主义以谈和平，不啻是痴人说梦了……资本主义是以剥削为出发点，世界和平应以互助做基础。"①

在中国知识界看来，民生主义的落脚点在于改善、提高民众的生活水平，这是维持社会稳定不可缺少的一环。吴泽炎在介绍英国战后规划时说道："这次的战争，诚如英国当代第一流的思想家 J. 赫胥黎所指出的，不仅是寻常意义的战争，而且也是一种革命，战争的直接目的固然在于击溃以暴力侵略为基础的轴心势力，但同时也要求改造'现状'，以社会全体福利的基本概念来代替专为个人打算的利润动机。社会全体福利中最重要的前提，便是每一个人在经济上有绝对安全的保障。"② 张忠绂谈及世界和平建设工作的重心时，提出其中之一便是："普遍提高各国人民的生活程度，使各国人民均能安居乐业，无虞溃乏。必如是而阶级间（与国际间）的仇恨或嫉视可以肃清。"③ 对于如何提高各国人民的生活水准，马哲民列举了三项措施：一是改造资本主义乃至封建的或殖民地的种种不平等的经济生活，实行社会化生产与合理分配，消弭国民之间或国家之间经济上的冲突；二是实现普遍的民主，消除专制，去除政治和法律上的区别；三是实现国民文化生活的提高与教育机会均等。④

（二）对国际经济关系的改造

在中国知识界看来，战争的根源既在经济。那么，欲求世界的永久和平，最根本的办法就应从改造世界的经济关系着手。沈志远指出："现代的战争也同样是世界性的，现代的和平也同样是世界性的。和平不可分割这一真理，其经济上的根源，亦在于此：只有把世界经济（尤其各国的经济制度和国际的经济关系）改造在一种合理的基础之上，使之不再产生足以引起战争的那种不可解决的矛盾，和平才能得到全面的保障。"⑤

第一个方面是废除殖民地制度。在中国知识分子看来，经济民主、

① 祝世康：《民生主义与世界改造》，正谊书店，1943 年，第 129 页；邓鸿儒：《三民主义与世界战后和平》，《华南学生》第 4 期，1943 年，第 5~6 页。
② 吴泽炎：《英国战后社会建设计划——介绍比维里琪社会保险计划》，《东方杂志》第 8 号，1943 年，第 10 页。
③ 张忠绂：《战后和平工作的重心》，《军事与政治》第 3 期，1942 年，第 2 页。
④ 参见马哲民《战后世界和平与世界政治》，《大学月刊》第 11 期，1942 年，第 5 页。
⑤ 沈志远：《从经济制度展望世界和平》，《大学》第 3 期，1945 年，第 33 页。

经济平等的观念同样适用于国家之间的经济关系："所谓经济民主这一原则，是不应该有国界的。这种原则不只适用于一国以内，同样的也适用于国与国间，适用于全世界的……一国产业的繁荣应以各国的繁荣为基础，而决不能再如今天以前一样，建立在大多数国家的落后和贫困上，只有当全世界一切民族（或国家）都获得了经济上的平等自由，都享受到了丰足富裕的生活而经常地欣欣向荣时，任何一国的繁荣才有了坚实的基础和完全可靠的保障。"在他看来，实现国家间普遍经济民主的第一个方面就是经济上的殖民地制度。因为，在此种制度下，"三分之二以上的大多数人民处在这种剥削奴役之下，且因而长期陷于贫乏、凋敝和落后的境况中，试问世界如何会有繁荣的保障和安全的希望呢？"[1]

第二个方面是倡导国际经济的合作互助。在段叙良看来，要想建立世界的永久和平，必须使人类确立起三种信念。其中，第三种是经济协调与世界大同。这就是要人们首先认识人类一切经济活动，其目的乃在增进民生幸福，而非在私人的享受，因此一切生产以养民为目标，而非以赚钱为目标，既然生产以养民为目标，故生产与消费密合，经济恐慌无从发生，既然生产不以赚钱为目标，故一切榨取掠夺均将消灭，劳资纠纷无从构成，而至于国外榨取殖民地的现象也将一变而为共存共荣、互利互惠的经济关系，资本主义各强国对立冲突的现象也将消灭于普遍的经济繁荣之中，终臻于世界大同之域。至此，一切贪鄙的经济掠夺和由此而发生的资本帝国主义都自然消灭了。[2]

在中国知识界看来，经济上的闭关主义是国际经济协调实现的一障碍，也是世界繁荣的桎梏，必须打破。[3] 周呈书提出了战后国际经济合作的五条意见：原材料之合理分配；国际贸易之协调开放；国际金融方面，设置国际货币基金；国际资本技术合作；国际交通之便利等。[4] 目的都在于确保各国的普遍繁荣、人民生活水平的提高。1943 年 4 月，《经纬》杂

---

[1] 沈志远：《从经济制度展望世界和平》，《大学》第 3 期，1945 年，第 38～39 页。

[2] 参见段叙良《世界和平之路》，《新认识》第 1 期，1941 年，第 50～54 页。

[3] 参见邹文海《经济国家主义与世界和平》，《认识》第 9～10 期，1943 年，第 2～8 页。

[4] 参见周呈书《从经济观点论战后世界和平》，《胜流》第 5 期，1945 年，第 19 页；浦薛凤：《"中庸"与世界和平设计》，《世界政治》第 2 期，1943 年，第 2～3 页；黄宪章：《从国际贸易与金融上展望世界和平》，《大学》第 3 期，1945 年，第 25～32 页。

志社组织了一批知识界在杂志社召开关于战后问题的座谈会①，陈尧圣在会上指出："今后国际和平将建立在健全合理化的国际经济上……完善的经济秩序应具备左例各原则：（一）世界资源之分配，应顾及各国之利益，并应强调其国际化。（二）国际贸易应有最大限度之自由，但以不妨害工业落后国家之工业建设为限。（三）世界各地之经济应有平衡之发展。（四）殖民地之统治设委员会管理之，当地人民福利之增进及殖民制度之最后废止，须为管理之最终目标。"②

彭萍在关于如何确立永久和平的讨论中，也特别强调了人类社会的互助原则的重要性，"必须切实保持人类社会之进化。以人民生活问题为中心，人民生活不有合理解决，生产发达的国家对于生产落后的国家富源的开辟予以物力上与人力上的协助，务使地尽其利，物尽其用，人尽其才，而后人类共存共荣之生活才可以目睹"。③汪叔棣也强调，战后最需要最高国际组织去完成的一个任务是经济问题，推动发展不平衡的地区国家互通有无，资本和资源富裕、技术发达的国家援助落后国家。④

结语

在中国知识界生成的和平观体系中，民生和平观是比较显要的一个范畴。它的生成既是中国传统政治哲学大同主义浸润的产物，也明显受到孙中山三民主义哲学中民生主义世界观的影响，带有朴素的唯物主义的色彩。

在中国知识界民生和平观的逻辑中，国内资本的垄断和自由竞争造成了阶级剥削，广大人民穷困潦倒，导致国内购买力不足，引发国内经济危机，资本主义为缓解危机，开始通过抢夺殖民地方式，对海外市场展开竞

① 参加人有邵力子、周亚卫、王芃生、王冠青、胡秋原、傅学文、王家红（鸿）、陈尧圣、李维城、唐乃建、徐鸿涛和萧作霖等社会名流。
② 陈尧圣等：《经纬座谈：战后世界和平问题》，《经纬》第11期，1943年，第14页。关于和平建设导向下的经济秩序的重建，还可参见刘光华《论世界和平》，《新中国月刊》第4期，1945年，第2~8页；吴显齐：《文化先锋》第10期，1944年，第7~9页；宋安：《战后世界和平的展望》，《防空军人》复刊第2期，1943年，第56~60页。
③ 彭萍：《如何确立永久和平》，《侨声报周刊》第5期，1943年，第4页。
④ 参见汪叔棣《由彻底胜利到永久和平》，《东方杂志》第2号，1944年，第4~5页；彭赫生：《战后世界和平的前途》，《改进》第1期，1945年，第3~5页。

争和垄断，进而导致帝国主义国家间的战争。而帝国主义对殖民地的掠夺、剥削和奴役，导致殖民地人民的经济困苦，又必然引起殖民地人民的反抗，和平也就难以为继。因而，他们得出结论：战后实现和维系持久和平，必须在国内和国际两个层面对经济秩序进行重建，建立公平开放、互助合作的经济制度体系，借此来确保战后各国的普遍繁荣和人民生活水平的提高。

从不为一般政治家关注的民生层面来建设战后持久和平的思维是中国先贤大同理想在近代的反映和实践，也是基于对近代以来战争根源的反思。这种和平建设思维超越了传统的消极的和平建设偏于政治军事范畴如只重视集体安全、裁军等方面举措的不足，强调从根源上消弭战争的诱因，具有现代和平学思想中积极和平的特质，是中国知识界对世界和平建设贡献的重要智慧。

第三节　从绝对到有限：20 世纪三四十年代中国知识界战后和平构想中的新国家主权观

国家主权学说自欧洲近代早期发端以来，其价值功用在政治学、国际关系和国际法学界一直备受争议。而第二次世界大战的爆发使国家主权学说在理论与实践方面再次面临重大挑战。20 世纪三四十年代，中国知识界克服时局之艰，勇于担当历史赋予的大国知识分子的社会责任，"冀求世界人类之如何和平相处，遂为政治知识界专心致意以研究之问题矣"。[1]

在中国政治知识界谋划战后世界和平建设蓝图的思考中，多认为传统狭隘的国家主权观念是国际政治中众多问题存在的根源，故而他们关注的一个重要视角就是战后传统国家主权走向问题。本节试图在抗战后期盟国胜利曙光已现、反法西斯盟国政学各界开始规划战后世界持久和平这一大的历史背景下探讨中国知识界以构建和平为导向而生成的国家主权观，并对知识界新国家主权观产生的动因、维持战后世界和平必需的国家主权观

---

① 孙本文等编著《中国战时学术》，正中书局，1946 年，第 86 页。

特质、知识界新国家主权观产生的思想渊源以及其时代遗产做一探究，希冀对我们当下建立与变动的国际环境和国家利益相协调的国家主权观有所裨益。

一、中国知识界对传统国家主权危害和平的认知

推动中国知识界对传统国家主权进行反思的直接动因是他们对传统国家主权与战争之间存在密切关联的认知，而第二次世界大战的爆发则起到了催化剂的作用。需要说明的是，知识界眼中的传统国家主权的内涵和外延主要限于国家主权的外在属性。所谓"外在"，周鲸文解释道，"外部主权是用来形容一个国家对其他国家的态度"[1]，即指内部主权（Internal Sovereignty）的对立面外部主权（External Sovereignty）。所谓"属性"，在张奚若看来，"言其性质者，有谓主权无限制，有谓有限制；有谓可分，有谓不可分；有谓可让弃，有谓不可让弃"。[2] 可以说，知识界的绝对与相对即就主权性质而论。马质也对主权性质的绝对与相对这一范畴做出了阐释与界定："以主权为唯一不可分，故得而并称之曰绝对，以主权为独立不可抗，故得而并称之曰无限制。"[3] 由此可知，中国知识界所指的传统国家主权的特征，即一国作为国际社会一员在与他国交往中表现出的主权无限制的、不可分的和不可让渡的特性。

中国知识界对传统国家主权学说持批判态度的基本依据是它的存续会阻碍国际社会政治、经济以及安全合作的顺利开展。陈世材在探讨战后国际合作前景时指出："阻碍作为人的本能的国际合作的一个政治阻力就是现代国际政治中，在思想上有所谓'主权至高'的观念，在实际上有所谓'一致同意'的原则。"[4] 孙云畴在考察二战起源时对二战的定性是：它"代表两种政治思想的冲突：一种可称为主权思想，另一种可称为国际法思想。""'大我'是'小我'的反面；平等，合作是不平等，竞争的反面，前者是国际法思想的特性，后者正是主权思想的特性。"[5]

---

[1] 周鲸文：《国家论》，著者自刊，1935年，第155页。
[2] 张奚若：《主权论》，商务印书馆，1929年，第2页。
[3] 马质：《主权论：专论二》，《庸言》第11号，1913年，第11页。
[4] 陈世材：《国际合作之前途》，《东方杂志》第4号，1944年，第2页。
[5] 孙云畴：《主权与国际法》，《东方杂志》第15号，1944年，第1、3页。

在肯定绝对国家主权阻碍国家合作的基础上，知识界把一战后国联维护和平失败导致二战不可避免的原因归结为传统国家主权观的存在。胡鸿烈认为国联失败的原因之一就是受到传统国家主权学说流行的影响，"自国家主权学说汹涌澎湃以来。即认为国家主权是至高无上神圣不可侵犯的东西，许多国际上的罪恶，都被这种学说洗刷得干干净净，往往在国际上认为不法的行为，但在本国的立场，则值得歌颂的，这种不合理的现象最足以阻碍国联在正常状态下发展，许多国际上公平的决议，因为损失某国的主权，而不能顺利执行，出席国联的各国代表都把本国主权的神圣性驾乎国联共同利益之上，难怪不能得到良好的结果……"① 吴南如也总结道："国联先天不足之总因者，即国联基础并非建筑于会员国主权之上，而建筑在其之下。每一会员加入时，各保存其完整无缺之主权，至高无上之尊严，不受牵连，不受限制。非出本身愿意，不受外来之约束，因是，国际间一切决议非得全体一致同意不能施行……凡此皆系主权之为崇，而国联乃在承认主权至高无上之条件下，委曲求全而产生，宜其荏弱无力，事事仰承主权国家之鼻息而不能独立作为。"②

国际政治中支配性的观念常常决定着国际社会基本行为体——国家的行为，如孙家澄所言，"我们都知道意识决定行动，由不正确的观念自然会产生不正当的行为"。③ 孙云畴把二战爆发的原因归结为一战结束以后"各国的政治家和学者对于造成战争的幕后势力，主权思想，都没有根本的认识。各国政府仍旧保持着主权观念，不肯为国际社会的利益打算。因此过了二十年又发生这次的大战争"。④ 因而，如何在战后国际政治中培育出一种理性的国家主权观则成为中国知识界构建战后和平的重要关切之一。

二、中国知识界战后和平建设考量中的国家主权

中国知识界基于一代人之内世界两次惨遭世界大战的教训，把对传统国家主权的改造视为战后世界和平建设的重要一环。孙云畴指出："在这

---

① 胡鸿烈：《战后国际和平组织之调整与建设》，《新认识》第 3 期，1942 年，第 29 页。
② 吴南如：《中国与战后世界和平》，《军事与政治》第 1 期，1944 年，第 10 页。
③ 孙家澄：《第二次世界大战与永久和平》，《新中华》第 2 期，1943 年，第 32 页。
④ 孙云畴：《主权与国际法》，《东方杂志》第 15 号，1944 年，第 5 页。

次战争结束以后，政治家和学者当然会有许多重建和平的方案。不过我以为最重要的，似乎还是记取两次战争的教训，认清这破坏和平的主权观念。"① 张忠绂也撰文指出，世界和平建设工作的重心之一便是列国在政治上对传统的主权观念加以修正。②

基于对两次世界大战爆发根源的认知以及建设战后持久和平的需要，中国知识界设想的战后国家主权观有两大特征。首先是主权的相对性。其含义有二。一是主权不是国际社会至高无上的权威，应以符合人类集体福利为准则加以限制，如张忠绂所言："任何一国的主权完整不能认为绝对不能接受任何限制，对于主权我们要有一个新的观念，即凡为全体人类谋求福利的公允的国际规定，不能视为与国家的主权相冲突。"③ 叶琴在探讨战后国家主权的发展方向时也认为："战后的世界，人类组织社团不再受地域局限，而将以全人类福利为中心，此为人类之合理新要求也。"④ 汪叔棣在谈及战后国际和平机构建设时，指出了传统的主权观念若延续下去对战后世界重建的危害："在战后世界重建工作中，将造出一个非常畸形的现象：一方面，强大的国家可以无限制的行使它的'主权'；而弱小者的'主权'，仍然仅仅是一句空话。另一面，有许多为全世界共同福利所需要的举措，也将要受到'主权'观念的限制，而无法施行。这样，它将无限制地妨碍了世界重建的进行"。⑤ 二是主权的可让渡性。一战爆发后，瞿世英等在批判"国家主义"时就已认识到，主权论"因近代法律哲学进步之结果已没有多少可以再拥护的理由……只要国家将应当让出来的职权让给'国际的政府'当然可以实现大同的理想"。⑥ 在战争末期规划战后和平时，中国知识界更是明确提出了此类观点，如孙云畴指出，"固然在最近将来，我们不见得就会有一个世界国家出现，但是我们在战后，至少可希望有一个较巩固的国际组织的成立……应以主权思想的破坏为条件"。⑦

其次，中国知识界倡议的相对主权是建立在对等、自愿与合作基础上

① 孙云畴：《主权与国际法》，《东方杂志》第15号，1944年，第5页。
② 张忠绂：《战后和平工作和重心》，《军事与政治》第3期，1942年，第1页。
③ 张忠绂：《战后和平工作和重心》，《军事与政治》第3期，1942年，第1页。
④ 叶琴：《国家主权论》，《学思》第4期，1942年，第436页。
⑤ 汪叔棣：《战后世界机构论》，《东方杂志》第13号，1943年，第3页。
⑥ 瞿世英：《国家主义与国际主义》，谢乃壬：《国际问题（重订）》，上海青年协会书局，1926年，第71页。
⑦ 孙云畴：《主权与国际法》，《东方杂志》第15号，1944年，第5页。

的，在这个意义上也可以说是平等主权。孙云畴提出了主权对等的观念：国际交往是势所必然，国家将自己的权威加上限制，它并不吃亏，因为同它交往的别个国家也是同样的受限制，牺牲些无味的自由，而换来了有味的代价。普遍的国际法是每个国家当遵守而无例外的，在这种法律之下国家是有同样的权利与义务。大家都这样，世上便有和平。①余协中在谈及战后国际组织建设时指出了国家主权的自主属性："各国政府同意以某种权力付于一国际机构，这并不是说他本身的主权就遭受到破坏，因为在内政与外交的措施方面，如果它不违反它所同意的国际机构的宪法，威胁他国的安全或危及世界和平，它是不会受到国际干涉的，同意加入某国际组织并遵守其宪法，这还是由各国政府的自主。"②杨幼炯在考察战后新国际组织的任务与使命时，对国家主权的合作属性做了解释："在这次战争期间，国际间显然产生了一种新趋向，就是今后国际社会之建立，其基本概念已不是单纯的划分国与国的关系，而在融和国与国的关系。更具体一点说：今日国际社会不是以国家主权相互分立为基础，而是以国家主权共同合作为基点。"③

由中国知识界的以上主张可看出，他们在战后世界和平建设中所倡议的新国家主权观是一种建立在主权对等、自愿与合作基础上的相对主权观，平等与相对是其突出特征。在他们眼中，战后世界和平建设所需要的必要的主权观念和主权的制度设计与安排，必须是以实现集体福利为目标，建立在国家对等、相互、自愿以及合作的基础之上，唯有这样战后共存共荣的世界和平才能得以实现和持久。

三、中国知识界国家主权观转变的渊源

抗日战争时期中国知识界国家主权观转变的直接动因是为战后世界和平建设寻求理论指导。但中国知识界新国家主权观的生成却与其研究国际政治所秉承的务实主义的治学理念密切相关，同时也是几千年来流传的中国传统政治哲学留下的遗产。

---

① 参见孙云畴《主权与国际法》，《东方杂志》第15号，1944年，第4~5页。
② 余协中：《战后世界和平问题》，《军事与政治》第1期，1944年，第25页。
③ 杨幼炯：《新国际组织之继往开来的任务与使命》，《世界政治》第1期，1945年，第9页。

　　中国知识界的治学理念表现出务实的工具理性。高一涵在谈及国家的价值时认为："人类社会组织都是满足人类情欲兴趣需要的工具，哪种工具达到这个目的，我们就用哪种。"进而论道："现在的国家不过是人生谋幸福的工具，只问有效验，……所以只拿它发生的效验来判断它的价值。"① 胡鸿烈也持这种工具－手段观念，认为"国家所以要自由要富足仅不过是一种手段，其目的还是要求得个人的幸福，否则对人类实际生活毫无裨益"。② 在这种工具理念下，"国家偶像"在中国知识界的观念中不复存在。

　　中国知识界在国家认识上持有的这种工具理性是建立在对国际社会现实环境变迁和历史经验的认知上。这种变迁在中国知识界的语境里多指近代以来交通、通信等技术的发展带来的世界整体化和相互依存的情势。正如史国纲指出，"由于交通方面惊人的发展，昔日天然的划分已经完全削灭，而国与国之间的关系和互赖的程度，也因此比已往密切"。③ 吴泽炎在谈到战后世界秩序建设的难点时认为："人类近百年来重大的物质进步，已使世界一体，各国的休戚利害，息息相关，牵一发而动全身。"④ 孙云畴则对一些固守传统国家主权观的人予以坚决批判，认为他们没有认清历史的趋势和社会演变的定律，不知主权理论在一世纪前固然是天经地义的原则，但是到了今天已成陈腐的信条。国与国间由于交通经济种种力量已经建立起密切的依存关系。今日的世界是一个丝网交错、息息相关的世界，它需要安定的局面、统一的秩序。⑤ 在历史经验方面，高一涵通过对历史上主权内涵变迁的考察得出结论："主权性质的解释，也是假定的，也是人造的，并不是天经地义，单是适应当时需要，对付当时环境的物事。"⑥ 钱公武认为国家主权思想的发生和发展受到时代的影响，即"国际主权的思想不是一个绝对的逻辑，乃是一些综合的历史的产物"。⑦ 也就是说，中国知识界眼中的国家主权是人类给予环境变迁建构的产物，

---

① 高一涵：《万国联盟与主权》，《太平洋》第 2 期，1919 年，第 4～5 页。
② 胡鸿烈：《战后国际和平组织之调整与建设》，《新认识》第 3 号，1942 年，第 31 页。
③ 史国纲：《战后国际机构问题》，《东方杂志》第 4 号，1943 年，第 9 页。
④ 吴泽炎：《战后新秩序的建设问题》，《东方杂志》第 14 号，1943 年，第 15 页。
⑤ 参见孙云畴《主权与国际法》，《东方杂志》第 15 号，1944 年，第 4 页。
⑥ 高一涵：《万国联盟与主权》，《太平洋》第 2 期，1919 年，第 3 页。
⑦ 钱公武：《主权问题底新认识》，《宇宙旬刊》第 10 期，1936 年，第 3 页。

具有历史性和可构建性。

其次，中国知识界新国家主权观的树立系中国传统政治哲学遗产在新的时代境遇下发酵的结果。一方面，先贤遗产造就的思维惯性使中国知识界更容易免于西方传统国家主权观的束缚；另一方面，先贤的政治智慧直接为其提供了理论借鉴。

中国古代百家思想中的政治哲学，如大一统思想、古圣贤的天下观以及四海之内皆兄弟的大同主义等，在中国政治知识界构建和平的思考中留下了深深的印记。程仰之在比较中西政治哲学观念的差异时指出："由古代而中古，而近代，西方的天下统一之时短，而分立之时久，中国则反之。"这种历史情形使"中国之哲人，则自古迄今，所谓政论，多从'天下本位'出发，而想象大同之社会，倡议四海为一家"。① 早在一战后初期，郑毓秀就将国际联盟的建立与中国的"世界大同"思想联系起来，视之为一种实现手段，"国际联盟者……一言蔽之，将由此而谋各民族各国家之日即归于正义人道，而渐趋于人类康乐，世界大同之域焉"。② 全面抗战时期，在中国知识界眼中，中国古代的世界大同学说是建设持久和平的最高原则。叶琴在谈及战后国家主权的趋势时认为，"世界大同之理想，在不同文化，不同种族，不同语言之各民族间"，"破除国界，建立大同，则国家绝对主权，不复有存在之可能；绝对至尊之主权观，仅为人类思想史上之遗迹"。③ 在此基础上，中国知识界得出论断："今后欲重建世界和平的新秩序，奠定国际社会的新基础，必须实现'天下一家'的理想，由各民族的分立，而为国际的合作。"④

结语

惨绝人寰的两次世界大战的爆发，使中国知识界对作为战争重要根源的传统国家主权观念做出了反思。在中国知识界战后世界和平建设的考量中，如何规划国家主权被他们视为战后永久和平得以实现的关键所在。中国知识界心怀天下、基于时代境遇做出的敏锐思考给我们留下了宝贵的思

---

① 孙本文等编著《中国战时学术》，正中书局，1946年，第78页。

② 郑毓秀：《国际联盟概况编译旨趣》，郑毓秀编译《国际联盟概况》，商务印书馆，1926年，第1页。

③ 叶琴：《国家主权论》，《学思》第4期，1942年，第26页。

④ 杨幼炯：《新国际组织之继往开来的任务与使命》，《世界政治》第1期，1945年，第10页。

想遗产。

在进入相互依存时代的今天，世界整体发展本已呈不可逆转之势，然而，世界某些地区和国家，不时出现民族主义抬头、保护主义盛行等逆全球化的趋势。如何正确把握主权理论与现实情势之间的平衡是促进国际社会共存共荣与和平发展的关键所在。周鲠生讲道："一切政治主张都有他们自然的弱点，行到极端的时候都有流弊。"① 因而我们反对无视情势变迁教条地固守不符合时代需要危害国际合作的传统主权观。1992 年，联合国秘书长加利在美国《外交》季刊上撰文说，由于时代和形势的变化，"尽管对国家基本主权和完整的尊重依然是重要的，但不能否认的是，行用几个世纪的绝对的和排他的旧主权学说已不再站得住脚……我们时代一个重大而明智的要求是反思对国际安全与合作至为重要的主权问题，并非要削弱它的本质，但是要承认它可以采取不止一种形态和发挥不止一种功能"，并认为"这种观念可以帮助我们解决国内和国际的问题"。② 因而，随着国际社会现实情势的发展，无可否认的是，传统的国家主权观的确存在不符合国际社会现实需要的一面，国家主权神话的打破乃势所必然。

同时，我们也要反对主权过时论和主权虚无论。在现今国际政治中，国家主权依然有其存在的积极价值。作为调整国际关系的一项基本原则，国家主权依然是民族国家，尤其是弱小国家安身立命的基石和国际社会赖以运转的中轴。更需要提防和抵制的是一些西方国家打着"人道主义"和"为全人类谋福利"的旗号而行一己之私的学说和实践，国家主权依然是我们同霸权主义和强权政治做斗争的强有力的理论武器。

第四节　和平建设的佛理观照：二战时期太虚的战争与和平观

第二次世界大战时期，反法西斯盟国战后和平规划的启动在战争进行中期便已开始，包括官方与民间、政治精英与知识界在内的社会各阶

---

① 周鲠生：《国际政治概论》，神州国光社，1930 年，第 222 页。

② Boutros Boutros-Ghali, "Empowering the United Nations", *Foreign Affairs* 71 (1992)：98 – 99.

层都参与其中，建言献策，为战后世界和平改造贡献自己的智慧。在中国，不问世事的佛教界也参与到这一伟大进程中来，其中太虚是著名的佛教界代表。

国内学界对近代中国佛教改革运动的领军人物太虚的研究，更多关注的是其在佛学思想发展史上的理论建树，认为其发动了佛教发展史上影响至深的"人间佛教"运动，使佛教在佛陀大慈大悲、广济众生的思想基础上充满着人间关切。[①] 不足的是忽略了太虚思想遗产的另一面，即其对国际政治问题的解读，尤其是其在 20 世纪三四十年代于战火纷飞中生成的战争与和平思想。本节依据对收录了太虚生前演说的《太虚大师全书》以及未被收录的太虚在 20 世纪三四十年代发表在报刊上的相关主题论文，拟对其佛学视域下的和平建设思想的内涵和哲学依据做一初步的探讨。

一、人间佛教：太虚和平关切的佛理渊源

太虚对世间和平的关切与其倡导的"人间佛教"的理念密切相关。人间佛教将佛教的关注点从鬼神死事转移到现实社会生活中人的活事上，人间佛教说是太虚和平关切的理论基础，而太虚对尘世和平的关切则是对人间佛教理论的重要践行。

在太虚看来，"人间"一词包含的范围非常广泛，他认为"人间"一名包括了历史所载交通所及之全地球人类以言。[②] 他还指出："人间佛教，是表明并非教人离开人类去做神做鬼，或皆出家到寺院山林里去做和尚的佛教，乃是以佛教的道理来改良社会，使人类进步，把世界改善的佛教。"它将"领导世间的人类改善向上进步"。[③] 这就是说，人

---

① 国内学界有关太虚大师思想的代表性研究可见林伟《佛教传统与时代精神——太虚"人间佛教"思想的基本意义》，《江苏社会科学》2002 年第 6 期；丁小平：《太虚的伦理思想简论》，《伦理学研究》2010 年第 2 期；刘聪：《太虚的佛教慈善观》，《宗教学研究》2013 年第 4 期；张双智：《太虚大师佛教抗日救国论》，《历史教学问题》2015 年第 3 期；谢飞：《太虚大师佛法护国思想与实践》，《五台山研究》2015 年第 3 期；等等。

② 太虚：《大乘与人间两般文化》，本书编委会编《太虚大师全书》第 25 卷《论藏·支论（全）》，宗教文化出版社，2004 年，第 64 页。

③ 太虚：《怎样来建设人间佛教》，本书编委会编《太虚大师全书》第 25 卷《论藏·支论（全）》，宗教文化出版社，2004 年，第 354 页。

间佛教的宗旨，是立足于现实的人、人类社会，它以人类生活的改善、进步为目标。在太虚看来，佛教的关切应该从鬼神本位转向生人本位，佛教真谛应该致力于促进人类的繁荣与社会的进步。并且这种关切对象突破了传统中国知识分子所理解的模糊"天下观"，而是超越民族国家、地域界线及于全球层面的人间。这一解释，为后来大师的世界和平关切做了注脚。

具体而论，"人间佛教"① 就是在人间发扬大乘佛教救世度人的精神，多关注现生问题，多研究宇宙人生的真相，致力于推动人类的进步和世界的改善，建设人间净土。人间佛教的理念从大乘八宗平均发展之说，但不偏主于一宗，发扬了佛教济世度人的精神。正如太虚对大乘宗的论述："大乘道德，即世界道德，因了知万法互为缘起，个人不仅个人，乃法界无量因缘所缘成而无个人相，家庭不仅家庭，国家不仅国家，世界不仅世界，亦皆法界无量因缘所缘成，而无家庭国家世界相，故自他不二，物我无间，孳孳然恒以摄化家人，开导社会，严净国土，使咸进于善，即为自修之福德智慧。"② 在他看来，过去佛教曾被帝王以鬼神祸福作为愚民的工具，今后则应该用于研究宇宙人生真相，以指导世界人类向上发达而进步。人间佛教，其关注点不仅在于个人自我完善，更关注作为整体的人类的和平与幸福。佛法的根本精神旨在解决现实生活问题而非生死问题。这展现了太虚的现世关怀。

太虚身处动荡的近代中国，目睹了经济恐慌与劳工失业、阶级斗争与殖民地革命、第二次世界大战的酝酿与爆发。尘世的浑浊世相并未使太虚脱离俗世，远遁空门。人间佛教的理念激发了他为人间寻求建设净土之道。这种使命的具体实践即探求危害世界和平的祸根以及如何根除祸根并建设战后世界的持久和平和共同繁荣。太虚尝试从佛理中探求世间战乱频发的根源以及建设世界和平之道。

---

① 谈及人间佛教的理念，必须明确两点：对习俗的迷信非佛教，佛教的消极面非其本质。这一理念不仅要求佛教摆脱神鬼迷信的误区，而且不能独善其身，仅仅作为内省之道。佛法不应只求个人的解脱，而应运用到政治、经济、社会的机构中去，使其济世度人的精神更加社会化。佛教在提高个人人格修养之外更应该服务社会。大乘佛教作为佛陀精神的代表，其精髓在于以群众之利益为利益，以改造社会为本身职责。

② 太虚：《台中展览会之佛教讲演》，本书编委会编《太虚大师全书》第 31 卷《杂藏·文丛（一）》，宗教文化出版社，2004 年，第 313 页。

二、太虚眼中世间战乱频仍的根因

在太虚看来，世间的冲突可分为一国内部的阶级战争和民族国家间的国际战争两大类目。而发生阶级争斗与国际争斗的病根，则源于近代以来国际社会中两种哲学，即社会进化主义和西洋"纵我制物"的哲学思想。正是它们在人类生活中作祟，才导致矛盾和冲突丛生。

（一）进化主义哲学的泛滥

进化主义是 19 世纪以来兴起的一种思潮，以达尔文的生物进化论、斯宾塞的社会达尔文主义等为代表，其核心价值是"竞争"，它对随后人类对社会相关问题的认知与道德判断都产生了深远的影响。

太虚对这种学说在世间流传的破坏性影响有着深刻体察，他在武昌佛学院内的一次公开演讲中说道："近百年来，风行一时，而影响世界人心最巨者，厥为进化论。"[1] 在他看来，这种学说导致了各国、各民族互相竞争厮杀。在此学说的指引下，各国"凡欲自己国家富强，则不得不灭人之国家；凡欲自己阶级之繁荣，则不得不倾覆他阶级，于是形成不平等之国际与不平等之社会"。[2] 此外，太虚还认为这种学说导致了人类社会的过度竞争，"工与工战，商与商战，党与党战，国与国战，种族与种族战，阶级与阶级战，乃至家庭社会亦互相倾轧，一切智识事业皆用为竞争之工具，以图达其所谓富强之目的；而不计实际上能满足、与满足时能安享否也"。[3]

在他看来，进化主义宣扬种族优越论，在人类社会造就了统治者和被统治者、压迫者和被压迫者两极。又因种种原因，社会两极分化尤其是经济上财富分配不均酿成剥削者和被剥削者、资产阶级者与无产阶级者的种种不平等，使人类不安定而发生斗争。太虚认为某些"思想家、政治家们原来是利用一部分斗争力量和优越武器去达他们自己所欲求的目的，其

---

[1] 太虚：《世界万有为进化抑为退化》，本书编委会编《太虚大师全书·宗用论》，转引自释怡藏、温金玉主编《潮音永辉》，宗教文化出版社，2008 年，第 141 页。

[2] 太虚：《佛法救世主义》，本书编委会编《太虚大师全书》第 25 卷《论藏·支论（全）》，宗教文化出版社，2004 年，第 72 页。

[3] 太虚：《佛法救世主义》，本书编委会编《太虚大师全书》第 25 卷《论藏·支论（全）》，宗教文化出版社，2004 年，第 108 页。

结果则大乱之后，弄成两败俱伤，什么也不能得到"。① 在太虚眼中，正是少数思想指导者、政治统领者，怀着某种偏见或某种野心，领导着国族差别上的和贫富悬殊上的斗争力，推广这种学说、鼓动人类斗争以达其目的，才酿成世界大乱。

（二）西洋"纵我制物"哲学的盛行

在太虚看来，人民所受的"财货苦乐不平"和列国的"权利高下之不平"是阶级争斗与国族争斗的病根。而这种病症实由"近代西洋'纵我制物'文化的做人之道、立国之道演成"。② 也就是说，"纵我制物"哲学是国际社会不公和战乱的根源之一。

那么，何为"纵我制物"哲学呢？太虚认为西洋文化中的"我"指私己及由私己所发之贪欲、忿争等。"物"指自然界之万物及人间之家庭、国家、社会、经济等，前谓所知公式及所得知识皆是工具。然彼工具将供何者为用，及作何等之用耶？即供自我为用。在太虚眼中，这种用包括自我发展需要的征服自然和征服人类其他群体。③ 太虚曾感慨道："纵我制物"的观念肆虐，以致"社会堕落，道德沦亡，四境战争，弱肉强食，人格破产，野心如焚，较之禽兽差别几希"。因而，在太虚看来，这种哲学观念的实质即为"以扩充自我的自由快乐，为人生的意义和价值。但与自我相对的皆为外物，谋所以利用而制服之，据此为一切发动力的根本精神，纵任自我去想种种方法，以制御用一切的外物，以满足自我的欲望"。④

此外，太虚认为"纵我制物"哲学的危害性是由其内在性质决定的，"而就其性质考核之，实趋害他俱害之错路"。"纵我制物"哲学支配下的"损他利自"观念的具体逻辑即"欲以损他——他人、他国、他阶级、他民族——为手段，而达到利自——自己、自国、自民族、自阶级——目

① 关于此论述，参见太虚《佛教对于将来人类之任务、种性》，本书编委会编《太虚大师全书》第30卷《杂藏·酬对（二）》，宗教文化出版社，2004年，第191~192页。
② 太虚：《怎样平世界两个不平》，本书编委会编《太虚大师全书》第27卷《杂藏·演讲（二）》，宗教文化出版社，2004年，第304页。
③ 太虚：《大乘与人间两般文化》，本书编委会编《太虚大师全书》第25卷《论藏·支论（全）》，宗教文化出版社，2004年，第74页。
④ 太虚：《怎样来建设人间佛教》，本书编委会编《太虚大师全书》第25卷《论藏·支论（全）》，宗教文化出版社，2004年，第370页。

的，致演成此他自俱害的结果！"① 在对世界和平的破坏方面，其具体演进逻辑表现为："由个人的损他利自而演成资本主义之剥削，因以激生被剥削者的反抗；由民族的损他利自而演成帝国主义之侵掠，因以激生被侵掠者的反抗。加以资本主义冲突，帝国主义争斗，任何动作皆非陷入于相战相杀之途不可。"② 在他看来，"帝国主义者，即一个国家或一种民族的纵我制物，求自我国民的向外发展，而制服利用其他的国民。复因资本主义工商业的发展，各帝国主义国家抢占原料和销售市场，造成了世界各帝国主义间、帝国主义与弱小民族间的诸多斗争。纵我制物的思想，即为造成近代帝国主义、资本主义文明的源泉"。③

故而，但在太虚眼中，战争作为人类社会的一痼疾，虽有政治、经济和社会等方面的原因，但根本上还是源于纵我制物哲学支配下的"损他利自"观念在国际社会的存续。"损他利自"行为的结果是"他自俱害"，在国内层面表现为阶级战争，在国际层面表现为世界战争的爆发。

三、多位一体：持久和平建设之道

二战后期，盟国的胜利指日可待，为了避免发生一战之后"赢得胜利却失去和平"那样的悲剧，中国政学各界未等战争结束便开始了如何建设战后持久和平的讨论。精通佛理并有着国际视野的太虚，则对如何把争杀的浊世改造为和平的净土提出了自己的见解。

在太虚看来，在战后世界改造中，政治、经济、教育三者关系密切，必须一体进行。在他看来，经济谋生活，政治致平安，教育成进步，政治、经济依教育而进展，教育、经济依政治而安稳，政治、教育亦依经济而生存。由此互依互资之原理，虽教育、政治加以调整，而经济无合理之办法，则政治与教育亦必难存立；甚至为求生存，铤而走险，因之引起战

---

① 太虚：《人间苦海的回头是岸》，本书编委会编《太虚大师全书》第 27 卷《杂藏·演讲（二）》，宗教文化出版社，2004 年，第 309 页。

② 太虚：《人间苦海的回头是岸》，本书编委会编《太虚大师全书》第 27 卷《杂藏·演讲（二）》，宗教文化出版社，2004 年，第 348 页。

③ 太虚：《怎样来建设人间佛教》，本书编委会编《太虚大师全书》第 25 卷《论藏·支论（全）》，宗教文化出版社，2004 年，第 370～371 页。

争。① 因此，其主张基于经济、政治、教育等多位一体的观念，建设一个新的世界秩序。

就世界政治改造而言，他认为，首先要解决殖民地问题，"帝国主义式的殖民地制度，如此种制度不能废除，即平和世界根本无从建立"。② 其次是建设合众国这一国际组织。太虚认为建立国际合众国，是实现世界普遍永久和平的最好方案。同时，他还指出这一国际组织要实现其和平的功用，必须从"思想上铲除'民族国家至上主义'的思想，解放国家的极端控制"。③ 也就是说，创建的国际组织必须达到真正的社会性、国际性的特点，内部能够协调统一才能真正发挥其作用，即"抽出组织国家之元素，使各各成为世界化，并先由已成世界化之各业，成立为国际之组织；则国家之实质空，国家之形名亦将渐归泯没，而人世可由和平统一之矣。俾一业皆成为一种之国际组织，而由此一业之国际组织的团体，以自治理其一业所关系之事"。④ 最后是世界政治秩序的再造。军缩、世界和平法典、对德日的合理处置也是其和平关切的着眼点。他还提出政治分治：依区域以分治、联治之政治，以为综合一区域至各区域之职能机体。⑤ 对于政治分治，他指出："区域大小应当适宜，须以县治为单位，联治终于国际——全地球。由县治进于省联治，由省治进于国联治，由国联治进于国际联治。"⑥

就世界经济改造而言，太虚认为关键当在民生主义的社会公正建设。他指出："我们知道：国际间掀起争夺相杀之不安原因，是经济支配的不均衡，力争所需，因此国际秩序紊乱了，人道正义也毁灭了。所以真正的民主国家急切需要的，是解决民生问题。民生主义之最高原则，在

---

① 太虚：《联合国战胜后之平和世界》，本书编委会编《太虚大师全书》第27卷《杂藏·演讲（二）》，宗教文化出版社，2004年，第467页。

② 太虚：《联合国战胜后之平和世界》，本书编委会编《太虚大师全书》第27卷《杂藏·演讲（二）》，宗教文化出版社，2004年，第474页。

③ 太虚：《论建立国际合众国》，本书编委会编《太虚大师全书》第27卷《杂藏·演讲（二）》，宗教文化出版社，2004年，第327页。

④ 太虚：《论建立国际合众国》，本书编委会编《太虚大师全书》第27卷《杂藏·演讲（二）》，宗教文化出版社，2004年，第327页。

⑤ 参见太虚《自由史观——创建自由史观之国际政治》，本书编委会编《太虚大师全书》第25卷《论藏·支论（全）》，宗教文化出版社，2004年，第267页。

⑥ 太虚：《自由史观——创建自由史观之国际政治》，本书编委会编《太虚大师全书》第25卷《论藏·支论（全）》，宗教文化出版社，2004年，第267页。

使一般人民同得经济的均衡及生活之平等，每个人的享受上必须苦乐共同。这次反侵略国家战胜侵略轴心以后，须首先从这个主义上而重新建立世界和平秩序，这才是长远的秩序。若不然，所谓和平的秩序，仍是少数国家霸权宣布的幌子，则三二十年后，谁又敢对第三次世界大战提出绝无爆发的保证？"①

就教育改造而言，他认为当前的教育不足以负起养成"建设平和世界"的新头脑新力量的责任，必须予以改造。首先要扩大教育范围，把家庭、学校、社会的教育以至宗教、学术等文化事业都包括进来。其次要实现教育的独立，教育不以经济和政治为目的，要把教育"从宗教、资本、阶级、民族、国家、帝国主义等桎梏中解放出来，打破宗派之教育，实行普遍公平之教育也。淡化教育实用之观念"。② 对此，太虚指出需要组织独立职团，实行大同教育（世界教育）；超脱宗教学派、国家民族之各异，吸收其长处、消除其弊端，以全世界人类之公益为依归，即教育"当正之以德，超脱各教宗学派、国家民族之拘碍而解阑之，取其精华，弃其糟粕，以成为普益全世界人类之大同的道德教育，庶其天下为公，和平可期耳！"③

在教育方面，太虚还提倡"喻以公义、养成君子之德、以世界人类利益为第一之教育"的"大学"教育。相对于格物致知的"小学"教育，"大学"教育"专以融化人种间、民族间、地区间、文化间、风俗间、语言间各种的歧视和隔膜，各能发挥其所长而渐汰其所短，使人类社会在文化的交遍互融中奠定平和世界的基石"。④ 这种天下为公的国际教育理念在今天依然有着振聋发聩的意味。

此外，在太虚看来，战后改造如果仅限于通常的政治革命和社会革命层面是不够的。他指出："佛的革命方法，是由心理而生理，由生理而物理，以至于世界之改造，使恶浊之世界，成为不相残不相杀之相存相安之

---

① 太虚：《自由史观——创建自由史观之国际政治》，本书编委会编《太虚大师全书》第25卷《论藏·支论（全）》，宗教文化出版社，2004年，第426页。
② 太虚：《自由史观——以自由史观完成近代之自由运动》，本书编委会编《太虚大师全书》第25卷《论藏·支论（全）》，宗教文化出版社，2004年，第253页。
③ 太虚：《以大同的道德教育造成和平的世界》，本书编委会编《太虚大师全书》第24卷《论藏·宗用论（三）》，宗教文化出版社，2004年，第345页。
④ 太虚：《联合国战胜后之平和世界》，本书编委会编《太虚大师全书》第27卷《杂藏·演讲（二）》，宗教文化出版社，2004年，第470页。

世界。盖佛法既以为无论是物理的、生理的、心理的，皆可以改变，而其改变之主要活动力即是心力，故从心理革命为入手。反之、若唯从物理而入手，则必不能成功。故须由最基本之心理以为改革之策源"① "如欲从根本上永远确立世界人类之和平幸福，则非将现代人类之心理完全改造不为功。"②

就社会心理层面改造的内容而言，在他看来，对于侵略轴心的击溃，尤重在彻底击溃其黩武哲学，使其不再成为主导某一民族及全人类的思想学说。他指出："这是联合国的新闻杂志文艺业人士所应本其广义教育的天职，紧急全体动员向侵略轴心一而再、再而三的打击，直到他们都承认错误，归依平和的正义公理为止，于此所必须攻击的：第一个是武力至上主义，第二个是种族优越论，第三个是独夫式迷信式英雄主义。"③ 既然战后世界和平改造的重心应为人类心理的改造，那么应以何种清净之心来取代造成战乱不断的污浊之心呢？太虚的回答则是佛儒文化心理。将"纵我制物"的思想，改变成作为中国文化根本的克己崇仁精神。

在对民众心理进行改造时，太虚特别推崇无我、崇德、尚仁的儒佛文化，并认为这种克己崇仁的文化与佛教文化存在相通之处，在他看来，儒家的克己与"仁"，调节了"我者"与"他者"的关系。基于此，"克己尚德的人生正义，能切近明行之者，则为儒道的文化；能澈底明行之者，则为佛教的文化。故非发扬儒佛的文化到全世界成为全人类的做人立国之道，不足以平此两种不平"。④ 故而，在太虚看来，唯有世界各国把儒佛文化作为本国立国之道，世界上政治、经济和社会不公的情形才会消逝，战争作为一种制度才能消弭。

可以说，太虚出于对尘世和平的关切，以其精深的佛理和学贯中西的国际视野，为人类指出了一条建设持久和平的路径，即多位一体的和平建设新思维。

---

① 太虚：《心理革命》，本书编委会编《太虚大师全书》第24卷《论藏·宗用论（三）》，宗教文化出版社，2004年，第223页。
② 太虚：《应罗斯福总统邀请之和平建议》，本书编委会编《太虚大师全书》第24卷《论藏·宗用论（三）》，宗教文化出版社，2004年，第399~400页。
③ 太虚：《联合国战胜后之平和世界》，本书编委会编《太虚大师全书》第27卷《杂藏·演讲（二）》，宗教文化出版社，2004年，第472页。
④ 太虚：《怎样平世界两个不平》，本书编委会编《太虚大师全书》第27卷《杂藏·演讲（二）》，宗教文化出版社，2004年，第304页。

四、太虚和平建设路径的哲学依据：缘成史观

太虚认为，战后世界和平建设多位一体的路径选择是由佛法中的缘成史观决定的。那么，何为缘成史观？在太虚看来，"缘，谓许多关系条件，由许多关系条件完备的聚集以成为各种事物，故名缘成"，"佛所谓一切事物皆由众多因缘所生所成者相同。宇宙万有，非有其外或其内、一种单独原因所造成，每事每物皆由许多关系条件——在佛典上谓之缘——充足完满而后发生，故宇宙非神造、非唯物、非唯心，乃众因缘展转变化而成立。宇宙如此，人生亦然。大之说到国家，说到社会，小之说到个人，无不待种种条件而存在。由此原理，推察人类历史，可谓之曰缘成史观"。[①]

从通俗意义上理解，太虚所说的缘即因、成即果、事物之间因果联系的产生和形成便是缘成。而这种因果必然联系被用作解释人类社会现象的规则时便成了缘成史观。缘成史观是佛教缘起理论在历史领域的自然推演，突出强调人类社会各行为主体间的联系及过去和现在的联系。把缘成史观用来指导人类社会，特别需要把握个人、阶级、国家的利益是与其他相互利益关系集合而成的。所以太虚特别强调"自方"与"彼方"的利益协调，达到"利他"与"自利"的平衡。他认为，只有这样人类大同美好的社会才能实现。"盖此身此国皆众缘所成，则他国他身正是合成此身此国的众缘；若毁灭他身他国，乃至大地一切万物等来利自己，则自己也就不能生存。"所以，我们要求自身自国的利益，就要利及众生以及其他国民。从共同利益中求自己的利益，乃"符契宇宙万有真相的一切即一，一即一切，实现极乐世界、华藏世界，才是我们的究竟安乐！"[②]

把缘成史观运用于国际政治场域，需要摒弃"纵我制物"哲学制约下的"害他自利"的观念，提倡的是"自他两利"的精神。如他所说，"故欲此方之利益，须兼谋其他各方之共同利益方能达到，绝不能以损害他方为手段，而可达到自方之利益的。此所谓：利他则成自他两利，害他

---

① 太虚：《缘成史观》，本书编委会编《太虚大师全书》第 24 卷《论藏·宗用论（三）》，宗教文化出版社，2004 年，第 166 页。
② 太虚：《从人心中把佛教复活起来》，本书编委会编《太虚大师全书》第 26 卷《杂藏·演讲（一）》，宗教文化出版社，2004 年，第 428 页。

则成自他两害也"。他还以战争为例，分析道："如战争、争斗以损人益己为目的，然欧战之结果，败者固觉痛苦，而胜者亦因生命财力之损失，其感受之痛苦殆不亚于败者。故须与其他国家谋共同之利益，方可实现国际的和平安乐，以至得成大同的世界，完美的社会。"① 而这一切的实现，皆因众缘所成。

20 世纪上半叶后，由于交通、通信技术的发展，国家之间相互依存的态势已经形成。太虚大师敏锐地觉察到了国际政治中出现的这一趋势。他指出："每一个国家民族的利益，都依倚着、或根据着其他国家民族的利益而存在。侵略其他的国家民族的利益，无异是把自己国家民族的利益斩塞了！""这样很明显的事理，难道能侵害他人的聪明国民，还不能把'害他只成他自俱害，唯利他能成自他两利'的觉悟吗？"并认为唯有"消极的不害他，积极的能利他，人类的和平，乃能确立永存"。②

结语

作为近代人间佛教运动的首倡者，太虚身体力行，把佛教真谛应用到推动人类进步和社会改良的现世事业中来发挥佛教护国与护世的社会功能，致力于人间净土的建设。第二次世界大战前后，太虚倡导的建设人间净土的一个重要方面就是消弭战争。其根本途径则是以佛理为工具的心理革命，同时辅以三位一体的政治、社会和教育革命。

时至今日，太虚的这种深契佛陀本怀的思想遗产之于世界和平维持的价值显得更加弥足珍贵，并得到世人的认可。中国前佛教协会会长赵朴初在中国佛教协会第四届理事会第二次会上作会议报告《中国佛教协会三十年》，针对中国佛教向何处去的困惑，他的回答是提倡人间佛教，以实现人间净土为己任。③ 2012 年 4 月 27 日，国家宗教局局长王作安在主题为"和谐世界，同愿同行"的第三届世界佛教论坛闭幕式上致辞说："当今时代，践行'人间佛教'，建设'人间净土'是佛教徒的大

---

① 太虚：《缘成史观》，本书编委会编《太虚大师全书》第 24 卷《论藏·宗用论（三）》，宗教文化出版社，2004 年，第 167～168 页。

② 太虚：《应破之迷梦与应生之觉悟》，本书编委会编《太虚大师全书》第 27 卷《杂藏·演讲（二）》，宗教文化出版社，2004 年，第 396 页。

③ 参见赵朴初《中国佛教协会三十年》，《法音》1983 年第 6 期，第 19 页。

愿。佛教界应当带头倡导和谐理念，既要重视不同语系、不同宗派、不同国家和地区佛教间的相互学习借鉴，又要重视与基督教、伊斯兰教等其他宗教的交流对话、兼容并蓄，去除我执与成见，化解矛盾与纷争，在多样性中寻求圆融，在差异性中达成共识。"这是对太虚倡导的"缘成史观"的现代阐释。"缘成史观"的核心理念就是强调万事万物之间的相依相安，追求共生共存。这一理念在西方文明冲突论甚嚣尘上的今天，对于构建共存共荣的多元文明的世界无疑具有重要的思想导向价值。

第五节　大同致和平：20 世纪 40 年代中国知识界关于联合国建设的思考

　　第二次世界大战正酣时，战后国际和平组织建设问题便已引起反法西斯盟国朝野的关注，他们关于未来和平机构建设的方案构想可谓观点纷呈。① 对于这种形势，早在 1941 年太平洋战争爆发之初，陈世材就撰文指出："抗战至今，将近五载。断壁残垣，创巨痛深，朝野上下对于未来之世界和平组织，倍切关怀。"② 陈汝舟还解释了为什么在战争进行时，就要早早开始思考和平建设，他论述道："战争也，和平也，乃人类社会进化历史循环不易之剧目。战争危机将要爆发之时，要准备应战；和平将近到来之日，应讨论战后建设和平，实乃不可变更之定例。在战争期间讨论和平建设问题，亦即乃决定战争之目的，与鼓舞争取战争胜利之雄心。因之，吾人今日讨论战后国际和平组织问题，不能以过早为嫌，是时间与事实所决定也。"③ 钱锦章也表达了尽早规划战后和平的必要性："'宜未雨

① 彼时盟国关于战后和平组织的研究，可参见吴南如《中国与战后世界和平》，《军事与政治》第 2 期，1945 年，第 8~19 页；方瑞典：《战后世界和平机构问题》，《文化先锋》第 23 期，1944 年，第 23~25 页；韩幽桐：《论战后国际组织》，《联合周报》第 22 期，1944 年，第 1 版；张明养：《论战后的国际组织》，《东方杂志》第 15 号，1943 年，第 1~5 页；胡世泽：《战后世界和平机构》，《中国青年》第 4 期，1944 年，第 6 页。
② 陈世材：《战后世界和平组织问题》，《新认识》第 3 期，1942 年，第 26 页。
③ 陈汝舟：《战后国际组织问题》，《国民外交月报》第 2 期，1943 年，第 4 页。

绸缪，毋临渴掘井'，古有明训。当前之急务，固然是'军事第一，胜利第一'。但是'战争求胜利，和平求成功'，在达成战争胜利的过程中，筹措能成功实属战争目标的重要部份。所以现在即须开始研讨战后国际组织，亦是不可或少的工作。"①

由上可知，中国知识界对战后国际和平建设问题，尤其是确保战后和平的国际组织建设问题，有着高度的敏感性和前瞻性，早在第二次世界大战全面爆发之初，就对该问题予以密切关注和研讨。

就反法西斯盟国官方而言，早在《联合国家宣言》颁布前的 1941 年 8 月 14 日，英美两国便发布了作为战争与和平目标的《大西洋宪章》，其中第八款就笼统模糊地提到："在一个更普遍和更持久的全面安全体系建立之前，解除这些国家的武装是必要的。"其中，"全面安全体系"即指普遍安全组织。1943 年 10 月 30 日，中苏美英四国政府代表正式签署了关于普遍安全的宣言，明确宣布："它们承认有必要在尽速可行的日期，根据一切爱好和平国家主权平等的原则，建立一个普遍性的国际组织，所有这些国家无论大小，均得加入为会员国，以维持国际和平与安全。"② 11 月下旬，中美英苏四国首脑又分别在开罗会议和德黑兰会议期间，就未来国际组织的总体设想和结构原则性地交换了意见。后历经历次莫斯科外长会议、敦巴顿橡树园会议以及战后的旧金山会议，联合国家组织最终从纸面协议变成实体组织，从理想变成现实。

本节拟在 20 世纪 40 年代反法西斯盟国规划战后国际和平组织的背景下，基于中国知识界在彼时报刊上发表的相关主题的论文和时评等一手史料，对其中承载的中国知识界的战后国际和平组织意象以及中国的角色想象加以剖析，意图借此揭示近代中国知识界的和平建设思想，尤其是其以联合国为中心的国际组织观的内涵。

---

① 钱锦章：《国际组织之实施原则》，《国民外交月报》第 9 期，1943 年，第 26 页。

② 四国还宣布：各该国将彼此磋商，并于必要时与联合国家中其他国家磋商，以便代表国际社会采取共同行动。四国宣言已粗略地描绘出未来国际组织的一个轮廓：第一，建立一个普遍性的国际组织，凡一切爱好和平国家，不论大小，均可加入；第二，未来组织的基础是国家主权平等原则；第三，未来组织的宗旨是维持国际和平与安全；第四，四国还对要在"尽速可行"的时间内建立这一新的国际组织正式承担了义务，从而表明四国将要在其中处于特殊的地位。四国宣言迈出了筹建未来国际组织的关键性一步。

一、中国知识界世界主义思想的渊源

20 世纪 40 年代，推动中国知识界谋求以国际组织来维护战后持久和平的是世界主义或国际主义的信念。这种思想是中国传统政治哲学中天下一家，四海之内皆兄弟的大同思想长期浸润的结果，大同主义可以说是中国知识分子寻求国际联合、建设世界和平的哲学渊源。同时，这种源于大同思想的世界主义也是他们对近代以来世界政治经济发展一体化认知的产物，在"平天下"这一政治情怀驱动下，建立一个超越国家畛域的世界组织来维护世界和平，便成为他们和平建设的重要路径选择。

在中国知识界看来，大同思想源远流长，中西贯通。稽诸史乘，"人类自有史以来，即有世界主义的观念，历代的哲学家政治家多半以世界大同为人类最高之理想和最终之目的，孔子所说的'四海之内皆兄弟也'和耶稣所提倡的世界人类彼此间皆属兄弟关系，实不谋而合，也就形成了东西文化中一主要的政治思想"。[①] 法章在《论国际组织》一文中阐释西方近代以来国际主义的思想渊源时，认为："中国这种思想最为发达，且最盛行，孔子的大同思想，一向是被人称颂的。三千年来，中国人受这种思想的熏陶，自然养成一种酷爱和平，宽大为怀的精神""这种崇高的理想实在是政治哲学的极致。"[②] 在陈世材看来，大同思想的精髓不仅来自一般认为的儒家学说，也是我国诸子百家代表的传统文化精神的最终依归，他指出，"我国先秦诸子，儒家主仁义，道家尚自然，墨家言兼爱，法家重法治，然其终极目的，皆在归天下于一统，进世界于大同"。[③]

在中国知识界看来，大同思想的含义是多方面的，涵盖了政治、经济、社会、伦理等范畴。[④] 在谋划战后世界和平的过程中，大同伦理中的世界主义理念更是为彼时中国知识界推崇备至。所谓"世界主义"，即建

---

① 杨宪昭：《从国际经济合作说到世界大同主义》，《世界半月刊》第 3 期，1946 年，第 6 页。

② 法章：《论国际组织》，《现代周报》第 11 期，1945 年，第 9～10 页。

③ 陈世材：《战后世界和平组织问题》，《新认识》第 3 期，1942 年，第 22 页。

④ 参见祝世康《我国的大同学说》，《新中华》第 7 期，1943 年；王世颖：《世界大同与合作共和》，《合作月刊》第 28～37 期，1942 年；余钟和：《理想与实现：并谈"大同世界"的理想》，《训练导报》第 8 期，1946 年，第 6～7 页；袁月楼：《世界大同的理想与实践》，《世界月刊》第 8 期，1949 年，第 5～7 页。

立一个统一的国际组织来维护战后世界和平。在喻智微看来，"我国自周代即有'世界大同''一统天下之'世界思想，而正求世界之联合组织，大势所趋，无可阻遏，吾人今后努力之方向，即将由此迈进，以求世界永久和平之建立，殆无疑义"。① 在他看来，世界联合组织的成立是大势所趋，它可以削弱国际社会各自为战的无政府状态，有利于实现"礼乐征伐自天子出"的理想。

针对战后世界和平组织的形式是联邦还是邦联，抑或是世界政府问题，梁寒操对大同的含义做了一个阐释，他声称，大同不是"齐一"，也即是说大同不是天下同是一样；大同也不是"统一"，不能用最强力量把所有事物归于统一；大同只是"合一"，合而为一。"天下事物尽管具有不同性能，但其终必有一共通点，这一共通点，可以说就是自然的规律，社会的法则。比方就人类社会来说，我们并不否认国家的存在，而是主张各人各以其民族国家为本位，大家通力合作，建设一个和平的大同世界。"② 在他看来，战后世界国际组织建立在求同存异的民族主义基础上。求同存异是大同世界国际外交的基本原则。叶群也认为，大同世界国际关系的一个特征就是包容性，每个国家都应当能接受其他国家的意识形态。"这一个大同世界，是能包纳涵容世界上所有不同主义的世界，不论资本主义、社会主义还是共产主义。……它内裹的各部分是性质不同，形式各异的，但是这些不同的地方是由大家承认的，这些特异的地方是由大家容忍的，是团结一致的。"③

更有甚者，认为在大同世界中国界是可以废除的，以此达到"天下一家，世界大同"的目的。"实现大同主义的大同世界，就是可以撤废国界，打破阶级，……达到永远不会发生政治上，经济上及国际关系上的斗争，不必用技巧的外交手段和犀利的军事设防。"④ 还有如于望德所论，"世界大同化后，国界削减，各民族平等，全世界只有一个类同的组织来维持世界和平"。⑤ 当然，这显得过于理想主义，在当时也并非中国知识界主流的看法。

---

① 喻智微：《论战后世界和平与中国之和平精神》，《益世报》1942年7月30日，第3版。
② 梁寒操、余继邦：《民族文化与世界大同》，《国际编译》第3期，1944年，1~2页。
③ 叶群：《建造一个大同世界》，《西风》第106期，1948年，第324页。
④ 祝世康：《民生主义又名大同主义的来源考》，《时事类编》第62期，1941年，第14页。
⑤ 于望德：《世界政治的改造与世界大同》，《世界学生》第1~2期，1943年，第47页。

　　从上可知，中国知识界对战后世界的大同化寄予很高的期望，把其视为战后世界和平建设的最高指导思想。汪叔棣通过对比中西文化蕴含的和平特质，认为中国的大同思想相较西方文化更有优势："首先，中国的'大同'思想，是废止了狭隘的国家民族思想，而提出了一个'天下'观念，作为人类一切组织的最高，最完美的形式。其次，它以道德色彩的'信'，代替了西洋近代文明中权利义务观念，以'睦'代替了西洋的国际条约与国际和平的观念。再其次，以'亲其亲'，'子其子'等伦常观念为基础，它又向前推进了一步，而达到全体人民福利的提高。总之，浸润着一切中国朝野对于战后世界的理想和愿望的，实际上，就是这个含着浓重道德和伦理色彩的，大同思想的传统和精神。"① 鄢慕荣也断言："中国古代的'大同'观，便是世界上最完美的和平哲学。所以我们要世界和平，必须使中国的大同思想弘扬全世界。"②

　　在汪叔棣看来，指引盟国建设战后持久和平秩序的理想世界观，除了《大西洋宪章》的精神外，就是中国的大同思想，他指出：在重建战后世界及实现永久和平的普遍愿望中，目前次一个发生重大作用的，应当要数到我们中国几千年来一脉相承的大同思想。虽然对于西方的人士它不免还相当陌生，但至少在东方，它曾支配所有中国文化系统下的一切区域一切最高的政治理想，而在战后，一等中国四亿五千万人开始担任重建战后世界的要角，它那时当然也要随着传播到全世界的各处而发挥重大的作用。③ 朱皆平也指出："现在的世界和平理想，既不是过去英法的维持现状，也不是现在世界上一班奔走的和平的政客所拟想的粉饰太平与苟安的局面，而必须是人类社会一种'动态的平衡系统'，可以与宇宙的秩序相和谐，而为我国古昔圣贤所希冀的'世界大同'！"④

　　20世纪40年代中国知识界世界主义思想的勃兴与发达，也和他们对世界和平与发展不可分割的观念的认知有很大关系。首先是和平与发展不可分割的观念已经根深蒂固。如耿淡如指出的那样，孤立政策已不再可能，"时至今日，世界上只有集体的安全，集体安全不能维持时，个别安全同时毁灭，

---

① 汪叔棣：《战后世界机构论》，《东方杂志》第13号，1943年，第2页。
② 鄢慕荣：《论世界永久和平》，《文英杂志》第2期，1945年，第23页。
③ 参见汪叔棣《战后世界机构支柱的建竖》，《东方杂志》第10号，1944年，第5~9页。
④ 朱皆平：《从"全球战争"到"世界大同"——下篇："世界大同"之理想及其实现》，《世界月刊》第2期，1948年，第16页。

而变为集体不安全了！究其原因：世界交通如此迅快，国际关系如此密切，天涯海角所发生的之变动，即可波及于各国而影响其安全。即所谓'牵一发而动全局'，过去各国自扫门前雪之政策——孤立政策，现在非但不能适用，且为不可能之事，这事已有两次世界大战之证明，谁也不能否认"。① 姚展时也强调："过去的事实告诉我们，任何侵略者的星星之火都足以引起燎原全球的世界战祸，所以我们认为当战争消弭而真正的和平重新获得之后，各种曾经存在于既往或尚残留于目前的帝国主义的偏安心理与自私的企图，必须予以根本捐弃。我们必须要再三地从历史的惨痛教训中去深切体认和平不可分割的要旨，只有在世界集体的安全制度方能确保自身之和平幸福，任何偏私苟安之局只会替战后世界的子孙种植更大的祸根乱源。"②

其次是近代以来世界经济一体化发展，你中有我、我中有你情势的形成，使国际协调组织成为一种必需品。就像法章陈述的，"国际主义的兴起也有着经济的原因。认为是广域经济圈的要求。从经济的观点上看，今日国际主义的所以兴起，也是因为经济发展的缘故，生产与消费都冲出了国界，形成了世界经济的现状"。③ 钱锦章也指出了国际组织对发展战后世界经济的必要性："在这次世界大战结束以后，国际组织为必然有而且必须有的产物。因为不论其动机是由于主要强国要保持其胜利的收获，或是由于联合国间真心诚意想奠定维持和平的永久基础，处于这全球息息相关，宇宙成一个单位的今日，要单靠某某一二国家……发展国际交易，通易各地有无，谁都知道是不可能的。"④

二、前事不忘，后事之师：中国知识界对国联教训的反思

国联的失败并没有动摇中国知识界走向天下一家的决心，在他们看来，"国联的失败只是方式错误了，并不是说国际间不需要一种切合实际情形而行得通的共同组织。上面说过，人类的进化是逐渐的。要达到真正国际合作的最后阶段，中间非经过一个'训政时期'不可。'训

① 耿淡如：《联合国与集体安全制》，《知识》第4期，1945年，第2页。
② 姚展时：《战后世界的重建》，《侨声报周刊》第5期，1943年，第5页。
③ 法章：《论国际组织》，《现代周报》第11期，1945年，第10页。
④ 钱锦章：《国际组织之实施原则》，《国民外交月报》第9期，1943年，第27页。

政'未完成以前的国际机构，决不能求其尽善尽美。……我国古话认为
五十步不应当笑百步，这是不合科学的看法。从逻辑上讲，五十步与百
步相差整整一倍，我们如果没有许多次五十步的国际组织，世界大同的
目标是永远不会一举便得的"。① 在鄢慕荣、胡世泽等人看来，国联就是
世界大同的一个初步尝试，不成熟在所难免，"国联实在是世界大同的
一个初阶，也是世界和平筚路蓝缕的开路先锋。在盟约里面，当然也有
许多缺点，但他主要的症结在于人类自私心和利欲，未能铲除，所以任
务既未完成，目的未未实现"。② 所以，他们主张应对其加以包容，而且
"国联的精神与中国世界大同的理想很接近，当然中国对于将来的和平机
构也是极端赞成的"。③

由上可知，象征人类建设大同世界尝试的国联建设的失败，并没有让
中国知识界对未来国际组织的效能完全丧失信心。在 20 世纪 40 年代盟国
规划战后和平的背景下，如何从国联的失败中吸取教训，便成为他们构建
战后和平的重要前提。在胡鸿烈看来，"国际联盟是战争的产儿，它的使
命即在防止战争的复起，但到了现在，事实已经证明它不能完成这项使
命"。第二次世界大战后会 "产生一个新的国际和平组织，但温故而知
新，检讨过去可以策励未来，检讨国联过去的成败，可以作未来建设国际
和平的指针"。④ 史国纲也认为："检讨它的盟约，指出弱点，并且加以
必要的补充，对于将来为实现真正世界和平而创立的国际机构，未始不
是适宜合时的供献。"⑤

这一时期中国知识界基于历史的经验，对国联失败的内外原因加以反
思总结，以期为战后新国际组织的建设提供一些有价值的建议和方向指
引，荦荦大者，有以下几点。

第一，代表性不足问题。代表性不足问题是中国知识界普遍关注的一
个问题。在他们看来，就国联的组成方面而言，其会员未囊括全部国家，
美国拒绝加入国联，苏联选择领导第三国际，国联失去了国际性。沙舟明

---

① 周书楷：《现实主义下的国际组织》，《东方副刊》第 10 期，1946 年，第 19 页。
② 鄢慕荣：《论世界永久和平》，《文英杂志》第 2 期，1945 年，第 21 页。
③ 胡世泽：《战后世界和平机构》，《中国青年》第 4 期，1944 年，第 6 页。
④ 胡鸿烈：《战后国际和平组织之调整与建设》，《新认识》第 3 期，1942 年，第 28 页。
⑤ 史国纲：《从国联盟约说到战后国际机构》，《东方杂志》第 11 号，1943 年，第 8 页。

确提出"新的国际组织必须包括世界上所有的国家"①。在他们看来，未来联合国家组织作为取代国联实现维持世界和平与安全性的新的国际组织，必须具有世界性和平等性。无论国家大小强弱，都应该平等地占有一席之地，只有将世界上所有国家都纳入联合国，《联合国宪章》才有普遍约束力，才不至于沦为一纸空谈。

第二，表决程序问题。在实施制裁问题上，国联必须由理事会多数投票表决，"全体一致通过"易造成议而不决的流弊。在史国纲看来，国联盟约第五条第一项中一切重要决议都要全体同意的规定是承认"一国主权是绝对的另一表示"。他认为，这一规定在事实上"非常困难，恐怕结果也不容易公允合理。因而维持现状的主张得占上风，成为调整国际关系和国际社会进步的重大阻力"②。因而，他主张在未来建设国际和平机构时必须变换这种决策程序。此问题也被陈世材视为"一致同意"之障碍。"国联理事会之设置，既已表示放弃国家平等主义矣；但盟约对于国联之决议，除少数例外，又规定必须以'一致同意'行之。在法理上即为自相矛盾，在实际上运用不灵。是以每遇紧急问题，国联无力对付，即此'一致同意'原则之作梗也。"③

第三，制裁力有限问题。耿淡如在反思国联失败的原因时得出结论："国联之失败是由于制裁方法之无效"④，国联能解决弱小国家间的争端，却无法解决强国与弱国之间的争端。如陈世材所论："国联盟约一纸文书耳，既无国际警察为之执行，又无国际军队为之保护。盟约第十六条虽有经济制裁与武力制裁之规定，但裁判之执行，任由各国自便。换言之，即缺乏制裁之制裁是也。"⑤《国联盟约》第十六条第二款规定，行政院应负向各国政府建议之责，联盟各会员国各出陆海空之实力组成军队，以维护联盟盟约之实行。"这种建议性质的规定，会员国之接受与否完全出于自动，很不可靠。"⑥实际上，国联成立以来也并未实施过武力制裁。对这一规定，史国纲也批判道："因行政院不肯对

① 沙舟：《国际组织的检讨与展望》，《中国女青年》第12期，1944年，第8页。
② 史国纲：《从国联盟约说到战后国际机构》，《东方杂志》第11号，1943年，第8页。
③ 陈世材：《战后世界和平组织问题》，《新认识》第3期，1942年，第24页。
④ 耿淡如：《联合国宪章的总检讨》，《月刊》第1期，1945年，第13页。
⑤ 陈世材：《战后世界和平组织问题》，《新认识》第3期，1942年，第23页。
⑥ 胡鸿烈：《战后国际和平组织之调整与建设》，《新认识》第3期，1942年，第29页。

各国实行武力之制裁的建议，因行政院中之重要份子即为主要国家之代表，如发动武力制裁，其责任，即降诸大国之身，大国不肯负责，小国无力负责任，如此武力制裁的规定等于空言。"① 对此，王世杰甚至提出建立独立的国际空军，作为新国际组织之后盾，为世界和平谋真正有效之保障。②

第四，未宣布战争为绝对非法。史国纲指出，"虽然盟约前提里有会员国'特允接受不从事于战争之义务'，但是依照第十二条第一项，只'约定无论如何，非俟公断员或法律判决，或行政院报告三个月以后，不得从事于战争。'这显然是个漏洞，并不啻承认经过规定的过程和期限而从事战争是合法的。作战是一国主权范围以内的事，无怪盟约只限制战争，而不把它一概禁绝了。战争既然可能，同时这种战争，又不违犯盟约，因此对于这种战争，不能引用盟约里制裁的办法；所以第八条第一项所云会员国'承认为维持和平起见，必须将本国军备减至最少之限度，以适足保卫国境之安宁及共同实行国际义务为度'，等于空话了。试问哪一个国家，在还有受到合法战争威胁的情形之下，愿意放弃自己认为安全所需要的军备呢？军缩不可能，军备竞争是必然的后果，战争就无法避免。这样看来，不规定一切战争为绝对非法，是没有办法消灭战争的"。③

以上提到的国联的种种弊病和缺陷不足，④ 都是中国知识界梳理的国联失败的教训所在，同时也是他们希望盟国在建设未来新国际组织时需要更正的问题。对于未来建设的大致方向，史国纲代表性地指出，一是适当限制一国的国家主权；二是增加国际组织的积极权能；三是明确侵略定

① 史国纲：《从国联盟约说到战后国际机构》，《东方杂志》第11号，1943年，第8页。
② 参见王世杰《如何奠定战后世界和平——空军国际化》，《世界政治》第1期，1945年，第3页。
③ 史国纲：《从国联盟约说到战后国际机构》，《东方杂志》第11号，1943年，第8页。
④ 关于国联弊病问题的讨论，还可以参见梁寒操《论战后新世界和平秩序问题》，《新建设》第10期，1941年，第11页；许维汉：《论战后之国际和平组织》，《文化导报》第1卷，1941年，第7~8页；陈世材：《战后世界和平组织问题》，《新认识》第3期，1942年，第22~26页；张翼枢：《战后和平机构之我见》，《东方杂志》第1号，1943年，第15~18页；陈安仁：《战后世界和平机构之建设问题》，《东方杂志》第18号，1943年，第3~6页；陈士伟：《针对国际联盟已往之得失泛论战后国际和平机构在组织、任务、权力上应具有执条件》，《湘桂月刊》第12期，1943年，第2~12页；耿淡如：《联合国宪章的总检讨》，《月刊》第1期，1945年，第10~15页；张明养：《论联合国组织》，《理论与现实》1946年第2期，第16~21页。

义；四是明确划分大会和行政院职权。① 那么，他们心目中理想的国际组织形态又是怎样的，又该如何建设呢？

三、理想之境：未来联合国组织的机制建设

在剖析和总结国联失败原因与教训的基础上，基于国际政治经济的现实，中国知识分子围绕未来国际组织建设的原则、组织构成以及各自功能等提出了他们关于未来国际组织的设想，反映了特殊时期他们所持的战争与和平的观念。

胡鸿烈代表性地提出了国际组织建设的原则和方向问题，"调整建设未来国际组织的十项原则"，② 如限制国家主权、包含整个国际社会、能适应进步思想、裁减各国军备、加强国际法院、建设国际武力、提倡国际教育、援用以和平方式改变国际现状和扶助世界上落后民族等。以上原则既考虑到了当时的现实问题，又关注到了未来世界的长久和平与发展。根据上述原则，他还起草了二十条详细的"国际和平组织约章"③。他认为国际和平组织应包括大会与行政院和国际法院。大会为最高权力机关，行政院为执行机关。其中大会代表一国至多有三个，尽可能代表国内不同意见。国际法院作为独立的组织，具有最终裁决国际争端的权力。海陆空军统帅部掌握国际和平组织的武力，各国以人口及其他派遣志愿兵并规定最高和最低限度。国际和平组织既有独立的武装力量作为经济制裁的后盾，将惩罚能落到实处，又能防止个别有野心的国家左右国际武力而扰乱国际秩序或逃避建设国际武装的责任。通过组织监督造船厂等，避免各国秘密扩军。秘书厅下的军缩股负责调查各国军备的情况，裁减各国军需。根据现实的情况，各国仍保留必要的军队，等世界秩序渐上轨道，国际武力再逐步减少。国际合作局是为促进成员国间的国际合作、推进世界繁荣人类进步而设置的，包括经济、交通、教育、卫生等方面。特别是国际教育，旨在培养青年人的国际主义，以高尚的共同理想作为建设世界和平的基石。积极援助落后地区，有助于发扬人道主义精神，促进全人类的共同繁

① 参见史国纲《从国联盟约说到战后国际机构》，《东方杂志》第 11 号，1943 年，第 8～10 页。
② 参见胡鸿烈《战后国际和平组织之调整与建设》，《新认识》第 3 期，1942 年，第 30～32 页；缪俊人：《集体安全制度与战后国际政治》，《现代中国》第 2 期，1942 年，第 19～21 页。
③ 参见胡鸿烈《战后国际和平组织之调整与建设》，《新认识》第 3 期，1942 年，第 32～36 页。

荣和进步。

胡宣明提出国际社会的建设思路，即"大致可以按照行之有效的国内和平组织来组织国际和平机构，只将区域扩大到全世界并将行政范围，严格限于维持国际和平之下便得"，国际组织下的具体机构建设方法则为："（一）在世界各国共同组织的和平机构内设一立法机关，由会员国各派代表一人组织之；拟订维持世界和平的大纲，原则及施行法，送交各会员国批准。各国批准后，即有绝对遵守的义务。（二）强化国际法庭，依上项所定的国际公法，判决国际纠纷，强制执行。（三）组织仲裁委员会，迅速调解国际间的紧急争端。（四）组织世界保安总队，掌理各国合组的武力，强制维持国际和平。（五）组织世界经济委员会，改进国际间的经济关系；第六，组织世界赈济委员会，掌理国际赈济。（七）组织世界文化委员会，促进世界文化的交流，扫除互相鄙视及仇恨的恶感。"[1]

张翼枢在检讨了国联的三个缺陷——议而不决、缺乏制裁力和容忍战争后，主张永久和平计，认为国联改造应遵循的原则有七：一是赋以普及性；二是新国联之主干当暂以美英中苏四国为限，并不立意排斥任何一国；三是取消全体同意制，改为多数表决制；四是一切国际争议须提交仲裁；五是规定侵略之定义；六是现行委任统治制应该为集体统治制；七是《大西洋宪章》精神在各地付诸实施。[2]方瑞典在比较了世界各国和平建设方案后，认为战后和平组织需具备以下要义：一是战后国际和平机构的性质必须具有普遍性，亦即世界性，并限制成员自由退出；二是此新国际政治组织之宪章或丹书仍采用"盟约"一词；三是会员大会之组织应建立在平等原则基础上；四是应设有以国际行政机构，委员不必分常任、非常任，由大会选举产生；五是应创立国际警察制度；六是创设国际经济院。[3]

除以上总的建设原则外，中国知识界还就如何加强新国际组织的制裁力问题提出了建议。中国知识界视制裁力的缺乏为国联维护和平失败的主要原因之一。张忠绂列举了战后国际社会要想达永久和平必须做到的工作，第一点就是"树立一健全的国际组织，使之拥有制裁国际争端的实

① 胡宣明：《国际和平组织刍言》，《组织》第13期，1944年，第3~4页。
② 参见张翼枢《战后和平机构之我见》，《东方杂志》第1号，1943年，第16~18页。
③ 参见方瑞典《国际和平组织史的检讨》，《文化先锋》第22期，1944年，第7~9页。

力，必如是各国始能无所怀疑，无所畏惧"。① 周敦礼也同样指出："战后世界和平的维系，不仅需要一完整之国际政治组织，且须创立一强大的国际武力，作为制裁侵略的后盾。然任何国际战争的发生，每先有国际争议的存在，而处理此争议之通常途径，则仍赖有一健全的国际司法组织，如'国际法庭'者，加以公平之审议，借谋合理之解决。"②

在对未来的国际组织进行策划时，张明养等人特别强调了经济合作的原则。他在讨论了其他国家知识界的战后国际组织建设的建议案之后，指出战后的国际和平组织建设应该遵循三个原则：一是民族平等；二是民主自由；三是经济合作。而且这三者之中经济合作最为关键，因为在他看来，"政治社会的问题多受经济因素的影响决定。关于经济合作一点，多方面提出很多意见，如自由贸易，原料合理分配，国际通货计划及公海自由通航等等，这些计划当然都能促进国际间经济的合作。但是有一点我们应当注意的，即国际间经济之所以不能合作，与各国的经济组织本身有很大的关系，因为各国之所以采取保护贸易，竞争原料与商品市场，以至最后发生政治的与武力的冲突，都是从这个经济组织的本身出发的。要是这个经济组织的根本问题没有加以合理的调整与改造，那末所谓实现贸易自由与国际通货计划等等，都不过是表面上的治标方法，不能从根本解决国际经济合作的问题……所以战后国际经济组织必须根据这三个基本的原则组成"。③ 陈汝舟提出的国际组织建设五项原则，也无不渗透着推动经济合作与发展的期待。"（一）世界和平之建立，必须国与国间基于公道与正义之原则互为合作，（二）……各国间维护平等保障之永久国际贸易与机会均等之经济原则，（三）集体安全之国际组织，不只建筑于政治制度之上，同时更要注意适当的有效的自由经济政策之上，（四）必须有健全之国际组织负责研究国际间之政治经济新政策与新秩序，（五）必须有健全之国际组织扶助各国增强生产能力，安定国际贸易，设法满足国际劳工

---

① 张忠绂：《战后和平工作和重心》，《军事与政治》第 3 期，1942 年，第 1 页。
② 周敦礼：《论战后世界和平机构中之国际法庭》，《大公报》1944 年 9 月 27 日，第 3 版；关于此问题的讨论，还可参见宋坚《未来世界和平组织：恭读朱部长广播词书后》，《组织》第 12 期，1944 年，第 10 – 12 页。
③ 张明养：《论战后的国际组织》，《东方杂志》第 15 号，1943 年，第 4～5 页。

报酬……与发展国际文化事业。"①

需要说明的是，有部分知识分子对未来的国际组织构架谋划时，提到国际组织之下要设立区域组织，如王正廷提出国际组织之下须有区域组织，分工合作，以利事功。② 陈汝舟也主张战后国际组织当以大同思想为其规范，求自由世界之实现，仍可分区统治，使之归于合一……③但这一观点遭到史国纲的反对，在他看来，"由于交通方面惊人的发展，昔日天然的划分已经完全消灭，而国与国之间的关系和互赖的程度，也因此比已往密切。在这种情形之下，纯粹的区域问题，事实上恐怕很少。例如原料的分配，不把整个世界做策划的对象，欧洲决没有单独解决的方法，国际贸易，更为明显。而从这次世界战争的前因看来，区域的划分绝对不能限制它的范围。最初日寇在东亚发动侵略，继之意大利在非洲，德国在欧洲，终至蔓延到全球。星星之火，可以燎原，有了这种教训，再不谋整个的解决，未免舍本求末。和平是决不可分的，只有全世界各国协力来消灭破坏和平的因素，共同制止侵略的爆发，才能够获得有效的解决"。④ 在他看来，面对世界高度整体化的现实，不但和平不可分割，经济发展也需要一体面对，各种问题在国际层面做整个解决才是正道。

四、理想与现实的交融：中国知识界对联合国建议案及宪章的检讨

1944年8月21日至10月7日，中、美、英、苏四国在美国华盛顿附近的敦巴顿橡树园举行旨在讨论和拟订战后新的国际组织章程的会议。会议分美、英、苏（1944年8月21日至1944年9月28日）和美、英、中（1944年9月29日至1944年10月7日）两个阶段进行。在会议第一阶段，美国、英国、苏联三国会议通过了《关于建立普遍性的国际组织的建议案》，建议新国际组织定名为"联合国"，并对其宗旨与原则、会员国的资格及主要机构和职权等做出规定。关于创始会员国及其资格及其安

---

① 陈汝舟：《战后国际组织问题》，《国民外交月报》第2期，1943年，第5~6页；方瑞典：《国际和平组织史的检讨》，《文化先锋》第22期，1944年，第3~9页。

② 王正廷：《对于战后世界和平之我见》，《世界政治》第1期，1945年，第5页。

③ 陈汝舟：《战后国际组织问题》，《国民外交月报》第2期，1943年，第9~10页。

④ 史国纲：《战后国际机构问题》，《东方杂志》第4号，1943年，第9页。

全理事会的表决程序等争议问题留待日后解决。10 月 7 日讨论结束，有关这一国际组织架构的提案由四国提交各联合国家政府及人民研究、讨论。1945 年 4 月 25 日至 6 月 26 日，美国、英国、法国、苏联和中国（国民党政府）等 50 个国家在旧金山召开了联合国成立会议。会议主要任务以 1944 年 8～10 月召开的敦巴顿橡树园会议建议案为基础制定了《联合国宪章》。此间，国际组织建议案以及以此为基础颁布的《联合国宪章》引起各国的关注，中国知识界对盟国官方通过的国际组织建设建议案以及宪章表达了自己看法。整体来看，积极肯定是主流，消极评价是支流。

少数悲观论者认为依据此方案建立的国际组织难免重蹈国联覆辙。如金光指出："关于顿巴敦建议案中的战后国际和平机构，究竟是怎样的一件法宝，若与上次国际联盟一比较，从法律的观点来说，实在是无分彼此，第一：战后国际和平组织，各爱好和平国家，可自由加入或退出，这对于保证战后和平会减少力量；第二：几个由大国组成常任理事会把持一切，一切决定都需要常任理事国同意，小国无置喙余地；第三：虽有军事参谋委员会的组织，理事会由调配各国武力之权，各国是否接受调整极其难说；第四：区域安全组织也无良策，不同区域内小国发生冲突，固可由大国调停，二同一区域内，大国和小国发生冲突时，吃亏的，自然还是力量最弱的小国。"最后，他还提出警告："无容否认，决议案中关于国际和组织部分未臻美善之境，这一切缺陷都会唤起人们追溯上次国联失败的线索，而对未来的国际和平自然而然地发出失望的叹息和幻灭的悲哀！人类的永久和平仍不过是空中楼阁或乌托邦罢了。"①

中国知识界更多的知识分子立足于对世界现实的观察和体认，对国际组织建议案和《联合国宪章》还是基本持肯定态度。向理润代表性地指出："理想主义者对于此次战后世界和平抱有莫大的希望，认为要拯救人类文明，在此次战后，必须寻出一种维持世界永久和平的方案，而维持永久和平的方法，莫如各国捐弃畛域之见，消除政治的经济的社会的及文化的冲突，以团结成为一个世界联邦；换言之，即四海变成一家，亦即国父

---

① 金光：《旧金山会议与战后国际和平》，《天风》第 6 期，1945 年，第 7 页，亦可参见法章《论国际组织》，《现代周报》第 11 期，1945 年，第 10 页；江禄煜：《联合国宪章与联合国机构》，《大夏周报》第 2 期，1946 年，第 4～7 页。

所谓世界大同。假如拿这种理想主义派的眼光来观察'国际组织建议案'，那就去我们的目标尚远。在这次的建议案中，和平机构的主要组织仍不过是大会，安全理事会，国际法院与秘书处，其组织与上次的国际联盟大体相仿，令人并无陌生之感。不过现在的世界，说是现实的；各国的浓厚的国家观念，以及政治经济利益的冲突，问题尚多，理想的世界，不可一蹴而就，尤其是各国政府的代表，是充份了解现实的问题，他们不会毫无依据只凭理想来建筑一个空中楼阁的。明乎此，我们从现实的立场来看'国际组织建议案'，就感觉他是比以前的国际联盟进步得多，这是不可否认的事实。"[1]

卓钧详细分析建议案的内容，比较了新国际和平组织与国联的不同，最终肯定了新国际组织相对于国联的进步意义："第一、新组织具有世界性，不似旧国联原来仅为欧洲协约国对付德国的工具，实际上亦即凡尔赛和约的执行机关。第二、新组织权力集中，易于采取行动，不似旧国联散漫无章，每因一二国的捣乱而无从处理任何问题。第三、新组织特别着重维持国际和平的安全具体办法，不似旧国联仅有空洞的制裁条文，而毫无如何实施制裁的切实规定。"[2] 盛叙功也指出了联合国的进步性："从积极的方面说，世界联合国究竟比旧日的国际联盟进步多了。由'全体通过'改进为'三分之二或半数通过'，可以免除'议而不决'的流弊。'各会员国将维持国际和平及安全主要责任，授予安全理事会'，事权集中，可以消除权力分散互为牵制的缺憾。制止侵略的办法，所规定的虽未见得迅速而有效，总比旧国联进步了，'军事参谋团'组织且运用得好，也未尝不可执行武力制裁的。机构也比较完备，尤以经济暨社会理事会，是一个政治以外的超国家组织，合理的推行，是可以促进国际社会经济的合作的。"[3]

耿淡如从组织建设上对联合国加以考量后认为："联合国之机构比国联为完备，并且其运用较可圆活。关于政治、经济、社会、文化及殖民地问题，皆有专门机关，以司其事……这些情形皆足保证联合国之'后来居上'了！"[4] 总而言之，在他看来，"联合国之创立，于和平途上又树立

---

① 参见向理润《对于"国际组织建议案"的观感》，《军事与政治》第 2 期，1944 年，第 1 页。
② 卓钧：《联合国与旧国联》，《国际时事研究》第 8 期，1944 年，第 7 页。
③ 盛叙功：《联合国：理想和现实的混合产物》，《世界知识》第 4 期，1946 年，第 14～15 页。
④ 耿淡如：《联合国宪章的总检讨》，《月刊》第 1 期，1945 年，第 13 页。

一块前进之界石。联合国可以说是世界上新建之'和平卫城。'倘使克鲁西、苏里、康德等能起死回生，看到联合国之组织，将叹为观止！即使美总统威尔逊再现于世，亦将自认其所计划之国联，相形见绌，不得不说一声，'后生可畏'了！人类虽仍在脱不了战争之灾祸，但终究是继续向和平之途迈进。战神或可于将来抬头，然人类已准备予以迎头痛击了！"①

联合国安理会常任理事国的否决权问题是理想主义者消极评价联合国的一个主要原因。然而，在中国知识界主流看来，这种设计固然损害了平等权，却是对国际现实的直接反映。盛叙功、周敦礼、张明养等都对这种安排持肯定态度。盛叙功认为："联合国宪章是不能达到完全形式上的民主的。我们不必怎样去检订宪章，仅就其荦荦大者而言。在顿巴敦会议中，就出现了'国际领导制度'的趋向。那具体的意义，就是由几国实力最强大的民主国家，领导战后的国际组织。这个领导制度表现在宪章中，就是中、美、英、苏、法五国保有否决权，安全理事会中有常任理事与非常任理事之分，中美英苏法'五强'分任常任理事，六个非常任理事则由其他国家轮流选任。我们不是单纯的理想主义者，我们承认一个组织是需有'力'的，而且唯有'力'才能实现理想，领导弱小者，共同维持世界和平。"②他还对这种消极看法继续批评道："某一些评论家们对于这种主义非常不满，他们说这叫做三强独裁，他们企图用尽一切方法来破坏它。实际上三强能够合作正是所有世界各中小国家的最大的利益，如果三强已经不能合作，那并不意味着就是战争，而是意味着世界安全和平的终了。同样地，某些评论家们对于各大国拥有否决权一点的攻击，也是不合理的。其实，五大常任理事国在采取一项行动时所以必须一致，正是为了世界的安全。联合国宪章所以规定五强必须一致，就是把维持和平的责任很明白地放在五大国的肩上，五大国行动必须一致，正是保持世界和平的一个必不可少的条件。"③

周书楷从现实主义的立场，对理想主义者的看法也做出批判："有人批评这种以强权作基础的国际组织，对于一般小国不足保障和平……这种批评在理论上是很正当的。可是，事实上，人类并没有达到完全平等博爱

---

① 耿淡如：《联合国宪章的总检讨》，《月刊》第 1 期，1945 年，第 15 页。
② 盛叙功：《联合国：理想和现实的混合产物》，《世界知识》第 4 期，1945 年，第 14 页。
③ 盛叙功：《联合国：理想和现实的混合产物》，《世界知识》第 4 期，1945 年，第 15 页。

的境地；经验告诉我们，破坏和平的只是强国，维持和平也靠强国。如果强国之间没有谅解，任何国际组织是不会有效的。强国在新机构内占优势地位固然不是圆满的现象；但是，这样比较国际无政府状态听凭强国各自为政的危险性要少一些。"① 实际上这种特权也受到一定的限制，如否决权只适用于事实性事项而非程序性事项；参与纠纷的国家不得出席会议，避免了"运动员的裁判权"。陶樾对此也总结道："这种投票方式固然不能认为完全满意，然而比较旧国联的办法已属进步。"②

在张明养看来，安理会常任理事国的否决权设置也的确有其合理性。他认为："此项规定初看起来，似极不合理，因为五常任理事国的权力太大了，有独裁一切的形势；而且当某一常任理事国为被制裁的对象时，它当然要行使否决权，这样要通过维持和平与制止争论的决议也就不可能。这些话自然言之成理。但在实际上，要保障和平，制止战争，必须各大国能够切实合作，如果有一大国不参加共同行动，则维持和平的力量就大形减弱！如果此一大国为被制裁之对象时，那就等于和平破裂，战争发生，此时联合国也就无存在余地，多数通过更毫无意义可言了。"③

此外，周鲠生还充分肯定了《联合国宪章》对战后国际法发展的促进作用，尤其认为宪章的相关规定对战争权与战争法、中立权和中立法的改进意义重大。④

五、谨慎的大国担当：国际组织建设中的中国角色想象

在战后世界和平组织建设的过程中中国处于何种地位？应该发挥何种作用？联合国建立后，中国在国际社会中又应该如何自处？这些问题都是中国知识界讨论战后世界秩序时面对的主要问题，反映了他们构建战后世界秩序时民族本位的思考逻辑。

中国知识界对中国在未来世界秩序中角色的定位，和这一时期知识界对民族文化内嵌的和平建设价值的自信有着莫大的关联。文化的高度自信使他们认为中华民族在战后和平建设中应该发挥积极作用。江亢虎在比较

① 周书楷：《现实主义下的国际组织》，《东方副刊》第 10 期，1946 年，第 20 页。
② 陶樾：《联合国宪章的总检讨》，《中央周刊》第 40 期，1945 年，第 205 页。
③ 张明养：《论联合国组织》，《理论与现实》第 2 期，1946 年，第 20 页。
④ 周鲠生：《联合国宪章与国际法》，《大陆评论》第 4～5 期，1946 年，第 2～7 页。

了中西文化的和平属性后指出："此后世界唯一希望，乃在中国文化之复兴与普及。具体方案：则以新国家主义（即新国际主义）代帝国主义，谋民族之共存。以新民主主义代替军国主义，保地方之治安。以新社会主义代替资本主义，泯阶级之斗争。"而且，他还认为："中国文化改造世界，不需要任何破坏与流血之牺牲。中国文化向取兼容并包态度，亦不需推翻打倒其他文化。吾人非谓中国文化圆满无缺，绝对无二，特对泰西文化之流弊为一种适当且有效的治疗与救济。"[①] 其中，在中国的文化系统中，大同文化尤其被知识界推崇，"大同文化是中国文化的极致，中国文化之最高理论"，[②]"孔子大同主义，为人类和平之极致"，[③] 有知识分子甚至喊出了"非中国文化不能促成世界和平"[④] 的口号。

全面抗战后期中国跻身四强的事实也激发了国人的大国荣誉感和责任感。再考虑到联合国组织这一理想和我们"大同世界"理想的契合性，中国知识界纷纷主张应该积极参与、支持这一组织的建设和运作。中国最先抵抗日本法西斯的侵略，持续时间最久，以及作为反法西斯战争东方主战场的事实，赢得了盟国的尊重和大国地位，如王克浪所言："由于八年来的艰苦抗战，使我国以遭受战祸最深反抗侵略最久的资格，得与英、美、苏列于四邀请国之一，参加旧金山会议，拟订国际宪章，并在新的国际机构中，荣获常任理事，成为保障今后国际和平安全的五强之一。"[⑤]

"四强"之一的荣誉以及安理会常任理事国地位的获得增强了中国知识界维护世界和平的责任感，刘独峰就指出，"此次大战结束，联合国新组织成立以后，中国参加安全理事会，为常任理事国之一，中国取得此种地位不应视为权利，而应视为中国对于世界责任的加重"。[⑥] 在他看来，这一认识是至关重要的，强国与弱国的平等，不仅体现在权利方面，而且体现在义务上。如果把加入联合国视为一种权利，那么更多的国家或许会为争夺这种权利而引起战争。反之，如果将加入联合国视为一种只义务，

① 江亢虎：《中国文化与世界使命》，《文友》第10期，1944年，第4页；天和：《天下一家世界大同文化将推行于全世界之感述》，《道德专刊》第5期，1947年。
② 赵戴文：《战后世界和平九条件》，《虎啸》第1期，1944年，第51页。
③ 张博言：《世界大同之促进及其教育方针》，《大同学志》第1期，1944年，第8页。
④ 郑螺生：《非中国文化不能促成世界和平》，《国民外交杂志》第1~2期，1934年，第107页。
⑤ 王克浪：《"联合国"与中国》，《前线周刊》第1期，1945年，第14页。
⑥ 刘独峰：《论国际组织》，《民意月刊》第6期，1944年，第31页。

则各国家间无所争夺，只感到责任的加重，战争就消弭于无形了。要承担更大责任就需要更强大的实力，中国知识分子意识到发展壮大自身力量的必要性和急迫性："站在中国人的立场上，我们对于这种现实主义的国际组织应当有什么认识呢？世界大同是我们传统的最高理想，我们的民族主义只是世界主义的基础，所以我们竭诚拥护任何维护和平的机构。但是八年来抵抗侵略的辛酸经验，以及目下的世界潮流告诉我们，集体安全制度在短期内只是辅助工具，一个国家的安全保障，首先须靠自身的实力。并且，现在中国既与美、英、苏、法同为新组织的柱石，非在经济军事方面有切实贡献，不足以居强国地位。所以我们必须赶紧从事国内的建设，以求增加自卫能力，与其他强国共负维持和平的责任。"①

同时，王克浪也提醒时人要保持头脑清醒，对待新的国际和平组织一定要做到四点。第一，我们必须打破一种错觉，认为有了这个国际机构，就真的可以天下太平；第二，我们必须纠正一种观念，认为我们已经真正跻身于强国的地位了；第三，我们必须避免一种幻想，认为友邦的在军事胜利就是我们自己的胜利；第四，我们必须改变一种作风，认为有了一个国际机构，一切问题都必须通过这一机构才能解决。在引证历史经验与解析现实情势后，他得出结论："为自己也罢，为世界也罢，总之，千言万语必须从健全自己始。"②

雷海宗也提醒国人认清现势，不可迷失，"战后的中国，必须在此种变幻莫测的世界中，谋求自处之道，将来的世局，比过去还要严酷，所以第一前题，我们必须认清现实，决不可有一点的自欺自娱。我们首先须要明了的，就是中国并非强国。抗战前我们的自卑心理特别发达，事事感到不如他人，而外国的事物则无不美满。抗战后，尤其近来因太平洋战局的临时失利而许多外国发言人对我们大赞大捧后，我们又有一种与前相反的自高心理发生。无理的自卑当然不妥，但缺乏根据的自高更要不得，两者都是精神不健全的表现，'四强'一词，使许多人听了得意忘形，外人先如此说，我们自己也就又惊又喜的拿来引用。我们在今日的情形下当然要以君子待人，相信外人如此说法并无不可明言的作用。但我们若认真起

---

① 周书楷：《现实主义下的国际组织》，《东方副刊》第 10 期，1946 年，第 21 页。

② 王克浪：《"联合国"与中国》，《前线周刊》第 1 期，1945 年，第 14～15 页。

来，将来必吃大亏；即早猛省，还可免贻后悔"。①

总之，中国知识界在主张中国应该积极参与联合国建设和联合国的活动，勇于担当历史和时代赋予的大国责任的同时，也并没有被安理会常任理事国这一至高荣誉和权力冲昏头脑，依然对中国的实力，对国际政治的现实保持着清晰的认识。冯美延指出：我们要牢记"自救是救人之本，自立是立人之基"，更不要忘记：要谈世界主义，就要以民族主义为基础。②

结语

第一次世界大战结束后，不到二十年，第二次世界大战的烽烟便燃遍全世界。两次爆发世界大战的惨痛教训推动着有着平天下情怀的中国知识界在战局未明时便已未雨绸缪，开始思考如何建立一个有效维护战后和平的国际组织这一时代问题。

中国知识界对国际组织维护世界和平、促进国际社会经济社会发展的重视和中国传统政治哲学中的大同主义密不可分。中国大同主义思想的本质即是天下为公，倡导的是世界主义的理念，暗合孔子提倡的"天下有道，则礼乐征伐自天子出"的政治理想，亦即打破地理畛域，在民族主义基础上，建立一个超国家的组织，来维护、促进人类的和平与福祉。因而，中国知识界主张中国应该以自己的传统智慧积极参与到战后国际组织的建设中来。

至于如何建设问题，中国知识界在吸取国联失败教训的基础上，基于大同主义理念，提出了种种设想。从平等、民主、开放到政治、经济、思想和文化兼顾的建设理念，到国际组织的机构设置、功能、运作以及争议的制裁程序，无不体现中国智慧。整体来看，他们的国际组织构想可以说是理想与现实的融合，一方面设定民主、自由、平等、开放以实现永久和平的理想目标和超国家实现手段，另一方面也认为世界大同不可能一蹴而就，应逐步推进，故而他们多赞同联合国安理会基于大国主导国际政治这一客观现实做出的制度安排。这反映出他们和平思想的原则性和灵活性、理想性和现实性。

---

① 雷海宗：《战后世界与战后中国》，《当代评论》第 5 期，1942 年，第 76 页。
② 参见冯美延《中国伦理与世界和平：为赵曾珏先生"伦理的人生观与物质的人生观"而作》，《时代精神》第 2 期，1944 年，第 10~14 页。

第四章 一波未平，一波 又起：战后中国知识界 对国际政治的忧思

第二次世界大战的硝烟尚未完全散尽，世界人民还没来得及呼吸反法西斯战争胜利带来的和平自由的空气，在战争中崛起的两个世界强国美国和苏联便已开始在德国占领问题、东欧问题、希腊问题、土耳其问题等战后处置问题上剑拔弩张。昔日同为反法西斯阵营的盟友开始转化为全面对抗的对手，使得欧亚大陆上空布满战争的阴霾。中国知识界期待已久的战后持久和平梦也开始变得模糊不定，第三次世界大战在中国知识界被频繁提及。①

原子弹作为第二次世界大战后期人类社会最具革命性的武器技术创新，在其爆炸后，因其巨大的毁灭性，引起当时世界舆论的震动。中国知

---

① 许正安：《假如第三次世界大战爆发》，《客观》第 7 期，1948 年，第 14～15 页；伍藻池：《第三次世界大战的可能性与中国的自我决择》，《再生》第 9 期，1948 年，第 6～8 页；陈铨：《第三次世界大战的可能性》，《中流》第 1 期，1948 年，第 12～13 页；梁纯夫：《第三次世界大战打得起来吗?》，《风下》第 123 期，1948 年，第 2～4 页；曹新赛：《第三次世界大战美苏战略的推测》，《社会评论》70 期，1948 年，第 8～9 页；黄水告：《第三次世界大战的战略：根据现实的美苏全面战预测》，《真善美》创刊号，1948 年，第 31～33 页；胡炘：《第三次世界大战能爆发吗?》，《国防月刊》第 1/2 期，1948 年，第 36～40 页；王干一：《第三次世界大战战略之趋势及我国所处之地位》，《通信半月刊》第 32 期，1948 年，第 5～7 页；金治泰：《第三次世界大战近了吗?》，《再生》第 212 期，1948 年，第 11～13 页；韦行：《第三次世界大战的蠡测》，《时代》第 61 期，1948 年，第 13～14 页；胡焕庸：《为期不远的第三次世界大战》，《群言》复刊第 10 期，1948 年，第 3～6 页；唐济澍：《第三次世界大战战略之趋势及我国所处之地位》，《军事杂志》第 207 期，1948 年，第 32～35 页；沃野：《目前国际形势与第三次世界大战》，《中国舆论》第 6 期，1948 年，第 12～15 页；顾良佐：《第三次世界大战蠡测》，《南青》第 4 期，1948 年，第 6～8 页；卢凤阁：《论未来第三次世界大战战略之趋势及我国所处之地位》，《国防月刊》第 4 期，1947 年，第 1～5 页；杨坚：《第三次世界大战发展的趋势》，《时代》第 44 期，1947 年，第 14～17 页；胡焕庸：《第三次世界大战与中国》，《现实与理想》第 1 期，1947 年，第 3～4 页；李辛：《第三次世界大战会发生么?》，《唯民周刊》第 6 期，1946 年，第 6～7 页；杨伯恺：《论第三次世界大战》，《文萃》第 18 期，1946 年，第 6～7 页；程海寰：《还有第三次世界大战吗?》，《红心》第 1 期，1946 年，第 6～7 页。

识界对该项战略武器的发明予以密切关注。有人称之为和平天使，因为它加速了日本的投降，也可以确保战后国家间势力的恐怖平衡。有人称之为战争恶魔，因为它会引起大国之间的核军备竞赛。美苏围绕核武器的竞争使得中国知识界陷入深深的不安。

战后初期美国对核武技术的垄断，加上柏林占领问题、东欧自由选举问题乃至东北亚的朝鲜问题，使美苏对峙白热化、全面化、全球化。美国专栏作家李普曼用以描述美苏关系新状态的术语"冷战"一次也开始为中国知识界所采用，并对其加以解读。此间，他们建构了自己的冷战起源、冷战性质的观念，并对冷战走向及中国应对之法提出了自己的设想。

第一节　和平天使与战争恶魔：战后初期中国知识界对原子弹的世界和平意蕴的认知

1945 年 7 月 16 日，美国在新墨西哥州阿拉莫戈多上空试验成功了世界上第一颗原子弹。8 月 6 日和 9 日，美国 B29 轰炸机把分别命名为"小男孩"和"胖子"的原子弹投到日本的广岛和长崎，加速了日本的投降，减少了盟军的损失。1945 年在世界历史上是毫无疑义的具有转折性意义的一年，"一九四五年是伟大的一年。我们说它伟大，不单是因为在这一年中迁延了十四年的反侵略战争终于跟随日本的覆亡而得到最后的胜利，而是更因为带来胜利的原子弹的出现已为人类开辟了一个新的世纪，原子弹的出现代表人类对于一种宇宙间新的能力——原子能（Atomic Energy）——有了控制和使用的力量"。[①] 可以说，这一年也是人类进入原子时代的新纪年。

对于原子时代的到来，中国知识界内心既充满希望，也弥漫着恐惧。广岛、长崎核爆炸后，原子弹迅速成了包括中国知识界在内的世界舆论的焦点，但是大多内心五味杂陈，其情形正如 1945 年 11 月 17 日《前线日报》社论描述："三个多月来，全世界响彻了原子炸弹的呼声，起先是目瞪口呆的惊奇，其后是不寒而栗的恐怖。"[②] 这种复杂心理，从蒋本仁的

---

① 苏儒：《原子时代和世界和平》，《新学生》第 2 期，1946 年，第 9 页。
② 社论：《原子弹管制与和平》，《前线日报》1945 年 11 月 17 日，第 3 版。

《原子时代与教育改造：教育者的任务》一文中亦可窥一斑："历史已濒于毁灭或新生的歧点，人类已随之跑到地狱与天堂的交叉口，何去何从，全恃人类明智的选择。"[①] "这是一个新天地，充满着希望和光怪陆离的危险，在广岛掩上的生命之门，已经上了锁。……现在没有选择，只有向原子时代摸索前进。"[②]

第二次世界大战末期核技术的突破可以说是 20 世纪最具国际政治意义的战时技术创新。那么，彼时中国知识界又是如何看待原子弹的国际政治意义的呢？原子弹之于世界到底是带来永久和平的天使还是导致毁灭性战争的恶魔呢？国际社会又应该如何加以管控？这些问题反映了中国知识界在原子时代初期持有的核安全观。本节试图借助对当时报刊刊载的此类主题的论文和时评的文本分析，尝试对其中承载的中国知识界的战争与和平观尤其是他们的核安全思想做一初步的探索。

一、天使：原子弹下的恐怖和平

广岛和长崎的核爆炸开启了战后世界"新的政治纪元"，在知识分子杜若看来，这个新纪元首先是国际关系的新纪元。[③] 在某种意义上，原子弹本身就是为解决作为国际关系极端形式的战争而诞生的，同时它的诞生反过来也注定对国际关系秩序产生深刻而久远的影响。

在中国知识界看来，原子武器的发明与第二次世界大战关系甚密，表现之一是原子武器是第二次世界大战的直接产物。李国鼎指出："如果没有战争，也许要很多年才发现，因为人力财力两不允许！"[④] 这一点和英国学者吉登斯所论相同，原子弹"在世界大战的场景之外，是否能发明出来，还有诸多疑问。制造第一颗原子弹所耗费的财富以及集中的其它资源，即便是 19 世纪初也想象不到，更不用说以前了，没有迈着战争步伐的当代社会能否付出这样的物力尚需置疑"。[⑤] 表现之二是原子弹的应用

① 蒋本仁：《原子时代与教育改造：教育者的新任务》，《胜流》第 11 期，1946 年，第 283 页。
② 舟斋：《原子时代：原子炸弹的政治意义》，《新语》第 2 期，1945 年，第 18 页。
③ 杜若：《原子时代的开始》，《东方杂志》第 2 号，1946 年，第 25 页。
④ 李国鼎：《从原子核的世界谈到原子炸弹》，《西风》第 81 期，1945 年，第 293 页。
⑤ 〔英〕吉登斯：《民族国家与暴力》，胡宗泽等译，生活·读书·新知三联书店，1998 年，第 287 页。

在客观上起到了加速日军投降的作用，也因此被我国舆论界称为"和平使者"。①

再者，中国知识界对原子弹的发明还抱有维持和平的期待。广岛和长崎的原子弹爆炸显示出的巨大杀伤力、破坏力给了中国知识界深刻的印象。在他们看来，国际社会的战争观必然会发生根本改变。尤其是战争可以获利、战争作为国家政策工具的想法将会被摒弃。正如徐震池指出："改变人民对战争之观念，即战争等于人类之急性集体自杀，和地球之慢性的自我摧残毁灭。"②

这一时期，均势和平的观念在中国知识界的战争与和平观中已有萌芽。在分析苏美局势时，有知识分子指出："假若苏联也有了原子弹，两国的军力对比就比较平衡，在两相畏惧的状态下，第三次世界大战从不能避免，也或可拖延一些时日。"③潘楚基也认为，两个都拥有核武器的大国之间很难爆发战争，原因在于"在彼此互以原子弹为武器的战争中，战胜国所受损害的惨重，或较历史上任何战败国所受者为甚。胜利本为无把握之事，在此等情况下，即使有胜利，也是得不偿失"。④可以说，在中国知识界眼中，原子战争之下没有胜利者，有的只是双方的相互摧毁，其结果必然是："目前为止，原子炸弹是消弭战争的实际方法，除非谁能想出应付原子炸弹的方法，谁也不敢诉诸战争！"⑤

随着反法西斯战争的胜利，美苏同盟逐渐破裂。两个超级大国之间表现为冷战形式的全面对抗引发了包括中国在内的国际社会对第三次世界大战的想象，⑥一些知识分子对第三次世界大战爆发的潜在可能性甚至必然

---

① 参见徐震池《和平使者原子炸弹》，《力余》第13期，1947年，第6~7页；桂中枢：《为原子炸弹辩》，《光化日报》1945年9月1日，第1版。

② 徐震池：《和平使者原子炸弹》，《力余》第13期，1947年，第7页。

③ 宏正：《世界大势：原子弹与世界和平》，《中美周报》第305期，1948年，第8页。

④ 潘楚基：《原子弹与国际政治》，《东方杂志》第20号，1946年，第16页。

⑤ 佚君：《战争与和平：原子弹引起的不安》，《开明少年》第7期，1946年，第8页

⑥ 战后早期关于第三次世界大战爆发可能性研究的代表性论著，参见程海寰《还有第三次世界大战吗？》，《红心》第1期，1946年，第6~7页；杨伯恺：《论第三次世界大战》，《文萃》第18期，1946年，第6~7页；李辛：《第三次世界大战会发生么？》，《唯民周刊》第6期，1946年，第6~7页；胡焕庸：《第三次世界大战与中国》，《现实与理想》第1期，1947年，第3~4页；杨坚：《第三次世界大战发展的趋势》，《时代》第44期，1947年，第14~17页；卢凤阁：《论未来第三次世界大战战略之趋势及我国所处之地位》，《国防月刊》第2卷第4期，1947年，第1~5页；顾良佐：《第三次世界大战蠡测》，《南青》第4期，1948年，第6~8页。

性充满忧思。但在袁翰青看来，第三次世界大战爆发的可能性因为核武器的问世已经变得几乎不可能，"因为原子弹的发明和原子能的利用，世界第三次大战发生的机会可能反而降低了很多；甚至降低到长期以内不致发生的程度"。[①] 在他看来，这种说法的依据是：原子能可以从根本上解决日益枯竭的资源问题，对资源的争夺即可逐渐减少，则原子能自可帮助和平的建立；原子弹不能完全决定战争的胜败，其对被轰炸方的毁灭性打击也不符合实施轰炸的一方资本市场扩张的目标；美国用原子弹轰炸苏联短期内不可能结束战事，必然导致国内经济社会矛盾激化，这是美国不得不考虑的；苏联可能也会拥有原子弹，对美国形成制衡，从而形成稳定有序的国际关系。

二、恶魔：霸权争夺与核军备竞争的肇始

原子弹作为有史以来最具有毁灭性的武器，中国知识界对它产生的国际政治意义有着充分的认知。在周鲠生看来，它注定是战后"国际政治中之一个决定因素"[②]。这个决定因素的一个方面就是会极大影响国家之间的权力平衡。徐近之指出："原子分剖的发明，增加了战争的破坏性，也增加了权力平衡的不稳定性，改变了世界不同区域的重要性，必定对于国际政治前途，有极重大的影响。没有世界组织产生一般的信念，使世界政治在合法限度内活动，我们敢相信战争会迅速增加，原子弹秘密所有大国都会知道的。"[③] 在他们看来，包括中小国家在内，一旦拥有了核武器，其国际地位就会大幅上升。原子弹可以说是影响国家实力均衡和国际地位的重要因子，而且更可能带来的是扰乱地区和世界秩序的负面影响。

在中国知识界看来，原子弹带来的权力诱惑，必然会引起美国之外的其他国家竞相研制，进而引发原子武器的军备竞赛。"如他国科学家亦在其政府鼓励之下努力研究与制造，则结果将与过去各国之扩张军备相同，势非酿成世界第三次大战不可，而此次第三次世界大战之残酷，较第一次第二次大战，将不知超过多少倍""世界第三次大战，将来不发生则已，

袁翰青：《原子能与世界和平》，《观察》第 15 期，1948 年，第 6 页。
② 周鲠生：《国际政治与原子能》，《国立武汉大学周刊》第 368 期，1947 年，第 2 页。
③ 徐近之：《原子弹与世界政治》，《申论》第 11 期，1948 年，第 7 页。

若发生,恐全球人类能所存几何!"① 潘楚基也对核军备竞赛的前景表示悲观:根据历史的经验,军备竞争结果,必出于一战。因为竞争达到了某一阶段时,有的国家必然觉得自己已有制胜把握,同时又惧怕理想敌人赶超在前面,加以在竞争期间,事无大小,很容易发生摩擦,于是那个国家很容易采取先下手为强的政策,实行所谓预防性战争或以战止战了。② 故而,"原子弹决不能维护世界和平,它只是一种毁灭人类的可怕武器。保持原子弹的秘密同样也不能维护世界和平,而只能作为孤立绥靖主义者压迫和平人民的工具,使战后世界和平更多一层障碍"。③

由上可知,中国知识界表达了对原子武器作为一种战略武器对国际秩序平衡可能造成冲击的忧虑,尤其是美国核武器技术垄断的被打破,引发核军备竞赛,进而导致战争的可能表示担忧。"原子能问题一日不能解决,世人就难有一日高枕而卧的安宁。"④ 总之,在他们看来,各国对核武器的追求是导致未来国际冲突的新边疆,是对世界和平稳定的重要破坏因素。

三、原子时代的世界和平之路

当然,中国知识界对原子时代的来临也并非绝对抗拒和一味加以否定,在认识到其对和平破坏一面的同时也认为其是能够被控制的,可以让其在和平建设框架内服务人类经济社会发展。苏儒代表性地否定了"原子时代是人类自我毁灭的世界末日"这一悲观论,他批评并指出:"只要不是悲观论者,我们在略一思考之后便能立刻坚决地回答这两个问题:'不!'因为有一个最基本的理由:原子弹是人类自己制造的,人类自己控制的,人类自己使用的。只要人类能够尽量自动地清洗侵略征服的自杀观念和野蛮理论,只要人类能够有组织地防止这种自杀观念和野蛮理论,我们可以希望原子弹不再在人类的历史中出现,所以从一方面看,广岛的悲剧是使人类心理上对原子时代的来临蒙上一层阴影;但从另一方面,这未始不是一个历史的很好安排,使人类以最高度的警觉

① 方九皋:《原子弹与世界和平》,《东方杂志》第16号,1945年,第2页。
② 参见潘楚基《原子弹与国际政治》,《东方杂志》第20号,1946年,第13~14页。
③ 施艾:《原子弹与世界和平:评原子弹会议》,《民主星期刊》第10期,1945年,第16页。
④ 宏正:《世界大势:原子弹与世界和平》,《中美周报》305期,1948年,第8页。

性来迎接导引原子时代的火炬，使人类认识到他们文明的发展已经到达了一个严重的关头，一条光明的路是合作，和平和繁荣、幸福；另一条黑暗的路是猜忌，战争和破坏、毁灭。'一个世界或者没有世界。'这是我们在面对这个"原子时代"闪耀的光辉时最基本的最重要的信念。"①甚至有人呼吁："管理原子弹这个问题要是不能合理地解决，那么这次为全世界争取民主的战士们的血就白流啦。"②

那么，人类又应该如何与既让人爱却又让人恐惧的原子能相处呢？或者，进一步说，人类如何才能把原子能技术导向推动人类和平、繁荣发展的轨道上来呢？战后初期中国知识界大致提出了四种对原子能进行管控的路径。

（一）原子能的国际管控

1946 年 1 月 24 日，联合国大会通过了第一号决议，设立原子能委员会（United Nations Atomic Energy Commission），旨在应对原子能的发现带来的安全与开发问题。6 月 14 日，原子能委员会开始工作。在当时南开大学讲师杨生茂看来，联合国之所以肯耐心讨论这个问题，原因有四点：一是原子弹的制造原理已为世人所熟知，秘密部分只是技术问题，英美很难守住这个秘密，也不是任何一国的专利，与其将来发动原子战争，不如现在设法加以控制，杜绝后患；二是在原子能得到适当控制前，原子能的研究发展会受到严重阻碍，各国原子能的研究仍然着重在战争方面；三是原子弹的威力和破坏性巨大，为避免人类将来更残酷的大屠杀，现在不得不筹谋统制的办法；四是原子能的和平用处开发还需要长期的耐心研究，国际上若没有强有力的机构来控制，就会被野心家运用到残杀上来。③ 在杨生茂看来，原子能问题之所以成为联合国成立后首要关切的议题，是因为原子能之于世界和平发展的重要利害关系，必须对原子能实施管制才能确保世界的安宁与繁荣。

周鲠生也认为，原子能问题具有消极和积极的两面性，如何抑制消极性、发挥其积极意义是国际社会应该认真思考的问题。"如何管制原子能，防止它造成武器用在破坏上，乃成国际和平的基本问题。这是问题的

---

① 苏儒：《原子时代和世界和平》，《新学生》第 2 期，1946 年，第 11 页。
② 佚君：《战争与和平：原子弹引起的不安》，《开明少年》第 7 期，1946 年，第 8 页。
③ 参见杨生茂《原子能与国际政治》，《现代知识》第 7 期，1947 年，第 13~14 页。

消极一面。从积极一面看，原子能具备人类从未支配过的巨大能力，若能利用在交通生产建设方面满足和平的需要，则又可以为人类造福。所以简单地说，原子能的国际管制问题如何解决，关系世界政治的前途是再重大没有的了。"而且，他认为原子能管制问题是彼时"较任何和平组织问题更重要的而难解决的问题，也是联合国当前最严重的工作"。①

管制原子能的迫切性和重要性是当时中国知识界的普遍共识，除杨生茂和周鲠生外，其他知识分子也表达了相应关切和看法："今日世界的争端虽多，原子弹问题却是最显著的一个。为避免原子弹战争惨祸，似乎只有根本禁止并管制原子能的生产。"②"原子能的管制问题，成为目前一切关于国际和平问题中的一个主要的问题。"③

至于如何管控原子能，由谁来进行管控，中国知识界较为一致的观点是通过多边国际组织来进行管制。在他们看来，"只有在各大国间取得进步的团结合作，才能合理地控制原子能，使其成为有利于人类的划时代的发明"。④ 这一思考路径的形成源于他们的一个假设："世界科学知识大踏步地前进，政治社会的组织却非常落后，如果政治社会不急起直追，恐怕地球上会灭绝人类影踪。"⑤ 在他们眼中，这种"政治的社会的组织"即是联合国组织架构。美苏原子能委员会管制方案的差异和冲突导致很多人对联合国组织失望，杨生茂认为过于悲观大可不必，"联合国是现代人类谋求合作的可能的政治组织方式，其中有它的优点，也有它的弱点。我们的观察力不要被组织方式所拘泥。联合国折冲樽俎，谈判商讨的地方很多，国际合作的韧性即在这里，只要各国能有妥协容让，精诚合作的意念，多困难的问题都有解决的希望"。⑥

李国钦、徐泽予认为国际社会倡议的常见管控措施，如自由放任、美国一国控制、世界中央政府以及专门的国际机构等，都具有不足，主张依托安全理事会，加订一个公约，规定："任何一国，如未得理事会同意，滥用原子弹，全体会员国，有权群起攻之。各国可以发动自身的武力，并

---

① 周鲠生：《国际政治与原子能》，《国立武汉大学周刊》第 368 期，1947 年，第 2 页。
② 宏正：《世界大势：原子弹与世界和平》，《中美周报》第 305 期，1948 年，第 8 页。
③ 马龄：《原子能与世界和平：管制原子能问题》，《大众文化》第 1 期，1946 年，第 30 页。
④ 施艾：《原子弹与世界和平：评原子弹会议》，《民主星期刊》第 10 期，1945 年，第 12 页。
⑤ 李国钦、徐泽予：《原子炸弹与国际政治》，《雍言》第 6 期，1946 年，第 22~25 页。
⑥ 杨生茂：《原子能与国际政治》，《现代知识》第 7 期，1947 年，第 16 页。

运用原子弹，向该国施行报复。这公约准各国拥有原子弹，但须相当的设法共同控制，公约以外，又成立许多协定，以求争端的和平解决。"①

（二）和平教育的推行

在中国知识界眼中，原子能服务于和平建设的第二个保障机制是开展和平教育，亦即去除人们心中极端的民族主义、黩武主义等与时代不符的思想观念。

对该观点的阐述，蒋本仁最为详尽。他认为：时至原子时代，一切被滥用歪曲了的传统的民族形式或国家形式的教育及其学说，必须重新加以估价与改造，理由很简单，我们不能以 18 世纪的思想来适应原子时代，以招致可以预期的毁灭。② 同时，他也指出了应该加以提倡的教育价值与内容："我们并不反对真正的合于人性的和伦理范畴的民族形式或国家形式的教育，因为到今天止，我们还没有理由否认孝于民族，忠于国家之为至善。但是我们教育人民爱护自己民族国家，必须教育人民认识别的民族国家与我们有同等的生存权和自由权的关系，而尽量避免感情的刺激，教育人民拥护'民族自决'，更应该拥护民族'决自'；反对'他决'，更应该反对'决他'。这样……天下一家的思想才能，才能从新的一代中渐渐培养出来。"③

此外，他还充分肯定了联合国教科文组织的作用。"教育的改造，不仅在求教育方式的改进，主要的还是教育内容的改造……还是以十八世纪思想训练他的国民来适应今日的原子时代，那末，不仅国际的文教组织徒成'空毂'，而且一切以达成永久和平为宗旨的国际组织，均将成为历史的讽刺。"④

（三）人民权利的建设

在中国知识界看来，原子武器的危险性之一在于被一国的有野心的政治家或集团为一己之私而使用，因而需要践行权利在民的思想，建立民主政治，建设公平公正的社会。

对此，周太玄阐释道："在人民的世纪里，原子能与和平是分不开的；在不是人民的世纪里，原子能与战争是分不开的。合理的教育，平等的经

---

① 李国钦、徐泽予：《原子炸弹与国际政治》，《雍言》第 6 期，1946 年，第 25 页。
② 参见蒋本仁《原子时代与教育改造：教育者的新任务》，《胜流》第 11 期，1946 年，第 284 页。
③ 蒋本仁：《原子时代与教育改造：教育者的新任务》，《胜流》第 11 期，1946 年，第 284~285 页。
④ 蒋本仁：《原子时代与教育改造：教育者的新任务》，《胜流》第 11 期，1946 年，第 284 页。

济是进入人民世纪之门。"① 与周太玄观点类似，王聿修主张改造人类彼此间的关系："在原子能时代，人类关系必须更平等更互爱，应站在'我要生存'的立场，推及'他人也应生存'，我们认为，国家以内人民要有政治的经济的平等，无贫富高下的分别，国际间要有互助互爱的精神与制度。""在国家以内，人民必须较前此更能享有政治上的以及经济上的民主制度，不然原子能将更要引起社会的不平等，更要引起失业，更要引起革命。此后，国家的存在必须是为了个人（人民），国家本身不应是一个目的……国家，政府，只是为人民服务的工具。"②

（四）卖刀买牛：原子能的和平利用

在彼时对原子能问题的关注中，中国知识界普遍认为，除了爱好和平的民族努力消弭战争以外，一个积极的办法，就是卖刀买牛法。③ 所谓"卖刀买牛"④，即原子能的和平化开发与利用。在他们看来，原子武器只是原子能的一个功用，而"原子能之被单独的用于战争，诚为人类的大不幸"⑤。于是他们开始思考"把破坏力量导演成建设力量，由战争用途变成和平用途，由科学发明的负性作用转到正性作用"。⑥

中国知识界在道明原子弹负面作用的同时，也指明了其和平化改造的方向。"毫无疑义，原子能的实际应用的发明，是人类文化史上一件大事。因为第一，原子弹的确是人类现有的最猛烈的杀人武器，这种武器的发明对于战略战术上所可发生的影响，正如同火药发明的当时一样。第二，现在已经证明，由原子分裂所产生的能一旦应用于工业生产之后，将使工艺方法引起一大革命，因之对于生产关系，也就是人类社

---

① 周太玄：《原子能时代的和平》，《书报精华》第 21 期，1946 年，第 11 页。
② 王聿修：《原子时代的人类关系》，《建国评论》第 2 期，1946 年，第 5、6 页。
③ 马龄：《原子能与世界和平：管制原子能问题》，（赣县）《大众文化》第 1 期，1946 年，第 30 页。
④ 语出《汉书·龚遂传》，又作"卖刀买犊"，比喻弃恶从善。汉宣帝即位后，渤海附近因遭受饥荒，出现了很多盗贼，地方官员无法治理。宣帝下诏选拔一些有才能的人去治理，朝中丞相推荐龚遂。这时龚遂已经 70 多岁，汉宣帝觉得他不起眼，对他不抱多大希望。当问过他对策之后，才发觉龚遂的确是个人才，便命他前往治理渤海。龚遂到任后立即下令各县捕获盗贼，提出凡是拿农具的人都是良民，持兵器的人皆为盗贼。龚遂还开仓库借粮给贫民，选用良才做官。他见当地农民落后，不注重耕种，便劝百姓务农种地、种树种菜、养猪养禽。凡是看见带刀剑的人，都让他"卖剑买牛，卖刀买犊"。这样渤海地区犯罪之人便少多了，并越来越富。后人便以"卖刀买牛"或"卖剑买牛"指代弃武归农。
⑤ 剑涪：《论原子弹试验与世界和平》，《科学世纪》第 3 期，1946 年，第 9 页。
⑥ 杨生茂：《原子能与国际政治》，《现代知识》第 7 期，1947 年，第 13 页。

会变革前途，会有决定的影响。"① 方九皋还指出了原子能未来开发和应用的诸多场景："惟世界有许多事物，其造福于人类或贻害于人类，亦视所用之方面为何，未可一概而论也。在人类史上，除钻木取火方法之发现外，应以驾驭原子能方法之发现最为重要。盖原子弹能为一种极大之动力来源。一公分原子能所具之动力，是有一百万马力达三十五小时。故驾驭原子能方法之发现，不但煤与石油之恐慌得以解决，且电力，无线电，蒸汽机，航空具等之使用，均可发生重大之革命，甚至稼物之成熟，也可不必以太阳是赖（因有铀之萤光可利用）。故我人决不可因为原子弹具有极大之破坏力，而禁止科学家对于驾驭原子能方法之研究作有继续之努力。"② 总之，在他们看来，技术本身是无害的，有害或无害取决于人类对它的使用，如果原子能被应用在发展经济社会上，反而是促进和平的因素。

结语

在第二次世界大战的硝烟还未散尽之时，中国知识界以"平天下"的胸襟与担当，洞察时势，对原子时代的来临表达了自己的观感。在今天看来，他们有关原子弹、原子能问题的研判具有高度的敏感性、精准性。"这是一个充满莫大的希望，与可怕的向所未遇的危险的新天地"③ 的判断至今依然不为过。核武器的管控与原子能的和平利用问题，一直到今天都是一个国际社会密切关注的安全问题。

今天，核武器早已如战后早期中国知识界预测的那样，超越美国一国范围。④ 不过，也正如他们所预测的那样，在核恐怖平衡法则的主导下，大国之间维系了长达七十多年的持久和平，尽管略显脆弱。整体来看，国际社会也的确无意识地步入了中国知识界于 70 多年前就已经指出的轨道，

---

① 愈之：《原子与外交》，《风下》第 1 期，1945 年，第 6 页。

② 方九皋：《原子弹与世界和平》，《东方杂志》第 16 号，1945 年，第 3 页。

③ 杜若：《原子时代的开始》，《东方杂志》第 2 号，1946 年，第 24 页。

④ 至今，拥有核武器的国家有美国、俄罗斯、英国、法国、中国、印度、巴基斯坦、以色列、朝鲜。除美国、俄罗斯、英国、法国、中国已掌握核武器外，印度在 1974 年进行过一次核试验。巴基斯坦也在 1998 年 5 月 29 日首次核试验成功。以色列和日本虽未公开进行核爆炸试验，但以色列是公认的拥有核武器的国家，日本被认为是准核国家。朝鲜进行过三次核试验，并且正在向着核武器更小型化方向发展，以便未来能够拥有实战能力。

人类已经站在一个岔口上，"一条是引入和平之路，一条是引入第三次大战之路，即是生死之路！我们究竟走那一条呢"，人类必须选择第一步走，[①] 人类的确选择了走第一步，即合作与和平发展之路。为杜绝可能的核战争，降低核战的风险，虽然历经坎坷，步步维艰，国际社会毕竟最终建立了核不扩散体制。[②] 除军事领域外，原子能也被广泛应用到能源、工业、航天等民用领域，造福人类。

70多年前中国知识界曾经勾勒出原子时代原子能和平利用的美好前景："世界七大洲四大洋以及环球各国，成为往来便利的邻居，自东至西，由南至北，旦发夕至，喜马拉雅山与密士失必河皆成为园林间的一山一水，而各色人类亲切了解，文明的种子广播到天涯地角，这原子时代，也就是世界大同，天下一家。"[③] 今天，尽管前路依然困难重重，但随着人类命运共同体意识的强化，国际社会一直在朝这个方向努力前行。

第二节　向左走还是向右走：战后初期
中国知识界的冷战意象

随着德意日法西斯的败降，国际社会期待的永久和平与繁荣的大同迹象并未随之出现。相反，世界四强中的美国和苏联自战争后期就已产生的摩擦逐步明朗化，两国开始在柏林占领、东欧自由选举、希腊与土耳其危机等问题上龃龉不断，剑拔弩张。1946年3月5日，英国前首相丘吉尔在美国富尔顿发表"铁幕演说"，揭开了东西方冷战的序幕。1947年马歇尔计划、杜鲁门主义以及随后《第四点计划》的出台，更是使美苏战时合作精神烟消云散，至1949年北约建立，标志着两大集团政治经

---

① 参见剑涪《论原子弹试验与世界和平》，《科学世纪》第3期，1946年，第3页。

② 核不扩散体制是指国际社会为了预防核战争制定各种各样的公约、协定和所成立的机构的总和。其内容具体包括：第一，有关核裁军的条约，如《美苏关于销毁欧洲中程和中短程导弹条约》等；第二，关于限制核武器空间部署及有关无核区的条约，包括《外层空间条约》等；第三，限制核武器发展的条约，包括《全面禁止核试验条约》等；第四，有关无核国家安全保障问题的文件；第五，国际出口控制与核查机构，包括核出口委员会、核供应集团、国际原子能机构等。

③ 马龄：《原子能与世界和平：管制原子能问题》，《大众文化》第1期，1946年，第33页。

济军事全面对抗的形成。从第二次世界大战硝烟中走出，喘息未定的世界逐步分化为两大对立的阵营，"第三次世界大战"一词也开始频频见诸报端。① 美国著名政论家、专栏作家李普曼创造的"冷战"一词也被中国知识界引入，成为形容美苏关系状态的专有名词。对此形势，有知识分子慨然喟叹："全世界的善良人民，经过了惨痛无比的牺牲，付出了绝大的代价，才把恶毒的法西斯歹徒击败，满望从此凭借人类共同的努力，实现永久和平，建设世界大同。不意战后希特勒的阴魂不散，产生了无数的战争贩子，想以小国及全世界的男女为牺牲品，以遂其私欲，结果所至，便是世人所说的'冷战'，因而全世界人民仍陷于灾难与不安中。"②

从 20 世纪 40 年代末兴起直到今天，冷战史研究在世界范围内都是历史学界、国际关系学界研究中的一门显学。然而，中国冷战史研究成果回顾和梳理的时间起点多是始于改革开放，尤其是冷战结束以来，而对从冷战爆发到 1949 年的这一段时期中国冷战研究成果却付之阙如。③ 而这段特殊时期却是冷战兴起和定型的关键阶段，其时中国知识界作为这一历程的亲历者和见证者，其对这一重大国际问题的观察和剖析更具有历史的在场意义和特征。如果以"冷战"为题名，时段限定在 1946～1949 年，在专业数据库中进行精确检索的话，共有文献 648 篇，平均每年 216 篇（见图 4-1）。相较之下，如果我们把时段限定在 1950～1991 年，则仅有文献 266 篇（见图 4-2），平均每年仅 6.5 篇。这两个阶段冷战研究成果的简明对比，某种程度上表明中国战后初期这几年的冷战研究委实在冷战史研究中应该占据一席之地，他们关于冷战的探究在今天冷战史研究的历史回顾中不该被遗忘。

---

① 冷战兴起早期中国知识界探讨第三次世界大战的主要文献，可参见李辛《第三次世界大战会发生么?》，《唯民周刊》第 6 期，1946 年，第 6～7 页；杨伯恺：《论第三次世界大战》，《文萃》第 18 期，1946 年，第 6～7 页；程海寰：《还有第三次世界大战吗?》，《红心》第 1 期，1946 年，第 6～7 页；卢凤阁：《论未来第三次世界大战战略之趋势及我国所处之地位》，《国防月刊》第 4 期，1947 年，第 1～5 页；杨坚：《第三次世界大战发展的趋势》，《时代》第 44 期，1947 年，第 14～17 页；胡焕庸：《第三次世界大战与中国》，《现实与理想》第 1 期，1947 年，第 3～4 页；等等。
② 明：《反对冷战，要求世界和平》，《时事评论》第 24 期，1948 年，第 3 页。
③ 如白建才教授就认为我国学术界对冷战史的研究自 20 世纪 80 年代中期起步。参见白建才《进一步加强与深化冷战国际史研究》，《世界历史》2013 年第 4 期，第 23～25 页。

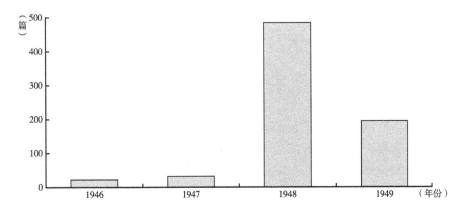

图 4 - 1　1946 ～ 1949 年中国报刊刊载冷战相关文献数量和年份分布

资料来源：全国报刊索引，http：//www.cnbksy.cn/search/advance。

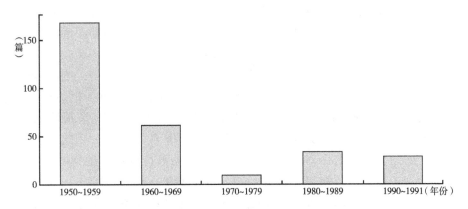

图 4 - 2　1950 ～ 1991 年中国报刊刊载冷战相关文献数量和年份分布

资料来源：全国报刊索引，http：//www.cnbksy.cn/search/advance。

在战后世界政治转型的这一特殊时期，"天下兴亡，匹夫有责"的担当推动中国知识界密切地关注动荡的世界局势走向，并立足本国，积极为世界和平的维护贡献自己的智慧。本节通过对彼时知识界在报刊上发表的各类有关冷战的时论的文本分析，试图解析该时期中国知识界冷战的基本意象，如冷战的起源、冷战的必然性、冷战的前景和对世界局势的可能影响等问题，并对中国在冷战局势下的自处之道等做一初步探讨，以期在呈现彼时中国知识界冷战观的同时，对丰富、拓展中国冷战史研究脉络有所增益。

一、战后初期中国知识界对冷战形成的体认

世界当代史说是冷战史并不为过。冷战主导着战后长达近半个世纪的世界历史进程，塑造并规制着战后世界政治格局。在地区、次地区和民族国家层面，冷战也不可避免地影响了各个地区和国家的发展轨迹，在冷战阴影下，甚至个体的命运沉浮也不免打上冷战的痕迹。那么，在冷战早期，中国知识界、舆论界对其又有着怎样的观察和认知呢？

中国知识界对美苏间在全球范围内渐显的冷战已经敏锐地有着相对精准的体察，并对其之于世界和平的潜在破坏充满忧思。傅力生从意大利选举出发，分析了全球热点事件背后的美苏因素，他指出："从世界每一角落都可以看到美苏的影子在活跃着或潜伏着，政治、军事，经济，外交以至一切行动，都表现着国际关系之日趋复杂与严重，一时的战争阴影已笼罩了整个大陆，海洋而至天空，每一个国家或民族之内部都充满了打骂之混俗空气，由远东，中东，近东，南洋以及南美以至欧洲之义大利，都在进行着'冷战'。"[1] 美苏二元对抗的格局在中国知识界看来，业已形成。正如平民教育家周方指出："谁也不能否认，目前已有两个世界的存在，一个是由苏联控制的，另一个是由西方国家所控制的。"[2] 张东荪在认识到美苏对峙的基础上，分析了美苏冷战对世界产生的危害："世界已经分成两个壁垒，被这两个对立的势力害的国家决不在少数。他们一决雌雄，而旁人却大遭其殃。所以美苏如何相处的事不是他们自己的事，是关乎全世界各国安全的事。"[3] 俞颂华甚至发出警告："美苏关系的对立，已经发展到这样严重的地步，双方如能悬崖勒马，赶快回头，将两国之间的结解开，回到战时互助、互信、互尊、互让的合作地步，那不仅是美苏两国之福，亦是全世界爱好和平进步的人类之福。如若不然，她们对立的关系再恶化下去，则全世界的'和平''进步'都要受到重大打击，如果竟不幸而一旦打起来，'原子能''宇宙光'等新式武器可能将人类文明一部分或全部分的菁华毁灭。这是必然的趋势！"[4]

---

① 傅力生：《从"冷战"中看义大利选举》，《人道》第 15 期，1948 年，第 9 页。
② 周方：《可怕的"冷战"》，《自由天地》第 2 期，1948 年，第 3 页。
③ 张东荪：《我对美苏谈判的看法》，《知识与生活》第 28 期，1948 年，第 5 页。
④ 俞颂华：《美苏对立与今后世界趋势》，《中国建设》第 3 期，1947 年，第 20 页。

这一时期，甚至有知识分子基于对战后世界格局变迁的观察，还明确提出了"两极世界"这一概念和冷战的叙事框架。余望之指出："世界两极化，资本主义以'山姆大叔'为领导，以'杜鲁门主义'为灵魂，扩张军备，依恃原子武器，扶植世界上的反苏政权，不惜把战争罪犯纵容庇护，令其野性复萌，造成积极备战的紧张；克里姆林宫的主人，以共产主义作标榜，对于饥饿，混乱的国家，诱助了他们陆续地决定其政府的形式，或者强大了他们的人民革命，加强他的卫星，保证共产主义民主政权的'安全感'。这两方面各走直线，时时刻刻碰个满怀。于是怒目相向，或者破口大骂，甚至磨拳擦掌，跃跃欲试，两极的尖锐化，绝端化，造成整个世界的不安，也使人类受到战争恐怖的威胁。"① 还有知识分子在考察了战后国际政治的大变局后得出结论："很显然的，世界别分成两个壁垒，即是美苏的对立。因了，美苏间的不协和，才使世界日趋两极化，这已是不容掩饰的事。"②

二、战后初期中国知识界的冷战起源观

尽管冷战的主角是美苏两个超级大国，但中国知识界并未置身事外，而是敏锐地觉察到其之于中国和世界安危的利害关系，"美苏对立是全世界爱好和平人士所关切、所惊心的一大事。盖科学已进展到原子时代，万一不幸而两国间因对立而不能和平相处发生战争，则未来的战争一定空前惨烈，其情形大家是不忍想像的"。③ 故而，他们在密切关注美苏在欧亚的冷战态势的同时，已经开始深究冷战的起因，主要提出了意识形态对立说、美国扩张称霸说、大国争霸说三种观点。

（一）意识形态对立说

该观点认为美苏冲突的实质是以美国为典型代表的资本主义文明和以苏联为代表的方兴未艾的共产主义、社会主义文明的对立，美苏冷战是两种不同制度、不同意识形态碰撞的结果。

近代政治活动家、经济学家章乃器指出："国际间美苏的对立，也可

---

① 余望之：《美苏冷战与中国》，《再生》第220期，1948年，第9页。
② 建中：《美苏关系的转捩》，《建中周报》第2期，1948年，第2页。
③ 俞颂华：《美苏对立与今后世界趋势》，《中国建设》第3期，1947年，第18页。

以说是主义间的矛盾。一个是资本主义，一个是社会主义，前者专为资产阶级谋利益，后者则以提高工农大众的利益为前提。"① 俞达人对美苏冷战形成的原因做了一个透视，认为美苏之所以在全球范围内，甚至无关各自利害关系的问题上彼此相互发难，根本原因在于它们所属的意识形态和社会体系不同。"环顾今天的国际形势，虽然美苏之间的关系最令人注意，似乎两国到处冲突，在全世界范围内冲突着，但事实上假使把这些冲突的问题寻根究底一番，自然会发现，大多数问题并不是单纯地关涉到这两国之间的利害冲突的问题；在国际论坛上，任何问题的提出，似乎都可以引起两国代表舌剑唇枪的激烈争辩。这里显然可以看出，最基本的分歧点，绝不是旧式的强国外交上的单纯的两个国家的狭隘的利害冲突的问题，而是对于国际间任何问题的看法的不同，见解的不同，立场的不同，政策的不同……今天以美苏关系表现出来的一切关系问题，其本质实在还是两个体系的斗争；这样的说法，并不为过的。这两体系——资本主义与社会主义——包括经济、政治乃至文化，思想，可以说，在世界任何一个角落，在人类生活的任何一个部门，都成了这斗争的场合"。②

陈石孚对两者冲突的具体意涵做了一个更为详尽的阐释。他认为这两种文明的对立具体体现在政治制度、经济制度和社会制度等多方面。就政治制度而言，美英等国实行民主政治，苏联则致力于建立无产阶级专政。而对于"民主政治"一词的理解各有不同，苏联不赞同美国的民主政治，认为其民主政治徒有虚名，其实质就是财阀政治；而美国亦对苏联欲实现建立一个无阶级而且绝对自由平等的社会的政治理想表示不屑，认为其为了社会的自由而罔顾国民自由，这在美国人看来是不可思议的。而在执政党的问题上，美苏歧异颇大。苏联认为共产党代表无产阶级的利益，美国则认为这实际上是一党专政，是独裁，是专制。美苏之间的这种相互厌恶，使得它们在政治上处于对立局面。在经济制度上，美国实行资本主义，以营利为目的，全国工商企业皆为私有，因此出现贫富分化的现象；而苏联则实行产业国有，将关乎国家经济命脉的行业收归国有，一小部分交给私人经营，故虽然苏联人民的生活水平不及美国人民，但是也未出现财富集中在少数人手中的现象。在此种经济制度的指导下，美国大肆扩张

---

① 章乃器：《论美苏关系》，《巨流》第 1 期，1946 年，第 7 页。
② 俞达人：《美苏关系本质论》，《中国建设》第 2 期，1948 年，第 20 页。

市场以牟取利益，典型事例即为向中国倾销商品。这让苏联感到不安，为实现其共产主义理想，苏联不得不向外扩张势力，如在巴尔干半岛积极作为。作为应对，美国派遣舰队巡弋地中海。美苏两国在各自的经济制度的指导下为维护彼此的国家利益采取了各自的应对方法。这两种对立的文化在社会制度上表现为：美国是一个个人主义的社会，政府致力于保护个人的利益；苏联则不然，它将国家或社会的自由置于个人自由之上。美苏这两种绝对冲突的社会理想造就了两种不同的社会制度，彼此的不了解造成误会甚至冲突。① 由上可知，鉴于美苏意识形态的巨大差异及由此造成的国家间互信的缺乏，美苏冲突势所必然。

刘志扬也把冷战归咎于两种制度之间的对抗。在他看来，"第二次世界大战结束之后，国际形势起了很大的变化。最显著的是：资本主义世界内部的矛盾暂告缓和，而资本主义与社会主义间的矛盾却尖锐化了。一方是以美国为代表；一方则以苏联为代表。这两大势力，在整个的世界上，逐渐形成了对立的阵势。其余一切的国家，莫不自动的或被动的参加了这大势力之中，而直接的或间接的受着它们的影响与威胁"。② 武汉大学教授韩德培也对战后美苏对立做出解释："美苏为什么要如此勾心斗角呢？因为他们的主义不同，一个是资本主义的国家，一个是社会主义的国家。"③

（二）美国扩张称霸说

美国扩张称霸说是彼时中国知识界解释冷战起源的另一维度，即认为冷战发生的责任在美国，是美国意图在世界范围内建立霸权的结果。近代资深外交家、国际问题专家宦乡在剖析美国发动冷战的目标及其动机时指出，"自从去年十二月间伦敦四外长会议失败之后，美国就开始了所谓'冷战'"，"冷战表面是以苏联为对象的，实际却是以全世界人民为对象的；美国要借对苏冷战的烟幕来达成他侵略扩张，奴役全世界的雄图大略"。在他看来，美国推行冷战的手段是军事与经济并重，"'冷战'的具体作战方法，是一面用战争叫嚣和积极备战来强化自己的军力并威胁苏联及东欧各国'停止前进'；一而则用军事经济种种手段把围墙以西各国一

---

① 参见陈石孚《美苏冲突的必然性及其原因》，《宇宙文摘》第 3 期，1947 年，第 15 ~ 20 页；刘志扬：《论美苏关系与中国前途》，《太平洋》第 5 期，1947 年，第 1 ~ 8 页。

② 刘志扬：《论美苏关系与中国前途》，《太平洋》第 5 期，1947 年，第 1 页。

③ 韩德培讲、朱性谦记《美苏对立与世界和平》，《时与文》第 12 期，1948 年，第 8 页。

律控制在星条旗下，使成为美国的附庸和卫星"。[①] 燕仁则把冷战归咎于美国采取的"围堵"政策。他解释道："这个政策的理论根据是这样的：共产主义像洪水，水源在莫斯科，假若苏联势力扩张的方向处处堵捷，使其不能发展，最后必然激成苏联的内变，使现政府毁灭。"[②] 在他看来，美国意在通过"围堵"苏联，改变其现行的政府形式。苏联对之的回应，则促成了冷战的爆发。

至于美国发动冷战的动机，石见则从经济的角度加以阐释，正是因为苏联及华约集团势力的壮大阻碍了美国垄断资本在全球的扩张，故引起了美国的冷战。他分析道："今天美苏间的冲突，决不是一部分自由分子的强调的两种生活方式的斗争，也不是一部分经济学人所强调的两种经济制度的不能并存。在骨子里，实是一个受独占资本家集团控制，在经济实力上已可称霸世界的美国，不愿见一个以平民利益为前提在生产能力上已突飞猛进，足以障碍美国独占资本集团向全球扩展经济控制的苏联，及其同道国家的势力的庞大。"[③] 冯伯鼎也认为，正是因为苏联阻碍了美国世界经济霸权的扩张，美国对苏冷战才变得不可避免。[④]

近代政论家梁纯夫对美国推行的冷战政策提出批评，认为美国应该为之负责。他论道："美国的'冷战'战术，包含杜鲁门主义和马歇尔计划，一开始便遭受世界大多数人民，包含西欧人民和美国人民的强烈反对。李普曼辈显然是把他们的'大西洋社会'的性质完全估计错误了。美国领导下的一个统一的强固的'大西洋社会'事实上是并不存在的，存在的只是这个地理名称内一些散乱的自相矛盾的残余反动份子的临时凑合。西欧和美洲的大多数人民，包含美国人民，是精神上和事实上与苏联的和平民主政策以及全世界爱好和平民主人民站在一起的。"[⑤]

（三）大国争霸说

大国争霸说也是战后初期中国知识界冷战起源阐释的一个主要观点。在有些知识分子看来，苏联在冷战的发生和发展中也并非无辜，因为

---

① 宦乡：《美国"冷战"的败绩》，《中学生》第 200 期，1948 年，第 38 页。
② 燕仁：《世界大势：美苏冷战的清算》，《中美周报》第 304 期，1948 年，第 10 页。
③ 石见：《冷战中的和平热浪》，《经济评论》第 24 期，1949 年，第 2～3 页。
④ 冯伯鼎：《杜鲁门拒绝史太林和平建议评述：并从经济观点探究美国坚持冷战的基因》，《真善美》第 16 期，1949 年，第 4～5 页。
⑤ 梁纯夫：《从"冷战"看美国外交》，《世界知识》第 22 期，1948 年，第 12 页。

"战后的苏联，不仅在他的势力的范围内，有着政治的兴趣和野心，即在整个世界上，也都有之"。① 在俞颂华看来，"自从联合国赢了这次战争以后，各有各的政治上的目的和经济上的企图。就政治上的目的而论，欧美列强之中，美苏是扩张的、积极的，而英法是保守的、消极的"。② 沈俊容也明确指出："美苏的对立，其原因应视之为两国争夺世界的霸权，即两国之争为世界的领导者。虽然双方面所用的方法各有不同，但各人求为世界之盟主，求执世界之牛耳则一。"对于两国争霸的起因，他还进一步分析道："一则是由于国势之增涨，二则是政治的条件，或经济的条件，三则是由于思想与信仰。美苏两国，均皆地大物博，均为第二次大战期中打倒德国的最主要国家，在苏则自恃政治组织严密，在美则自豪经济力量雄厚，双方在思想和信仰上，均深以为对方为自己存在和发展的障碍，在这样的事实之下，美苏必然要对立，要互相防备，甚而至于要争斗。希望美苏协调，是一种天真的想法，是离开事实太远的理想境界。"③ 张鸿增甚至把冷战直接称为"美苏两国的争霸战"。④

在著名社会学家费孝通看来，美苏对抗的实质就是大国为一己之私的争霸。而战后法律秩序的缺失则是导致强国争霸的主要原因："两个或两个以上的强权如果没有共同遵守的法律规定各方的权利和义务，各方都感觉到要扩张自己的势力，就会发生争；想以力量来克制对方，就会发生战。霸业是目的，战争是手段。"何谓争霸呢？在费孝通看来，争霸就是基于实力对权力再分配的过程，"如果上一次大战把原有的强权消耗成了一个，霸业也就不会争了。但是战后的世界却还剩下两个强权，美国和苏联。在这两个强权的中间地带的却是原来的战场，战争破坏了这地带的生产力，成了个实力的真空地带，也成了争霸的对象，争霸就是争取进入这地带的权利。在以力量来决定支配范围的时代，两强在这地带所能占的范围将决定于他们相对的实力"。⑤ 费孝通还根据孙子兵法，在分析实力的内涵并据此对美苏国力进行比较后认为，在相当长的时间内，美国都会保持对苏联的优势，在争霸中苏联将长期处于守势，美国则处于攻势。同

---

①　陶朋非：《美苏的"冷战"（下）》，《时与潮》第 4 期，1948 年，第 30 页。

②　俞颂华：《美苏对立与今后世界趋势》，《中国建设》第 3 期，1947 年，第 19 页。

③　沈俊容：《战后美苏关系》，《时代》第 57/58 期，1948 年，第 12～13 页。

④　张鸿增：《冷战展开军事阶段》，《中美周报》第 281 期，1948 年，第 6～7 页。

⑤　费孝通：《美苏争霸论》，《知识与生活》第 15 期，1947 年，第 4 页。

时，他也承认这种态势在将来具有可转换性。①

在陶朋非看来，冷战是美苏安全战略即美国奉行"两洋"战略，苏联奉行"两洲"战略冲突的必然结果。"如果剔除一切口号、招牌、幌子和烟雾弹，那么剩下的只是'安全问题'。美国以为要想有效地防止苏联直接或间接地侵略，一定要在保护自己安全以外，还要保护和自己有关的较弱国家的安全；苏联以为要想有效地防止美国直接或间接的侵略，也一定要在保护自己安全外，还要保护和自己完全有关的一些较弱国家的安全。东西集团的对立，是因为这个原因产生的，美苏的冷战也是因为这个原因产生的。"进而，他总结道："美苏的冷战不是两个不同主义的斗争，而是两个势力的斗争。即便世界上，没有资本主义，或者两国都是共产主义，或者苏联是资本主义，美国是共产主义，或者两国都是共产主义，冷战亦是不可避免的。"② 总之，在他看来，美苏两国为了增强各自的实力，不断向外扩张，从而引发了两国间一系列刺激与应激反应，和两国所遵循的主义无关。

还有学者从类似"一山不容二虎"的文化视角解读美苏冷战的起源。韩德培认为当前实力强大的美苏在二战以前没能表现出极大的威力，而在第二次世界大战中及随后却都有惊人的表现，"于是美苏两国的人民，都有很强的自信力。在一个笼里装不下两只雄鸡的原则下，于是难免有些摩擦"。③ 周琪亦认为："两雄相遇，和平的种子是没有法子可以萌芽的。"④这种解读视角事实上也可视为对美苏争霸说的另一种阐释。

三、战后初期中国知识界对冷战前景的认知

在中国知识界看来，尽管冷战的主角是美苏两国，但是美苏两国的关系能否改善、冷战是否会演变成热战却是全世界关心的问题。因为彼时世界和平不可分割的观念已经深入中国知识界的内心，故而他们指出中国在美苏搅起的冷战旋涡中不可能超然事外。对于冷战未来可能的前景——走向战争还是步向和平，他们纷纷撰文表达了各自的看法和主张。

---

① 参见费孝通《美苏争霸论》，《知识与生活》第15期，1947年，第7页。
② 陶朋非：《美苏的"冷战"（上）》，《时与潮》第3期，1948年，第30～31页。
③ 韩德培讲、朱性谦记《美苏对立与世界和平》，《时与文》第12期，1948年，第8页。
④ 周琪：《美苏的冷战》，（长沙）《建国》第25期，1948年，第13页。

（一）两强注定的冲突

战后初期，随着杜鲁门主义的出台，柏林危机的发展，中国有些知识分子对于冷战的未来表示深深的关切，美苏在政治、经济尤其是军事上的对抗让他们忧心不已，在他们看来，美苏冷战必然会演变成热战，甚至可能发展成"第三次世界大战"，而战争的地点势必首先在美苏国土之外，若在远东地区，中国难以置身事外。如此一来，世界和平将成为幻想，中国的安全必然受到波及。

韩德培在1947年6月于武昌青年会上演说时，针对美苏的对立可能造成的国际关系危机与后果直接指出："第二次世界大战结束后不过两三年，第三次世界大战又在酝酿中啦！……"[①] 沈俊容在考察了美苏争霸的起源、性质和实力对比后，认为："美苏两国的战后关系，是合作已成为过去，妥协已经无望，而且是日甚一日地互相防备，准备战争。"他还进一步分析了在不可避免的美苏冲突中双方面临的形势："美苏两强的战争，是无法可以避免的事情，如果美国趁早打，大有大获全胜的可能，时间愈迟，苏联的势力必愈加壮大，则胜负之数愈不可知，若等到苏联一切条件成熟，向美国下手时，美国也是可能失败的。"[②] 周方也黯然得出结论："我们固然不能料定东西两大集团的冷战哪一天会演变成热战，然此一结局的不能避免，已成宿命的看法。"[③]

（二）和平共处的可能

中国知识界对美苏冷战的前景，持谨慎的乐观态度者还是居多。在思慕看来，对美苏关系担忧不无依据，但如果过于夸大其中的火药味，则是"过敏的嗅觉"[④]。李铁民也表达了相同看法："自杜鲁门演说以来，世界强国间基本的协调原则，开始发生了可疑的余地，尤其美苏关系，一天天的紧张起来，于是有些神经过敏的人，作出了一些轻意的论断，认为美苏两个制度不同的国家，根本没有合作的可能，并不时把两个世界体系强调得绝不相容，一若有生死不能并存之感。"他还结合历史经验，认为不同制度的国家之间是可以和平共处的，意识形态的差异不决然带来国家间的疏离和对立，指出："国与国之间发生战争，并不一贯的为着思想冲突而

① 韩德培讲、朱性谦记《美苏对立与世界和平》，《时与文》第12期，1948年，第7页。
② 沈俊容：《战后美苏关系》，《时代》第57/58期，1948年，第13页。
③ 周方：《可怕的"冷战"》，《自由天地》第2期，1948年，第3页。
④ 思慕：《美苏之间：过敏的嗅觉》，《半月文萃》第1期，1946年，第4页。

发生的，十字军的时代过去了，一切希特勒主义的再版，是徒劳无用的，民主的法国曾经和沙皇专制做过几十年的盟邦，法西斯义大利一直到它被纳粹压迫宣战，始终和社会主义的苏联保持着正常的外交关系，因此我们认为美国同苏联不一定会为了理论和主义的不同，而进行武装的战争。"①

徐时中在考察美苏两国之外交政策后认为美苏冷战虽还有继续的趋势，却尚不至于见诸疆场，更不至于发生第三次世界大战。原因有四：第一，苏联除非偷袭美国，否则就无法对美国直接攻击，而美国亦然。第二，苏联原子弹工业没有赶上美国的一日，苏联恐怖原子弹袭击的心理依然存在，而在美国原子弹也不是对苏战争中决定胜利的唯一武器，一如对日本一样。第三，苏联经济虽然恢复元气，但防卫的力量也许有余，而攻击的力量则嫌未足，美国此项条件虽较苏联为优，但是仍缺欠决胜的绝对把握。加上美苏两国人民都不愿战争，尤其是没有绝对胜利把握的战争。进而，他得出结论："社会主义与资本主义两大势力激荡而成之漩涡，即时风平浪静为不可能，而转瞬间共毁灭世界，也只是杞人之忧耳！"② 因而，在他看来，美苏权力的相对均衡有利于确保两国在相当长时期内的和平。

谌小岑在剖析了美苏国内的政治经济社会情形后，也认为美苏在重大问题上相互妥协和退让是最可能的常态，他断言："第二次世界大战结束不久的最近一二十年间，美国与苏联实无发生战争的可能。彼此间虽不无利益上之冲突，终将相互让步以求得同意的解决方案，以维持世界和平。一二十年以后，究将如何，原非个人所敢预测。然大势所趋，倘诸弱小民族国家皆能获得独立自由，不再供牺牲，则战争前途将愈渺茫。"③ 林谷在详尽地分析了美苏双方尤其是最有可能挑起热战的美国战后初期的国内形势后，也认为第三次世界大战很难在短期内爆发。④ 陶鹏非还从技术进步对战争影响的角度分析了美苏冷战转为热战的可能性。在他看来，"引

---

① 李铁民：《美苏关系剖视》，《展望》第 1 期，1947 年，第 17、18 页。
② 徐时中：《美苏关系管窥》，《时代》第 50 期，1947 年，第 10～12 页。
③ 谌小岑：《美苏会战争吗?》，《中央周刊》第 2 期，1947 年，第 8 页。
④ 林谷：《冷眼看冷战：冷战尽管打得火热，战争贩子不能轻易出卖人民》，《客观》第 5 期，1948 年，第 12～13 页。其他认为美苏间短期内不会发生战争的言论，还可参见梅碧华《论美苏战争的幻影》，《中国建设》第 6 期，1948 年，第 28～31 页；江涛：《柏林的冷战是否走向热战》，《新声》第 5 期，1948 年，第 1 页；钱克新：《对美苏结束冷战的观察》，《正论》第 6 期，1948 年，第 11～14 页；高弼：《美苏不会开战》，《消息》第 13 期，1946 年，第 199 页；无为：《莫斯科会谈中的冷战极限》，《真善美》第 5 期，1948 年，第 32～35 页。

起战争的因素很多，阻止战争的因素也很多。特别是科学进步，给战争增加很多方便，也增加很多困难。甚至于有人相信，武器的破坏力越大，战争的爆发性越小，因此，今后世界上，或者不再有发生大规模战争的可能。目前有大规模作战力量的，只是美国和苏联，可是它们两个都清楚：如果由冷战一旦变成热战，双方都要不顾一切，利用所有的武器，最有效的武器，去彻底消灭对方。这点便是双方不肯轻易战争的主要原因"。①

近代著名法学家张志让在 1948 年 11 月 21 日由《中建》杂志举办的美苏问题专题座谈会上指出，世界人民和美国人民都是爱和平的，"美国政府纵在天天准备战争，事实上美苏战争是不会发生的，第三次大战只是少数好战份子的企求而已。那末美苏之间会不会全面调整关系，由对立而变为合作呢？这也很少可能。像罗斯福那种以资本主义之力求进步而与社会主义并存的伟略恐怕无法再见。所以我认为美苏关系全面调整也很少可能。所以估计未来美苏关系是要在不战不和之中发展。第三次大战不会爆发，美苏合作也很少可能"。② 此观点也得到当时与会的教育家张孟闻、蒋尚思、娄立齐等人的认可和附议。

四、冷战旋涡中中国的立场与因应之道

尽管中国知识界整体对美苏冷战前景抱有相对乐观的看法，认为其不会演进成大国间的热战，但同时他们也认识到两强之争的结果走向不是中国所能左右的，中国非但不能左右，反而可能沦为两强之争的牺牲品。因而，他们建议中国应该谨慎应对。有知识分子把中国比作美苏竞争的足球，并警告道："中国如果单做被动的足球，而不能做自动的足球的选手，那么中国终归是足球赛场啦。"③ 徐时中就中国的应对之道代表性地提出"我国对当前情境又该如何应对，趋强抑弱乎？党同伐异乎？超然中立乎？游移两可乎？利用双方之矛盾以助长我发展乎？"等中国选择立场上的众多疑问，这些疑问也是当时中国知识界美苏关系探讨的重要议题。

---

① 陶朋非：《美苏的"冷战"（下）》，《时与潮》第 4 期，1948 年，第 32 页。
② 冯宾符、张志让、蒋尚思等：《美苏问题》，《中建》第 10 期，1948 年，第 3 页。
③ 觉天：《中国是美苏政治的足球吗》，《再生》第 173 期，1947 年，第 4 页。

那么，在中国知识界看来，我们于战后两强搅动的国际政治风云旋涡中，又应该如何自处呢？就应对之法和所持立场而言，大概有三。

（一）抛弃站队美苏之幻想

一方是以杜鲁门主义为灵魂，不断扩充军备，手里还握着令所有人为之恐惧的原子武器的美国；另一方是幅员辽阔、拥有强大陆军、追求共产主义的苏联，究竟谁才是中国人可以依赖的朋友？中国知识界就是否站队、如何站队问题展开了激烈讨论。

主张选择站队者中，多是主张选择亲美立场，尤以司徒尹衡为代表。在他看来，中国应该选择有条件地亲美，他给出的理由是："中国现在是一个纯粹的远东国家，这就是说，中国现在的主要利益，限于远东一隅。在目前苏联在远东的地位强于美国的形势之下，根据国际均势的原则，中国又应该亲美而疏苏。并且，中国的领土，由东北以至西南，处于苏联半圆形包围之下，八千公里间，两国的领土犬牙交错，根据权力政治的道理和历史的实例，中苏间很难维持友好的关系。"故而，为了生存，他认为中国只有全力参加美国方面一条路可以走，并设想美苏争霸若美国取得胜利，"美军一定全部退出中国，而恢复中国领土的完整"。[①] 对此主张，余望之强烈反对，其从美苏换文[②]一事看穿美国伪善的面孔，认为美国不仅不是真心想要和平，而且"是很有可能随时出卖朋友的"。[③]

拥护苏联者认为，苏联是爱好和平民主的国家，我们应该支持苏联的和平政策。著名爱国民主人士王艮仲在一次由某杂志社主办的美苏问题专题座谈会上指出："现在全世界人士都已认清，美国统治集团所推行的冷战政策总是世界和平的主要阻碍。所以，今后的斗争将是以坚持和平政策的苏联为中心，竭力扩大民主反帝国主义阵营，团结起来，并加强其力量，给以美国为首的帝国主义战贩集团以致命的打击。"[③] 当然这种亲苏立场，也遭到了其他知识分子的反对，如钱克新就声称大连旅顺的迟迟不归还又如何让国人相信苏联会是中国的忠实盟友呢？对于苏联的态度，他强调："我们不能仅从苏方的辨白上看，否则容易迷失于外表的姿态。"[④]

---

① 司徒尹衡：《美苏间的中国》，《民主论坛》第 6 期，1947 年，第 3、5 页。
② 苏联单方面公开美苏之间表示和平往来之函件的事件，美国表示否认并表示不会妥协。详情见梁纯夫《从"冷战"看美国外交》，《世界知识》第 22 期，1948 年，第 10～12 页。
③ 宦乡：《美国"冷战"的败绩》，《中学生》第 200 期，1948 年，第 43 页。
④ 钱克新：《论美苏关系之突变》，《周论》第 23 期，1948 年，第 7 页。

在选择民主的美国还是共产的苏联这个问题上，觉天指出："中国既非真正民主，又非共产，徘徊十字路口，变成美苏政治的足球，让人踢来踢去，做了你抢我夺的目标，谁得着中国，谁就是世界冠军，中国的处境，是多么危险！"[①] 余望之告诫时人："我们自己的命运，岂能糊糊涂涂交托给人家？我们总要忠实的站在本国的利益立场，千万不要迷信美国会硬出头和苏联开战，更要提防给美国出卖以后我们将怎样自处。或者我们要怎样才能不被人家出卖。"[②]

针对个别人士主张的亲苏或亲美的问题，傅雷也呼吁国人要站在不偏不倚的立场上观察国际关系，亦即"用自己的眼睛观察，用自己的头脑思想，以建立起独立的人格。既不亲苏亲美，也不反苏反美，而是要从自己的生存利益出发，来决定我们的立场"。[②] 故而，在中国多数知识分子看来，美苏哪一方都不会是中国忠实的盟友，只有各自的国家利益，中国只有抛弃依赖两强之幻想，方能在冷战阴影下求得长久之生存。

（二）平息内战，谋求统一以自强

针对战后中国在国际社会中所处的卑微处境和遭遇的不公，有知识分子愤然发问："十四年抗战中，中国用无数血肉身躯，支援了英美，击败了敌人，但是对于轴心国的未来却不容许过问；对于日本的赔偿，不能直接要求；大连旅顺不能迅速接收；香港澳门不能自主收回，这世界还有公理吗？还有安全和平吗？纵云安全，是他们的安全，而不是我们的安全，是他们的和平，而不是我们的和平，换句话说，是强权的世界，不是公理的世界了！"[③] 这道出了中国作为战胜国的委屈，更暴露了中国作为弱国的无奈。司徒尹衡指出了中国因为弱而造成的外交困局，建议："中国现在所遭遇的一切困难，都是起源于一个'弱'字。因为我们弱，苏联不和我们做朋友而怀虎狼之心；因为我们弱，所以美国不屑和我们做朋友而宁可选择日本。所以我们全体中国国民，应该收拾一切忿闷和怨恨，向肚子里咽，化作自强的热和力！"[④]

基于此，在中国知识界看来，在冷战主导的国际情势下，如何转弱为强便是中国自处之关键，而转弱为强的关键则在于平息内战。樊星文甚至

---

① 觉天：《中国是美苏政治的足球吗》，《再生》第 173 期，1947 年，第 4 页。
② 傅雷：《我们对美苏关系的态度》，《知识与生活》第 2 期，1947 年，第 30～31 页。
③ 钱克新：《论美苏关系之突变》，《周论》第 23 期，1948 年，第 7 页。
④ 司徒尹衡：《美苏间的中国》，《民主论坛》第 6 期，1947 年，第 5 页。

认为，美国之所以扶植日本而不是中国，正是由于中国的内战使美国无法把中国当作远东安定力看待。① 在陈石孚看来，原子时代作壁上观是不可能的，在美苏不可避免的冲突到来前和到来时，中国能做的就是"从速结束内争，加紧建设，希望将来在任何的国际冲突里，我们的土地不致成为他人的战场"。② 周方也发出警告："我们不能对世界和平怀着什么幻想，我们应迅速结束内部的'热战'，准备世界由'冷战'转为'热战'那一天的到来"。③

刘志扬还对如何停止内战做了剖析，认为"要想停止内战，首先必须摆脱国际的干涉。明的干涉与暗的干涉，一律清算出去。然后由各党各派及无党无派的代表，组织扩大协商会议，解决军事纠纷，并商讨国家的根本问题。在这一会议之中，无党派的代表，也可以说是代表大多数国民的人士，必须握住最后的决定权。就是以广大的民众，担任调处的责任。这样，内战问题，才能得到合理的解决"。④

（三）领导、团结国际和平力量

面对以美、苏为首的两大集团在全世界全方位的对峙，中国知识界在思考如何自处时，除了站队美苏外，更多的还是支持走第三条道路，亦即联合世界爱好和平的人民的力量，形成对美苏的某种制衡。在中国知识界看来，"所谓美苏问题，并不是孤立的两国之间的问题，而是一个世界问题，是整个世界走向和平建设或是走向战争毁灭的问题；全世界人民的力量与努力的程度，将为这一问题提供答案。全世界人民的力量如果一致用于反对战争及战争叫嚣的努力，则战争决不会发生。如努力不够，则战争是可能的……我们中国人民更应当为消弭第三次世界大战而尽最大的努力。世界人民坚持和平，和平可以确保。世界人民继续不断地为世界和平而努力，第三次世界大战就可永远避免。今天我们所要做的，是充分的阐明这个世界和战的问题，并迅速与一切爱好和平的人民，大家联合起来解决这个问题"。⑤

针对第三条道路，萧正谊具体分析道："现在问题就在这里，就是中

---

① 参见樊星文《冷战之现况及展望》，《地方自治》第 2 期，1948 年，第 3 页。
② 陈石孚：《美苏冲突的必然性及其原因》，《宇宙文摘》第 3 期，1947 年，第 20 页。
③ 周方：《可怕的"冷战"》，《自由天地》第 2 期，1948 年，第 3 页。
④ 刘志扬：《论美苏关系与中国前途》，《太平洋》第 5 期，1947 年，第 7 页。
⑤ 冯宾符、张志让、蒋尚思等：《美苏问题》，《中建》第 10 期，1948 年，第 5 页。

国际掉辗转颠沛于这两大势力之间,在其中转圈子,或跟当中的一个走以外,是否还有第三条路线可走?"他的回答是肯定的,除了消弭内战、实现国家统一外,外交方面,他认为,我们的出路就在于"以不卑不亢态度,堂堂担当起五强之一的大任,自己认定并促成为亚洲安定之势力,不偏于美,不倚于苏……切实联合亚洲各弱小民族为我们第三条路线之群星,如华侨温床之南洋群岛,如亚洲大族之印度,以至韩国、暹罗、缅甸、伊朗、伊拉克、土耳其等国。我们要切实联合他们,同情他们,鼓励他们,扶助他们;唯有如此,中国之前途方可渐次踏进康庄大道之境地;唯有如此,中国方不在美苏制压之下为无谓之命运牺牲者,而能进而造成美苏今后友好之桥梁,奠定未来世界和平的力量"。[①] 在萧正谊看来,中国应该勇于担负起大国责任,联络支持亚洲弱小民族,建设一支独立于美苏之外的国际和平力量,为中国自身安全和发展计,为世界和平做贡献。

谌小岑对此也指出,"为整个世界和平,争取落后国工业建设的时间计,中国应领导弱小民族国力求避免新的战争,我们对于美国,应反对其经济帝国主义之继续,反对其新式生产品在世界之倾销,进行不平等的交换以剥削落后国农民。对于苏联,应提醒其安全感之过份发展,将危及邻国领土主权之完整,引起邻国人民的厌恶"。[②]

结语

第二次世界大战结束后,国际社会并未进入中国知识界设想的大同世界,和平与繁荣的迹象尚未在战争的废墟中显现,美苏两强全球对峙的冷战便已开始,第三次世界大战的呼声也在世界舆论场中响起。考虑到美苏冷战旋涡中中国很难置身事外的现实政治,为中国国家安全计,有着学术济世情怀的中国知识分子对冷战的起源及其走向,以及中国的自处之道做了深入探究。

中国知识界对冷战的发生和发展有着深刻的体察,明确提出了"两极世界"这一冷战叙事的概念框架。中国知识界对冷战起源林林总总的探讨,大致可以归为三种观点,分别是意识形态对抗说、美国霸权扩张说

---

① 萧正谊:《美苏之外有没有第三条路》,《现代知识》第 4 期,1947 年,第 2 页。

② 谌小岑:《美苏会战争吗?》,《中央周刊》第 2 期,1947 年,第 51 页。

和大国争霸说。他们对冷战起源的这些认知在今天看来，依然具有相当的高度与深度，与西方学界 20 世纪 40 年代末至 70 年代主流的冷战史研究学派——正统学派和修正学派的论点存在众多契合之处，相较之下更显客观。此外，他们对冷战未来的发展趋势也做了相对精准的预测和评判，很多地方与后来冷战的发展轨迹也高度相符，如战后"长和平"的出现。

当然，这一时期中国知识界的冷战史研究也存在种种不足，如研究成果多是基于公开的官方文告和时政新闻，研究者理论水平和分析能力也参差不齐。彼时中国国际政治学科尚不成熟，专业研究队伍也未建立起来，进行冷战史研究的知识分子来自各个领域，如政治学、社会学、经济学、历史学、教育学乃至工学等。尽管如此，在冷战兴起和定型的这一时期中国知识界的冷战研究成果无论在数量和质量上都是不应忽视的。然而，就目前主流数据库检索的结果来看，这一时期的冷战史研究成果在今天中国的冷战史学界却鲜有提及，也没有得到应有的重视，这对中国冷战史学科的建设而言，不能不说是一个缺憾。

第五章 和平构建的域外视角与中国特质

20 世纪三四十年代见证了一战后世界和平运动的风起云涌、世界和平的破碎以及战后和平的重建。其间，世界各国官方智囊和民间知识界废弃战争、维护和平、建设和平的思想层出不穷。

本章旨在通过对比第二次世界大战前后西方官方和民间知识界的和平思想，一探中国知识界战争与和平理念的特质。就官方而言，《大西洋宪章》虽然最初仅是美英两国关于战争与和平的声明，但是在 1942 年 1 月 1 日的《联合国家宣言》宣布后，《大西洋宪章》的和平建设宗旨开始为所有反法西斯盟国所认可和接纳，进而成为战后盟国构建世界和平秩序的总纲领。从反殖民主义到开放的经济秩序，从普遍安全体制的建立到免于匮乏的自由，其中蕴含的社会公平、社会保障思想，作为和平建设的重要理念开始为反法西斯盟国所接受，为世界舆论所认可，这一点构成了不同于第一次世界大战后和平建设的突出特征。

相对而言，这一时期中国知识界战争与和平观的生成，既是中西文化交流碰撞的产物，也是中华民族传统文化中和平精神长期浸润的结果；既具有西方和平思想的共性，也有源于中国传统政治文化如天下一家、世界大同等思想的个性。中国知识界在这一时期生成的战争与和平观是中国近代国际政治思想的重要组成部分，其内涵与特质在本章的最后一节里将会有所探讨。

第一节 《大西洋宪章》与国际社会构建战后和平的新理念

在吸取一战后失败的和平建设教训的基础上，反法西斯盟国在积极谋划如何赢得战争的同时，也较早地开始了在战后如何赢得和平的规划，而盟国进行战后和平规划的思想理论起点和蓝图则是1941年颁布的《大西洋宪章》。本节旨在结合当时国际政治经济背景来解读《大西洋宪章》体现的反法西斯盟国进行战后和平建设的积极思想及其特征，以期对当今国际社会建设持久和平与共同繁荣的努力有所启迪。

一、《大西洋宪章》的缘起及内容

1941年上半年对于世界人民而言是一个灾难，在此期间，纳粹德国的铁蹄征服了整个西欧和东南欧，进而进逼英伦三岛，苏联在卫国战争初期接连失利。在亚洲，日本法西斯的魔掌也已覆盖中国的华北、华东地区，并隐约指向东南亚乃至整个远东，可以说整个世界陷于危机之中。在这紧急时刻，英国首相丘吉尔热切希望尚保持中立的美国深度卷入乃至直接军事援助。而美国总统罗斯福也一直关注着世界局势的进展，囿于国内依旧顽强的孤立主义势力，除了修改中立法案外，未有进一步的作为。1941年七八月间，罗斯福接连收到丘吉尔要求安排一次正式会晤，以交换两国有关当前战争形势的看法的电文。罗斯福敏锐地意识到，为美国的安全利益着想，美国的卷入在所难免，便最终同意安排一次这样的会谈。

1941年8月9～14日，罗斯福和丘吉尔在纽芬兰兰金夏湾的一艘军舰上正式会晤，其成果便是著名的《大西洋宪章》，其主要条款有八条：

> 第一，他们的国家不寻求领土和其他方面的扩张；
> 第二，两国反对不符合有关民族自由表达的愿望的领土变更；
> 第三，两国尊重各国人民选择他们在其管辖下生活的政府形式的权利；两国主张凡是被强制剥夺主权和自治权的民族恢复这些权利；
> 第四，两国在适当照顾到它们现有的义务的条件下，力图使一切国家，不论大国或小国，战胜国或战败国，在平等条件下进行贸易并在全世界范围内取得为其经济繁荣必需的原料；
> 第五，两国愿意在经济领域内促成一切国家之间的最充分的合作，目的在于使所有国家改善劳动标准，发展经济，享有社会保障；
> 第六，在最终摧毁纳粹暴政以后，两国希望见到建立这样一种和

平，以使一切民族得以在自己的疆界内安居乐业，保证一切地方的所有居民都可以过无所恐惧、不虞匮乏的生活；

　　第七，这样的一种和平应当使所有的人能够在公海不受阻碍地航行；

　　第八，两国相信，世界上一切国家，基于实际的和精神上的原因，必须放弃使用武力。如果在自己的国界以外进行侵略威胁或可能进行侵略威胁的国家继续使用陆海空军备，就不能保持未来的和平。两国相信，必须在建立更广泛和更持久的普遍安全体系以前解除这类国家的武装。两国也将赞助和提倡一切其他实际可行的方法，以减轻爱好和平的各国人民在军备方面的沉重负担。①

　　《大西洋宪章》的这些条款宣示了英美两国战争与和平的目标，描绘了未来世界的美好蓝图。作为对战后理想世界秩序的展望和设计，《大西洋宪章》发布后受到世界舆论的赞扬，极大地鼓舞了正在殊死抵抗纳粹、法西斯侵略奴役的各国民族。《大西洋宪章》发布后，中国共产党高度认可，"8月14日美国大总统罗斯福与英国首相丘吉尔联合宣言以及提议在莫斯科召集三国会议，乃是具有世界历史意义的重大事件，从此开辟了世界历史的新阶段"。② 随后，《大西洋宪章》的这些指导原则为26个反法西斯国家在1942年1月1日签订的《联合国家宣言》所认可和采纳，这意味着《大西洋宪章》不再仅仅是英美两国战争与和平的目标，开始成为整个反法西斯盟国战后世界和平规划的总的指导原则。

二、《大西洋宪章》中的和平建设思想

　　《大西洋宪章》的原则主要包括民族自治、领土完整、经济国际主义、社会安全、缩减军备以及国际合作。这些原则体现了英美两国对战后和平建设的构想。透过这些原则，我们可把这些原则可概括为四个方面的构建和平的思想。

---

① United States Department of State, *Foreign Relations of the United States Diplomatic Papers, 1941. General*，*Vol. I*（New York：U. S. Government Printing Office, 1941），pp. 367–368.
② 外交学院编《中国外交史资料选辑（1937~1945）》第3册，外交学院，1958年，第56~58页。

(一) 反殖民主义和反扩张主义思想 (第一条、第二条和第三条)

针对法西斯国家寻求确立对地区和世界殖民控制的扩张计划和在事实上已完成的对一些国家、地区的占领奴役,《大西洋宪章》明确提出了反对任何领土扩张、领土兼并以及对其他国家和民族进行支配和控制的企图和尝试。这一方面是对法西斯领土扩张和兼并行为的谴责,另一方面也是对一战后不当的领土安排引发的冲突的反思。两国明确表示,不但自己不追求扩张和兼并他国领土,而且也反对任何他国进行扩张的尝试,同时通过宣言的形式表示了对弱小国家和被压迫民族争取自由的支持。再者,该条款也源于和平建设者对殖民主义制度与和平的维持之间关系的认知。如罗斯福认为殖民制度是暴力与革命的根源,他还认为,在可预见的将来,对和平最大的威胁是殖民主义。他告诉他的儿子埃利奥特:"殖民体系意味着战争,掠夺印度、缅甸、爪哇的资源,攫取这些国家的财富,却从不回报它们,像教育、体面的生活、最低限度的健康需求。"[1] 并坚持认为:"殖民主义而非共产主义是对战后和平与稳定的最大威胁。"[2]

这些条款也在事实上宣布了违反弱小民族利益和意志的领土兼并和扩张不再具有合理性和合法性。近代以来,国际社会中的国家尤其是西方殖民大国皆寻求通过侵略、奴役和剥削弱小国家和地区来促进本国的繁荣。就像 1941 年美国战时战争信息办公室宣传的那样,"世界上的某些地区在一定的历史时期经历过繁荣的时代,但是这些地区的繁荣通常都是以牺牲其他国家为代价取得的"。[3]《大西洋宪章》在广义的国际法渊源上,宣布了领土征服在国际社会中的非法性。

(二) 社会安全思想 (第五条和第六条)

作为战后和平建设总体规划的《大西洋宪章》提出的诸原则中,最具有创见性的是社会安全,具体体现在宪章第五条和第六条中。主要内容是改善劳工标准、提高民众福利,包括充分就业、教育、医疗和住房保障等。把确保民众社会经济权利实现的国内社会政策与和平建设联系在一起在近代以来的和平规划中尚属首次。

---

[1] Elliott Roosevelt, *As He Saw It* (New York: Duell Sloan and Pearce, 1946), p. 74.

[2] Warren F. Kimballs, *The Juggler: Franklin Roosevelt as World Statesman* (Princeton: Princeton University Press, 1991), p. 64.

[3] Office of War Information, *The United Nations Fight for the Four Freedoms* (Washington: Office of War Information, 1941), pp. 9 – 10.

在如何才能构建一个和平发展的战后世界方面，《大西洋宪章》超越了历史上和平建设注重集体安全、裁军的思维，提出了社会安全是和平建设重要根基的思想。《宪章》第五条明确指出："两国愿意在经济领域内促成一切国家之间的最充分的合作，目的在于使所有国家改善劳动标准，发展经济，享有社会保障。"建设和平意味着"确保一个促进安全和稳定的持久和平，在其中大众基本的人类需要得到满足，暴力冲突不会发生"。[1] 英美决策者对社会安全与和平维持之间存在密切关联的这种认知，源于对战前法西斯主义在相关国家内部兴起的重要根源的思考，即经济上的匮乏是极端主义兴起的土壤。恰如二战时比利时劳工部长所言，"如果你注意全世界法西斯主义的起源的话，你会发现相同的因素：失业。在人们疯狂渴求工作的年代，他们倾向于倾听冒险者关于生存空间的神话。他们告诉人们，你不会有工作，除非你征服其他人的领土。那样你才可以获得世界其他部分人的工作。他认为，正是比利时体面的社会保障体系粉碎了在比利时国内形成的法西斯力量"。[2]

英美两国通过加强建设国内社会安全来实现自身的社会稳定与和平发展，进而确保国际和平的实现，从而"向专注于自由主义和资本主义破绽的德国人和日本人发出呼吁：即使不依靠法西斯主义，也可以将一般市民和失业者从贫困中解救出来，并保护他们的人权"。[3] 在这一点上，《大西洋宪章》充分认识到了一国选择侵略发展模式的国内经济社会根源，注重通过建设有利的和平条件，消除国内结构性冲突来确保国家和平发展的道路选择。

（三）经济国际主义思想（第四条、第五条和第七条）

经济国际主义思想体现在第四条"贸易机会均等、原材料开放"、第五条"最充分的经济合作"以及第七条"公海航行自由"等原则规定上。

经济国际主义的再次提出源于战时国际社会对二战根源的反思。一战后建立的凡尔赛－华盛顿体系并未建立起相对系统、稳定和开放的国际经济新秩序，其结果是 20 世纪 20 年代末金融贸易秩序的混乱。随着 1929

---

① Wendy Lambourne, "Post-Conflict Peace Building: Meeting Human Needs for Justice and Reconciliation", *Peace, Conflict and Development* 4（2004）: 3.

② Arthur Wauters, "Social Security and Collective Security", *Annals of the American Academy of Political and Social Science* 234（1944）: 75.

③ 〔日〕入江昭：《20 世纪的战争与和平》，李静阁等译，世界知识出版社，2005 年，第 120 页。

年大萧条的到来，各国更是采取了以邻为壑的经济民族主义的做法，纷纷在国内或帝国内部采取各种形式的排他性、歧视性的举措，导致各国为了解决经济问题对市场和原材料需求的竞争恶化。这种恶性竞争导致国际社会中"无"的国家开始寻求经济上的自给自足，走上领土扩张和侵略的道路，从而引发了第二次世界大战。

而战时合作则强化了盟国战后经济合作的观念。《泰晤士报》刊载的一篇关于《大西洋宪章》的评论讲道："在战争中，我们已经认识到，为了赢得胜利整合和规划行动的紧迫性和重要性。今天联合国家在原材料和制成品的使用方面，合作程度高于之前历史上的任一时期。艰苦的经历使它们认识到合作与整合对它们的生存至关重要。"[1] 因而，为了建设持久的和平，为了避免国家间的恶性竞争，为一国经济发展创造良好的环境，就必须实施经济裁军，放弃极端的经济民族主义，消除各种形式的贸易壁垒。

（四）集体安全和裁军思想（第六条和第八条）

集体安全制度承载着人们维护国际和平与安全的希望，20 世纪 30 年代国联的失败并未使人们否定集体安全制度维护和平的效用。盟国的战后规划者仍然对集体安全于和平维持的价值充满期待，如罗斯福认为，"我相信其它三个大国也完全同意，我们必须随时准备以武力来维持和平。如果德国和日本那些人彻底认识到全世界不会让他们再度横行，他们就有可能，我认为，他们大概就会放弃侵略思想——放弃那种丧失自己的灵魂而夺取整个世界的念头"。[2]《泰晤士报》编辑赫伯特·莫里森也认为："一个有充分代表性的（国联则不是）有着一致的决心制定和实施积极政策（国联则没有）和拥有取得目标的力量（国联不具备）的世界联盟就是我们的目标。"[3]

由于国际社会的无政府状态，各个国家倾向于以自助的方式取得财富与保障安全，这就必然导致竞争性的发展和安全上的困境，以致引发战争和冲突。为了削弱国际社会的无政府状态，集体安全和裁军作为一种制度

---

① Stanford Cripps, "Making A Better World, An End to Economic Rivalries", *The Times*, July 27, 1942, p. 2.

② 〔美〕富兰克林·罗斯福：《罗斯福选集》，关在汉译，商务印书馆，1982 年，第 455 页。

③ 该作者为泰晤士报特通讯记者，原文见：A Special Correspondent, "Peace Aims and Pledges The Atlantic Charter after Two Years", *The Times*, August 11, 1943, p. 5。

选择（在《宪章》第八条中表现为普遍安全体系）依旧构成盟国战后和平建设努力的一个重要方面。

三、《大西洋宪章》构建和平思想的创新性

《大西洋宪章》作为指导盟国战后和平规划的纲领性文献，为二战末期以及战后一系列国际机制的建立（如联合国体系、布雷顿森林体系、《世界人权宣言》等）以及欧美国家在战后进行的福利国家建设奠定了思想基础，而这些机制和社会改革则是战后世界"长和平"出现的重要保证。正是《大西洋宪章》在和平建设方面所具有的两个特征使其在建设战后稳定和繁荣的和平方面更具科学性和有效性。

首先是和平建设的全面性，亦即积极和平建设和消极和平建设兼顾。所谓"积极和平"，是指无直接暴力和无间接暴力的社会状态。主张积极和平的学者认为，公正与平等是和平的根本因素，不消除不平等的社会结构，即不消除结构暴力，和平就不可能实现。① 《大西洋宪章》则强调从国际和国内两个层面消除潜在的或事实上的结构暴力，在国内提出国内改革即社会安全的思想，实现社会正义，消除国内的冲突结构；在国际经济层面建设开放的国际经济贸易秩序，倡导经济国际主义，反对经济民族主义；在国际政治层面主张民族自决，反对领土扩张和殖民压迫。

日本学者星野昭吉认为，和平学的研究范围必须超越对暴力冲突的传统分析，必须对经济不平等、政治不平等以及社会非正义的原因做出解释。② 相应地，在和平建设实践中，有效的国际和平建设相应地必须照顾到国际和国内两个层面的政治经济平等，实现国际社会和国内社会的正义。《大西洋宪章》第一条至第七条都体现了盟国建设积极和平的思想。

同时，作为对之前的和平建设的方案的继承，《大西洋宪章》也对建设消极和平予以了关注。消极和平是指消除了战争和暴力冲突之后的和平，多指战争的缺乏状态。《大西洋宪章》第六条有关消除纳粹暴政以及第八条建立集体安全和裁军的思想则是建设消极和平的体现。

---

① 参见〔挪威〕约翰·加尔通《和平论》，陈祖洲等译，南京出版社，2006 年；〔美〕大卫·巴拉什、查尔斯·韦伯：《积极和平——和平与冲突研究》，刘成等译，南京出版社，2007 年。

② 〔日〕星野昭吉：《全球社会和平学》，梁云祥等译，北京师范大学出版社，2007 年，第 12 页。

其次是《大西洋宪章》倡导的和平建设的公正性和开放性。这些特性体现在战后世界的制度安排的惠及对象既包含同盟国，也包含轴心国及中立国。不像第一次世界大战后的初期安排，把战争责任完全推给战败国并对其予以严惩，把持有不同意识形态的苏联排斥在国际体系之外，同时美国推行孤立主义外交，置身于世界事务之外。

《大西洋宪章》对未来世界规划的可贵之处在于并未排斥德国和日本等战争发起国，以避免阻塞这些国家寻求发展的正常道路。日本学者入江昭认为："经济国际主义的概念，特别是包含了'不管是胜利者还是失败者，为了繁荣经济所必需市场和原材料必须在世界各地以平等条件获得'的原则，是对日本和德国在'资源缺乏国'口号下企图分割世界的挑战，旨在恢复两国在再次开放的世界中进行多角度的经济活动。"[1] 美国战时经济学家罗伊斯认为："德国必须被占领和解除武装，它不能被允许再次成为世界和平和福利的威胁，但是我们需要找到一条让德国人生存的道路，让德国再生产，以及与其他国家在合理的经济规划上合作，对于德国人和其他人同样重要。"[2] 国务卿赫尔在给美国驻各国大使的电文中强调："你们必须保证再保证第四条给予所有民族一个真实的前景，在轴心国被击败之后，战后的世界一个所有国家不仅能平等地获取它们需要的原材料，而且更重要的是它们会被允许在能够获得必要的购买原材料及其他需要的进口物的购买力的基础上，更自由地进入世界市场，包括英帝国和美国的市场。"他称："总统说，他相信这一点（《大西洋宪章》第四条）非常重要，可以作为一个担保措施使德国和意大利人民相信英国和美国政府在战后想给予他们公正和平等的经济机会。"[3] 以上政治家、学者的观点反映了盟国决策者在进行战后世界规划时抱持的公正和开放的和平建设思想。

结语

《大西洋宪章》深刻而全面地影响了反法西斯盟国战后世界政治经济

---

① 〔日〕星野昭吉：《全球社会和平学》，梁云祥等译，北京师范大学出版社，2007年，第12页。

② Louis H. Pink, "Toward International Economic Organization", *Annals of the American Academy of Political and Social Science* 234 (1944): 91.

③ "Telegram: The Secretary of State to the Ambassador in the United Kingdom (Winant), 08/25/41", http://avalon.law.yale.edu/wwii/at11.asp.

秩序建设，其所倡导的和平建设的公正、平等和开放的指导原则，对于确保国际、国内层面的政治、经济和社会正义的实现，进而消除各个层面的结构暴力意义重大，打下了战后国际社会和平发展之基。法学家李铁城对其做了高度评价，认为："它的基本原则反映了第二次大战的正义性质，符合时代的精神，它对促进反法西斯战争的胜利起了积极的历史作用……宪章对于动员和鼓舞世界人民战胜德日意法西斯侵略集团起了很大的推动作用。宪章所宣布的原则虽然有些空泛而缺少实惠，宣传价值要高于实际价值，但它与血腥的法西斯暴政相比却是无与伦比的进步，它给广大受法西斯奴役的人民带来一线曙光和希望。"[1]

战后至今，《大西洋宪章》所宣示的和平建设的积极价值取向与价值理念为越来越多的国家和地区所认可，它留给战后世界的建设和平的积极思想遗产也正是当今国际政治经济秩序的建设者需要学习的经验的精髓。

第二节　和平方略：反法西斯盟国战后和平规划中的社会保障考量

近现代以来政治家及国际政治理论研究者大多是从国际政治的体系层面探求战争原因，以致他们在探讨实现和平的路径时，更多地把希望重点寄托于建立世界政府、国际法、均势、集体安全、安全共同体、裁军、恐怖平衡、军控、第三方调解、联合国等机制。[2] 这些机制都致力于通过减弱乃至消除国际体系的无政府状态以及由此导致的安全困境来实现、维持世界和平。然而，历史经验证明，这些旨在消除、抑制直接暴力行为的机制尽管有其价值，但尚不能确保世界和平发展。

早在第二次世界大战进行正酣时，反法西斯盟国在借鉴以往和平建设经验的基础上便开始战后和平规划。战时盟国的和平规划者设计了一条建

① 李铁城：《大西洋会议和大西洋宪章的历史地位》，《外交学院学报》1984 年第 2 期，第 57～58 页。
② 此类探讨可见 David W. Ziegler, *War*, *Peace and International Politics* (New York: Addison - Wesley Educational Publishers Inc, 1997), pp. 131 – 338; John King, *One World*: *The Approach to Permanent Peace on Earth and the General Happiness of Mankind* (London: One World Publishing, 1992), pp. 147 – 183。

设和平的新路径，即通过国内和国际层面的制度建设，以确保民众社会保障的方式来建设战后世界的和平。本章尝试对社会保障与和平建设的关系、二战时期盟国的战后和平建设者对二者之间关联的认知以及制度建设实践做一初步的研究。

一、社会保障与和平建设的关系

"社会保障"（Social Security），又名"社会安全"，学界一般认为其首次出现于 1935 年美国颁布的《社会保障法》中。20 世纪 40 年代，有西方学者从罗斯福的四个自由角度理解社会保障："保障意味着免于担忧的自由。'社会的'在政治的环境下，指的是政治社会。因而我们可以认为社会保障就是社会本身免于担忧可能的不公正、较少的财产、歧视、贫困和疾病等的自由社会。"[1] 1984 年，国际劳工组织对"社会保障"定义如下："社会通过一系列公共设施，为其成员提供保护，以防止因疾病、产期、工伤、失业、年老和死亡致使停止或大量减少收入造成的经济和社会困难；提供医疗；为有子女的家庭提供补助金。"不管社会保障内涵发生怎样的变迁，都可以看出社会保障的实质是公民经济社会权利的实现，这也是本章思考的理论与逻辑起点。

《国际劳工组织章程》序言第一句便写道："普遍的持久的和平只有在社会公正的基础上才能建立。"[2] 可见，国际劳工组织创建者对一国国内社会正义与国际和平之间存在必然性的坚定认识。美国和平学研究专家大卫·巴拉什也认为，"寻求和平，必须相应地把寻求人类经济和社会的改良也包括进来"。[3] 那么社会保障与和平维持之间到底是否存在联系？如果存在的话，又是怎样的联系呢？

（一）完善的社会保障是和平文化得以扎根的土壤

从法律上来讲，社会保障是一种经济社会权利，这种权利的实现和满足有利于民众和平观念的树立和暴力的消除。《全球通史》作者斯塔夫里

---

① Maurice Stack, "The Meaning of Social Security", *Journal of Comparative Legislation and International Law* 4 (1941): 113.

② 《国际劳工组织章程》，http://www.ilo.org/ilolex/english/constq.htm。

③ 〔美〕大卫·巴拉什、查尔斯·韦伯：《积极和平——和平与冲突研究》，刘成等译，南京出版社，2007 年，第492 页。

阿诺斯在谈及法西斯兴起的根源时提醒我们："正是生存空间的思想起到了使'穷'国的人民团结起来、去支持各自政府的扩张主义政策的作用。它还为那种公开宣布其目的是为穷人提供食物、为失业者提供工作的侵略，提供表面上看来合乎道义的正当理由。即使在'富'国中，也有某些人接受了这些理论解释，为随之而来的侵略进行辩护。"①

二战爆发的历史经验告诉我们：失业、贫困和萧条的经济社会状况是酝酿诱发暴力与战争的极端主义思想的温床。美国政治学家西摩在分析法西斯主义兴起的社会基础时指出，"极端主义运动有很多共性。它们对社会各个层次的心怀不满者、无心理归宿者、遭受个人失败者、脱离社会者、经济上无保障者、缺乏复杂感者、集权主义信奉者、都有吸引力"。②因而，在这个意义上，可以说繁荣稳定的国内经济和社会对遏制极端思潮和运动的兴起有着相当积极的作用。

（二）有效的社会保障对一国扩张倾向的抑制

作为国家财政政策的一种，如果把社会保障看作财富的再分配和消除贫困的一种努力的话，那么随之而来的是国内普通民众购买力的提高，这就意味着国内市场的扩大，从一定意义上削弱了国家通过领土扩张侵占他国和地区市场的内在经济动力。

英国左派史家霍布森关于帝国主义根源的思想主张也许能给我们些许启示，他认为帝国主义扩张的经济根源在于"错误的经济分配"和"过剩储蓄"。他认为财富分配的不平等导致财富过度集中。一方面是过度储蓄、购买力的闲置；另一方面是"众口嗷嗷、衣衫褴褛、陋屋简舍"的大众。他们有物质需求，但无购买力。他的建议是："如果能在经济上稍加调整，使富人过剩储蓄中涌出来的增高泛滥水流的产品，能转而提高贫乏人的收入和消费标准。"其主张的实质就是对社会的收入进行再分配，实行社会改良。假如"收入的分配能使国内各阶级把他们的需要转为对商品的有效需求的话，就不会有产品过剩，不会有资本和劳动的使用不足，也不会有争夺国外市场的必要，就不需要推行帝国主义了"。③在霍

---

① 〔美〕L. S. 斯塔夫里阿诺斯：《全球通史——1500 年以后的世界》，吴象婴、梁赤民译，上海社会科学院出版社，1999 年，第 640 页。

② 〔美〕马丁·李普塞特：《政治人政治的社会基础》，张绍宗译，上海人民出版社，1997 年，第 150～151 页。

③ 〔英〕约·阿·霍布森：《帝国主义》，纪明译，上海人民出版社，1960 年，第 68、75 页。

布森看来，国内有效需求不足是帝国扩张角逐国外市场的根源之一。

历史也表明，为追求更高的利润率开拓海外市场是近代以来诸多征服战争的重要经济根源。西方列强在实现工业革命之后，用坚船利炮打开亚非拉国家和地区大门的一个重要动因就是为国内剩余产品和资本寻求海外市场。柏拉图就曾从社会经济的角度，建议为了避免战争应该有具有凝聚力的人民和中等程度的繁荣。前者意味着有忠诚的人民遏制攻击，后者意味着国家不会从战争中经济上获利，同时战利品不再构成诱惑。①

二、战时盟国对社会保障与和平维持关联的认知

作为第一场真正具有世界意义的总体战，第二次世界大战使所有参战国的人民都不同程度地以不同的方式卷入进来。时任南斯拉夫国务部长萨瓦称："这场战争不仅是一场前线战士的战争，而是作为一个整体的人民的战争。国家投入了所有人民的军事、经济、社会和道德能量，历史上从未有一场冲突像这场战争一样表现出国家努力的整体性。"② 因而，如何赢得人民的和平便进入盟国战后规划者的视野。

早在 1941 年 6 月，英国、英联邦国家以及在伦敦的欧洲流亡政府代表③就召开了第一次盟国间会议，发表宣言，称："它们认为持久和平的唯一基础是世界上爱好和平的自由的民族，愿意合作解除侵略威胁，所有人都可享受经济和社会保障，这是它们在战时和最终的和平到来时决心一起和其他自由民族努力的目标。"④

1941 年 8 月 14 日，在《大西洋宪章》第五条和第六条中，罗斯福和

---

① 〔英〕约·阿·霍布森：《帝国主义》，纪明译，上海人民出版社，1960 年，第 308 页；Arno J. Mayer, "Internal Causes and Purposes of War in Europe, 1870 – 1956: A Research Assignment", *The Journal of Pattern History* 41 (1969): 291 –308。

② Savan Kosa Novich, "Eastern Europe Awaits a Common Man's Peace", in *Representative of the United Nations: The People's Peace* (New York: George W. Stewart, 1942), p. 128.

③ 参加者有英国、北爱尔兰、南非、加拿大、新西兰、澳大利亚、捷克斯洛伐克、希腊、荷兰、挪威、比利时、卢森堡、波兰和南斯拉夫以及戴高乐领导的"自由法国"的代表。

④ The Royal Institute of International Affairs, "Inter-Allied Meeting, Held in London at St James's Palace on June 12, 1941 Resolution", in *United Nations Documents, 1941 – 1945* (New York: Oxford University Press, 1946), p. 9.

丘吉尔把战后民众社会保障的实现列为建设更加美好的世界的重要目标之一，"缔造各国在经济上充分协作的新的世界秩序，以实现不断提高劳工标准，促进经济发展、实现社会保障的目标"，"在最终摧毁纳粹暴政以后，两国希望见到建立这样一种和平，以使一切民族得以在自己的疆界内安居乐业，保证一切地方的所有居民都可以过上无所恐惧、不虞匮乏的生活"。① 而 1942 年初，26 个反法西斯国家签署的《联合国家宣言》对《大西洋宪章》原则的认可表明，社会保障作为战后和平规划的目标超越了英美两国，从而具有了世界意义。就这一点而言，《大西洋宪章》的发布标志着社会保障运动国际化的开始。

美国总统罗斯福在不同的场合表达了普通民众经济社会权利的实现即社会保障与和平之间存在密切关系以及在战后规划中应占重要地位的观念。他在 1941 年度国情咨文中讲道："经济和社会权利对于一个强大和健康的民主是必要的，美国人期望：年轻人和其他人机会的均等；有能力工作者的工作；那些需要保障者的保障；少数人特权的结束；所有人国内自由的维持；科学进步在提高生活水准方面的应用；……我们政治经济体系的内在效率和力量取决于这些期待实现的程度。"② 他还认为："对于和平来讲，另外一个同样基本的要素是各国一切个别的男人、女人和儿童都能享有过得去的生活水平。免于恐惧的自由同免于匮乏的自由是永远联系在一起的。"③ 这表明了罗斯福对社会保障与和平维持密切相关的认识。

1942 年 7 月 23 日，美国国务卿赫尔在广播讲说中强调了普通人的利益在战后规划中的利害关系。"自由不仅仅是政治权利的事情。在我们的国家，从艰辛的经历中得知，人们真正的自由还必须包括经济自由和经济保障——保障一个自由的人完全同等的工作机会；保障通过工作获得生活的物质和精神方式的机会；保障通过能力、创造性和实干的实践取得进步的机会，我们都知道这在任何地方都正确，我们知道在所有国家里已经有，将来会更多加强社会正义的要求。我们决心，一旦战争结束，这些要

① United States Department of State, *Foreign Relations of the United States Diplomatic Papers, 1941. General, Vol I* (New York：U. S. Government Printing Office, 1941), pp. 367–368.
② Franklin D. Roosevelt, *Public Papers and Addresses of Franklin D. Roosevelt* (New York：Harper & Brothers, 1950), p. 672.
③ 〔美〕富兰克林·罗斯福：《罗斯福选集》，关在汉编译，商务印书馆，1982 年，第 460 页。

求将会迅速得到尽可能的实施。"①

英国的决策者在战时也强调了实现"人民的和平"的重要性。1942年10月，英国工党公布"赢得和平的计划"，其中提到："随这场战争结束而来的和平一定不同于之前的由和平条约带来的战后的和平。这场战争之后的和平就像战争本身一样，是属于大众的和平，它将要使得世界上尽可能大的一部分人过上较之前更好的更和谐的日子。这场战争之后的和平，不可能像过去那样是属于一部分人的和平，它一定是像这场战争一样——人民的战争，是人民的和平。"② 英国外交大臣艾登认为："和平不仅仅是边界与和平条约，也必须有武力和意志，但仅仅有武力，你不会得到和平。除非存在一个经济体系，男人、女人愿意工作、能够工作并得到和他们劳动相当的报酬，没有社会的发展，不可能得到和平。如果在欧洲、亚洲和美洲有数百万人失业，不可能有和平。如果失业、营养不良、生活的低标准和贫困能够得到救济而不予救济的话，在世界上任何一部分，将会损害和平。"③

中国国民政府及相关学者也表达了建设一个公正的战后社会的观点。宋美龄在美国的一次演讲中提到了建立公正社会的观念：我们决心，在中国消灭剥削。不仅不再容忍来自外国的剥削，我们也同样决心，消除社会一部分对其他部分的剥削，甚至是来自国家的剥削。④ 中国革命的先行者孙中山提出的"三民主义"之民生主义在目标上和罗斯福的"四大自由"中的"免于匮乏的自由"殊途同归，其目的都在于"改进群众生活，使人民普遍满足其生活"，"民生主义之目的，决不仅为一个阶级或一个国家谋利益，而要使全国人民和全世界人民都能增进其生活"。⑤ 学者吴泽炎表达了国内秩序和国际秩序密切相关的和平观以及对盟国的最终战争目标的期待。他认为："一种希望长治久安的国际新秩序，毕竟有赖于构成

① Cordell Hull, *The War and Human Freedom* (Washington: Office of War Information, 1942), p. 13.
② Savan Kosa Novich, "Eastern Europe Awaits a Common Man's Peace", in *Representatives of the United Nations: The People's Peace* (New York: George W. Stewart, 1942), p. 129.
③ Eden, "Sacrifices for Peace", in *Representatives of the United Nations: The People's Peace* (New York: George W. Stewart, 1942), pp. 71 – 72.
④ *Representative of the United Nations: The People's Peace* (New York: George W. Stewart, 1942), p. 25.
⑤ 蒋介石在纽约先锋论坛时报时事讨论会上宣布《中国对自由世界之信条》论文，中国第二历史档案馆编《中华民国史档案资料汇编》第五辑第二编《外交卷》，江苏古籍出版社，1997年，第149~152页。

国际社会的各国本身能有完善、合理的发展，包括民族的独立、民权的扩大，和民生的满足。换言之，国际新秩序是以各国本身先实现一种新秩序为前提的。"①

　　新西兰驻美国大使沃尔特也表达了通过国内制度改革来赢得"人民的和平"的观念。他认为："我们必须接受这是一场人民战争的事实，我们战斗是为了实现人民的和平，因而我们战时的努力中积极的目标不能少于消极的目标。因而，我们未来的任务并不仅是恢复破坏的过去，而且要在废墟中建立新的制度，以使世界各地的普通人过上比过去任何时候更好更富足的生活。"② 并且认为："随战争而来的是人民的世纪，未来的和平给人民的不仅仅是必要的尽管是消极的免于未来战争和战争威胁的自由，除此之外，同样重要的且积极的是免于匮乏的自由，和平只有建立在这个基础上，我们才能够避免上次战争中的错误和惨剧。"③

　　从上述盟国政治家和学者的言论中可以看出，在战后秩序的规划者心中，有了不同于第一次大战世界之后的规划和平的思想，那就是普通民众的福利与国内和平、世界和平的维持密切相关，战后的和平建设想要持久，必须确保随这场"人民的战争结束"而来的是"人民的和平"。正如吴泽炎认为，"社会安全的实现是这次战争的积极目标之一，也就是这次战争之所以被称为革命的战争之一个重要理由"。④

三、战时盟国有关社会保障的制度建设实践

　　在对"免于匮乏的自由"的实现与和平建设之间存在密切关系的认知基础上，第二次世界大战期间，以英美为首的盟国在国内和国际两个层面进行了一系列旨在加强民众社会保障的制度建设实践。

---

① 吴泽炎：《英国战后社会建设计划——介绍比维里琪社会保险计划》，《东方杂志》第8号，1943年，第10页。
② Walter Nash, "A Peace with Security and Adventure", in *Representatives of the United Nations: The People's Peace* (New York: George W. Stewart, 1942), p. 153.
③ Walter Nash, "A Peace with Security and Adventure", in *Representatives of the United Nations: The People's Peace* (New York: George W. Stewart, 1942), p. 154.
④ 吴泽炎：《英国战后社会建设计划——介绍比维里琪社会保险计划》，《东方杂志》第8号，1943年，第10页。

（一）国际层面的制度建设

为确保战时和战后民众的基本社会福利，盟国在战时就进行了积极的合作和努力。盟国在战时进行的第一次大的战后规划的努力是筹建联合国粮农组织。1943 年 1 月，罗斯福总统决定："以战后规划为方向，改善一般福利的努力的第一步应该从一系列的关于粮食农业、货币关系和其他社会经济问题入手。"[1] 在"食物创造和平和制造和平"的信念下，为了使战时被解放的地区或国家免于食物匮乏，1943 年 3 月美国代理国务卿电令驻各国大使向所在国政府发出邀请函。美国认为，联合国家及其他这次战争中的附属国已经到了开始共同考虑彻底的军事胜利取得后将要面对的一些基本经济问题的时候，主要探讨战后食物及其他必要的粮食作物的生产、贸易以及达成相关国际协定以促进它们发展的问题。[2] 1943 年 5 月 18 日到 6 月 3 日，40 个盟国聚集弗吉尼亚召开了成立联合国家粮农组织的会议。对联合国家而言，这是第一次就战后特定问题进行协商并取得了成功。

另一个大的尝试是联合国善后救济总署的建立。早在法国沦陷后，丘吉尔就提议成立一个专门委员会来解决战后救济问题，并得到美国与其他国家的响应。[3] 这一组织同样是作为战后和平规划的确保民众福利的努力的一个组成部分。英国外交大臣艾登在 1941 年 9 月的一次演讲中讲道："我们已经宣称社会保障必须是我们战后国内政策的首要目标，在国外也同样如此。我们希望和他国一道努力阻止战后带来的饥荒。"[4] 1943 年 11 月 9 日，44 国代表在白宫正式签署《联合国善后救济总署协定》。其宗旨为"计划、统筹、执行或设法执行若干办法，以救济在联合国控制之下之任何地区内之战争受难者，济以粮食、燃料、衣着、房屋及其它基本必需品，供以衣物及其它重要服务，并在上述区域内促进上述服务与各种必

---

[1] Ruth B. Russell, *A History of the United Nations Charter: The Role of the United States, 1940 – 1945* (Washington: Brooking Institution, 1958), p. 66.

[2] United States Department of State, "The Acting Secretary of State to the Charge in the United Kingdom (Matthews)", *Foreign Relations of the United States Diplomatic Papers, 1943. General, Vol I* (New York: U. S. Government Printing Office, 1943), pp. 820 – 821.

[3] Grace Fox, "The Origins of UNRRA", *Political Science Quarterly* 65 (1950): 561 – 584.

[4] Eden, "Future Depends on the Restoration to the Four Freedoms", in *Representatives of the United Nations: The People's Peace* (New York: George W. Stewart, 1942), p. 56.

需品之生产及运输"。① 其后，罗斯福在广播演说中称："这项机构将使1942年1月1日联合国家宣言中所宣布的崇高目标得到实现。这项协定表明我们在战争中对政治与人道的关注不亚于军事，这个协定也是使联合国在应付彼此需要和利益时，互相合作的又一坚实的一环。"② 联合国粮农组织和救济总署的成立是盟国在战时和战后确保世界民众福利的一个重要机制建设。"这些国际机制是实现伟大的中国领导人孙中山曾倡导的'民生主义'，也即我们现在所称的'免于匮乏的自由'的必要条件。"③

从间接的意义上来讲，1944年的布雷顿森林体系也是盟国改善世界人民福利，致力于建设和平的一种努力，是对《大西洋宪章》第五条（"两国愿意在经济领域内促成一切国家之间的最充分的合作，目的在于使所有国家改善劳动标准，发展经济，享有社会保障。"）的制度实践。布雷顿森林体系促进国家间合作的最终目的仍然是"使所有国家改善劳动标准，发展经济，享有社会保障"。罗斯福在致国会的信中写道："在现代世界上，几乎没有什么人自己生产吃、穿、住的东西。只是通过人民中间以及各种不同资源的地理区域之间的分工，通过专业化造成的全面提高生产，任何现代国家才能够养活自己的居民。只是通过交换和贸易，大规模高效率的生产才成为可能。扩大贸易圈子，使之更丰富、更有竞争性，更多样化，就可以对每一个人的财富和幸福作出根本的贡献。"④

在1945年旧金山制宪会议上，盟国把促进保障民众的经济社会权利写入了宪章。《联合国宪章》国际经济及社会合作第五十五条规定："为造成国际间以尊重人民平等权利及自决原则为根据之和平友好关系所必要之安定及福利条件起见，联合国应促进：（子）较高之生活程度，全民就业，及经济与社会进展。"这表明战后世界民众基本经济社会福利保障成为政府的一个重要责任领域。

① 国民政府公布中国与联合国善后救济总署签订之基本协定（1943年11月19日），中国第二历史档案馆编《中华民国史档案资料汇编》第五辑第二编《外交卷》，江苏古籍出版社，1997年，第168页。
② 史明编《罗斯福、丘吉尔和斯大林战时言论集》，新华日报图书课，1944年，第169页。
③ Commission to Study the Organization of Peace, *Organization of Peace* (New York: Division of Intercourse and Education, 1944), p. 68.
④ 《总统要求国会立即通过布雷顿森林协议》，〔美〕富兰克林·罗斯福：《罗斯福选集》，关在汉编译，商务印书馆，1982年，第503页。

（二）国内层面的规划

有关盟国国内层面的规划，英国、美国在这一时期进行了广泛的社会立法，成为战后欧美福利国家建设的典型。

早在 1940 年秋天，英国就有媒体已经开始思考一个"经济权利法案"的必要，"通过确立最低限度的住房标准、食物、教育和医疗护理，再加上言论和宗教自由，在世界上永远击败希特勒主义"。[1] 1941 年 6 月 10 日，英国战后重建问题委员会主席格林伍德任命威廉姆·贝弗里奇为部际协调委员会主席，负责对英国现行社会保险方案和相关服务进行一次全面调查并提出建议。1942 年《贝弗里奇报告》（社会保险及相关服务方案）出台后，立刻在国内引起了轰动。该报告提出了三个指导性原则：在规划未来的时候，要充分利用过去积累的丰富经验，同时又不要被这些经验积累过程中形成的部门利益限制；应当把社会保险看成是促进社会进步的系列政策之一，成熟的社会保险制度可以提供收入保障，有助于消灭贫困；社会保障需要国家和个人的合作。[2]

《贝弗里奇报告》的出台可看作英国在国内对《大西洋宪章》有关增进人民福利条款的落实，是在《大西洋宪章》"免于匮乏的自由"思想指导下制定的。就像贝弗里奇讲的那样，"本报告提出的一系列建议，正是用详尽的语言对人类实现社会保障目标做出切实的贡献。这些建议涵盖了社会保障的所有项目，以这样或那样的形式把大西洋宪章的文字变成了人们实际的行动"。[3] 英国政府总体上接受了该计划，并在其指导下发布了社会保险白皮书，并先后制定了《国民保险法》《国家卫生服务法》《家庭津贴法》《国民救助法》等一系列社会福利法律。

从 1942 年 8 月底到 12 月初，美国战后规划咨询委员会下属的特别法律问题委员会坚持认为，国际社会和国内对人的基本权利的认可和保障，有助于对维持国际和平有利的条件的形成、发展。委员会的目标应是制定能广泛受到尊重的个人权利法案，即使不被所有国家正式签署，也可以以

---

[1] Daniel J. Whelan, Jack Donnelly, "The West Economic and Social Rights, and the Global Human Rights Regime: Setting the Record Straight", *Human Rights Quarterly* 29 (2007): 911.

[2] 〔英〕贝弗里奇编《贝弗里奇报告——社会保险及其相关服务》，中国劳动社会保障部社会保险研究所组织译，中国社会劳动保障出版社，2004 年，第 3 页。

[3] 〔英〕贝弗里奇编《贝弗里奇报告——社会保险及其相关服务》，中国劳动社会保障部社会保险研究所组织译，中国社会劳动保障出版社，2004 年，第 193～194 页。

有力而简短的原则声明的方式发布。该声明既包括传统的政治权利，也包括社会权利，社会和经济正义的基本原则。12 月 3 日，最终公布了《权利法案》①。草案第一款规定："政府的存在是为了人民的利益和在一个相互依赖的世界里促进他们的一般福利"；第二款规定："所有愿意工作的人，和所有非自己之错不能工作的人，都有权利享受最低程度的经济、社会和文化福利。"②

1943 年 3 月，罗斯福向国会提交了由国家资源规划委员会用三年多时间起草的社会保障、工作和救济政策的报告。相对于《贝弗里奇报告》，它是一个更加雄心勃勃的设计，涉及"整个对所有人的最低保障的实现问题"。社会保险只是实现这个目标的六个必要措施之一。③ 该报告因对美国社会政策产生巨大影响，故被称为"美国版的贝弗里奇报告"。

英美两国的这两个报告作为战后规划的一部分，分别对各自国家甚至世界各国的福利国家建设产生了深远的影响。尤其是《贝弗里奇报告》被称为社会政策领域的"圣经"。"这两个文献的意义无论怎样评价都不过分，它们是战时该领域最重要的文献。《大西洋宪章》只是个模糊的承诺，而这两个文献却为之后的立法铺平了道路，同时也把《大西洋宪章》的相应内容付诸实践。"④

结语

既往人们对战后资本主义福利国家建设动因的研究，更多地注意到了其通过国家干预进行战后经济重建的一面，而忽视了其建设和平的一面。事实上，战后福利国家构建的长远意义，并非仅在于恢复被战争破坏的经济，而且也在于建设战后持久和平的国内经济社会条件，而后者正是战后秩序规划者最为看重的构建持久和平的路径之一。在战后规划者看来，对人民福利的关怀是实现战后和平的必经之路。正如 1942 年美国副国务卿

---

① Harley Notter, *Postwar Foreign Policy Preparation* (New York: Greenwood Press, 1975), pp. 115-116.

② Harley Notter, *Postwar Foreign Policy Preparation* (New York: Greenwood Press, 1975), p. 483.

③ Edwin E. Witte, "American Post-War Social Security Proposals", *The American Economic Review* 33 (1943): 827.

④ Henry E. Sigerist, "From Bismarck to Beverage: Developments and Trends in Social Security Legislation", *Journal of Public Health Policy* 20 (1999): 475.

威勒斯在一次演讲中讲道："这事实上是一场真正的人民战争，直到世界上人民的基本权利得到实现，这场战争才能被认为结束了，任何其他方式都不可能实现和平。"[1]

20世纪前半叶，欧洲是地球上最为动荡的地区，也是两次世界大战的滥觞之地，饱受战争、经济危机和社会政治冲突的困扰。然而，二战后欧洲成了全球最和平、和谐和繁荣的地区之一，究其根源，作为二战重要政治社会遗产的资本主义福利国家建设在战后欧洲乃至世界的和平发展进程中扮演了重要的积极角色。

第三节 理想与现实之间：中国知识界的和平建设观

中华民族爱好和平，在五千年的历史长河中积淀了深厚的和平文化，如传统文化中蕴含的和合精神、大同思想、天下观、王道思想等至今仍影响着国人的国际观。我们也从不缺乏对和平建设的实践探索，在艰苦卓绝的抗战期间，中国知识界不顾时局之艰，敢于担当历史赋予的责任，"冀求世界人类之如何和平相处，遂为政治知识界专心致意以研究之问题矣"[2]，带来的是中国国际关系研究的繁荣。繁荣之因如张道藩所言："需要为学术之母，中国这七年来固然在被封锁的情现状下，而仍能继续发展者，就是出于需要。"[3] 而在抗战后期这一"需要"就是总结二战教训，为中国乃至人类谋取持久和平。

本节主要基于20世纪三四十年代中国知识界在报刊发表的论著及时评等文本的剖析，试图揭示中国近代知识界于纷飞战火中，围绕如何建设战后持久和平与繁荣的世界秩序问题而生成的战争与和平观，尤其是和平建设的路径与价值伦理，以期对当下国际关系的理论建构与和平建设实践提供可资借鉴的经验启示。

---

① Welles, "Speech of Memorial Day, 1942, at the Arlington National Amphitheater", in *To New Horizons, the World Beyond the War* (Washington: Office of War Information), 1942, p. 9.

② 孙本文等编著《中国战时学术》，正中书局，1946年，第86页。

③ 张道藩：《序》，孙本文等编著《中国战时学术》，正中书局，1946年，第1页。

一、中国知识界和平建设观的维度

20 世纪三四十年代，国际社会在一代人内身历了两次惨绝人寰的战祸，如何吸取两次世界大战的教训及在战后建设一个持久的和平，便成为世界爱好和平的国家和人民面临的一个共同的难题。抗战末期中国知识界从政治、军事、经济和思想观念的改造等多个层面，提出了"改造世界秩序，实现战后永久和平"的构想，可以归纳为以下四个方面。

（一）对侵略势力的处置

中国知识界构建和平的第一步是如何处置这次战争的发动者——德意日三国的问题。虽然观点纷呈，但一个共同目标是和平改造三国，使其不致再成为扰乱世界和平的因素，一个共同原则就是对"公"和"平"[①] 的精神的遵守。由于日本与中国的安全有着更为直接的利害关系，中国知识界对日本的处置给予了更多的关注。

中国知识界大都坚持的处置方案有：返还之前侵占的土地、赔款、清除政治战犯、解除武装设施、修改原有宪法、没收其在国外的权益与财产以及消除侵略与好战的思想哲学。尤其是后者，大多数学者予以强调。如李毓田认为，日本的力量大半建立在它人民意志之集中这一种精神上，因而处置日本的根本问题是必须消灭使日本的意志得以集中的两种思想：武士道和皇室中心的思想。此外，他还提出了中日关系中至今仍很敏感的教科书问题，他认为应修改日本的教科书，灌输日本人以民主精神和中国的传统哲学，以完善其不健全的思想。[②] 汪叔棣还提出要以达到世界大同理想为目标，最终要让三国参与战后国际社会的重建工作，以提高人类的共同福利。其中一个方式是战后重建工作开始时，在经济上建立三国与世界全体或其邻近区域互相依存的联系。[③]

唐致在处置德国问题上提出了独到的见解。他认为应该吸取一战后处置德国的教训，除了彻底清算纳粹及其思想外，经济上的赔偿应改为实物赔偿。他认为这样做有两个好处：一是可消除德国发动战争的产业基础；

---

① 余家菊先生认为一切措施应给予"公"和"平"，即使处分也要使轴心国人民受之心服。参见余家菊《怎样争取战后的永久和平》，《天下文章》第 2 期，1944 年，第 30 页。
② 参见李毓田《战后处置日本的根本问题》，《东方杂志》第 6 号，1943 年，第 22～24 页。
③ 参见汪叔棣《战后德意日的改造》，《东方杂志》第 9 号，1943 年，第 6 页。

二是可以为其产品寻找出路。①

(二) 和平机构的建设

鉴于因交通技术的发展世界已连为相互依存的整体的现实，中国知识界在认同"和平不可分割"②观念的前提下，对维持集体安全的国际和平机构寄予厚望。国联维持和平的失败并未让他们丧失对集体安全制度维持和平的信心，他们更多的是在反思的同时去完善它。

中国知识界把国联维持和平失败的原因归纳为：普遍性缺乏；全体票决制；无号令各国军队进行警卫的权力；殖民地委托管理问题；未曾规定战争为绝对非法等。相应地，他们也提出了旨在强化国联权力的改造方案，如赋以普及性、取消全体同意制、改为多数取决制、规定侵略之定义、承认战争是非法的、详定解决争端的程序以及应当规定所有对于现状不合理的情形进行调整的程序等。③

此外，还有学者对国联失败的根本原因做出了另一种解读，并提出了因应方案。如张道行认为："国联失败的根因便是由于不能涉及经济的领域以致失去了调整利害关系解决经济斗争的基本机能，特别是资源和殖民地的分配两问题。为独裁而'无'的国家所坚持解决而无权觅取解决途径。"其对策是拓展国联的职能，"把国内合作的和平的经济组织到推广到国际方面，最紧要的是在自由贸易之外建立一种国际经济的统治制度"。④

(三) 经济秩序的改造

此处的经济秩序包含两个层面：一是在国际经济层面，保证各国经济发展所需资源和发展机会的相对公平和国际经济金融秩序的稳定；⑤二是

---

① 唐致：《论战后处置德国问题》，黄药眠等主编《旧金山会议与世界和平》，新世纪集刊社，1945年，第90~91页。

② 有关"和平不可分割"的论点，还可参见邹鲁《从废除不平等条约说到世界永久和平》，《东方杂志》第1号，1943年，第1页。

③ 此类著述可见王绳祖《评国际组织建议案》，《世界政治》第1期，1945年，第23页；邓公玄：《到世界永久和平之路》，《华侨先锋》第3期，1943年，第42~43页；史国纲：《战后国际机构问题》，《东方杂志》第4号，1943年，第8~10页；胡鸿烈：《战后国际和平组织之调整与建设》，《新认识》第3期，1942年，第28~30页；等等。

④ 张道行：《中国抗战与世界和平（兼论世界和平的改造方案）》，《东方杂志》第13号，1940年，第35页。

⑤ 中国知识界关于战后经济金融秩序的建设问题，可参见金体干编著《建立世界和平的设计》，正中书局，1944年；孙九录：《稳定战后世界通货计划之原则》，《东方杂志》第10号，1943年；曾纪桐：《怀特战后货币计划与国际银行计划》，《东方杂志》第4号，1944年；等等。

在国内层面民众经济、社会权利的实现。两者互为依托，对于战后世界和平建设皆关系重大。

中国知识界对战后各国经济发展机会均等的思考和追求集中体现在对战后属地制度的处置上。知识界认为战前存在的殖民制度使相关帝国主义国家在自己的属地内享有优先的甚至垄断的原材料获取和市场占有权，造成了不利于其他国家发展的不公。史国纲认为属地制度对和平的危害甚巨，"有了属地，各种原料供应上和市场使用上的分配，很难合理，因此国际经济不能实现共同繁荣的目的"。①

此外，鉴于战前经济战②导致政治敌意的史实，孙九录强调了战后各国采取合作性的货币金融政策对于和平的重要性。他指出："战后国际货币与金融之合作，对于未来世界的经济繁荣与和平争取实肇其端，故希望联合国家能首先放弃其战前自由使用之无纪律，无秩序，不合作，损人害己而不利于全体人类之自私与放纵政策也！"③

吴泽炎表达了国内经济秩序建设与世界和平维持密切相关的观念。他认为："一种可以希望长治久安的国际新秩序，毕竟有赖于构成国际社会的各国，本身能有完善合理的发展，包括民族的独立，民权的扩大，民生的满足。换言之，国际新秩序是以各个国家本身先实现一种新秩序为前提的。"并指出："这次的战争……不仅是寻常意义的战争，而且也是一种革命……要求改造现状，以社会全体福利的基本概念来代替专为个人打算的利润动机。社会全体福利中最重要的前提，便是每一个人在经济上有绝对安全的保障。"④ 余协中在谈及民众经济社会权利保障对和平建设的意义时指出："生活问题，其重要性尤为显著。'衣食足而后礼仪兴。'行险侥幸之徒很少是出自富有之家，人人均能饱食暖衣，则社会状态自趋于稳定，反之如果只有人少数人享受而多数人忍饥耐寒，则社会上必然危机四伏，险象环生，二、三人富而大数人均贫，二、三国富而大数国家均贫，自然不

① 史国纲：《怎样划定战后的世界地图》，《东方杂志》第 2 号，1943 年，第 3 页。
② 马哲民认为引发近世国内与国际冲突的政治、社会问题往往是由经济问题造成的，因而和平建设应以经济秩序重建为中心。参见马哲民《国际经济与国际和平》，黄药眠等主编《旧金山会议与世界和平》，新世纪集刊社，1945 年，第 21 页。
③ 孙九录：《国际经济合作之货币与金融》，《东方杂志》第 4 号，1944 年，第 15 页。
④ 吴泽炎：《英国战后社会建设计划——介绍比维里琪社会保险计划》，《东方杂志》第 8 号，1943年，第 10 页。关于国家间和国内经济上的平等对于世界和平的维护的意义，还可参见马哲民《战后世界和平与世界政治》，《大学月刊》第 11 期，1942 年，第 5～8 页。

能希望国内与国际得享有安宁的社会秩序。"①

（四）战后思想观念的改造与教育问题

在构建战后和平的思考中，中国知识界把战后民众思想观念的改造及教育问题置于同政治、经济和军事同等重要的位置，认为其是和平建设之根本。② "盖世界问题，本来是一个哲学与思想的问题。如果过于强调物质因素而忽视了精神因素，则不管我们新世界建设是如何努力，恐怕结果还是功亏一篑。"③ 正是出于对精神因素的重视，中国知识界旗帜鲜明地提出了"教育和平"的主张，亦即通过教育的方式改造不合时事宜的旧观念，以服务于战后世界的和平建设。

战后思想观念的改造，在吴之椿看来，首先是和平观念的改造，即改变过去自满有害的消极和平的观念，代之以积极和平的观念，方式则是教育。"积极的和平观念，现时虽已萌芽，然而……现时此种观念，只是少数人思想上的所见，而非多数人生活上的所信……现代环境下的和平，可以由少数人倡导，而必由多数人成功，我们这一代的人，受消极的和平观念（指休战状态虚伪和平——引者注）的支配，为日已久，习染根深，除旧布新，极非易事。人类是富于惰性的，而观念的惰性，向来顽强。欲在广大的人民中克服此种强顽的惰性，惟一的工具便是教育。"④

王云五在谈及战后国际和平建设时指出了教育在世界和平建设中的重要性。教育问题足以影响世界和平者至巨，"自军国主义与国家主义教育盛行以来，于幼稚之儿童心灵中已逐渐注入歪曲及促狭之思想，此于黩武之轴心国家为特甚"，于民主国之教育中，"亦往往不免参入轻藐他民族之观念，今后亦有慎重修正之必要。战后之国际组织，宜特设国际教育机构，对各国教育宗旨与所采教材积极上导以国际合作人群互助自尊尊人之旨，消极上矫正其流于促狭主义之弊。教育为百年大计，永久和平实多赖之"。⑤

---

① 余协中：《战后永久和平方案的检讨》，《东方杂志》第 3 号，1944 年，第 4 页。
② 邹鲁认为以往维护维护和平的尝试，如均势、海牙会议、国际公法和国联只是治标的方法，非治本的方法，全人类都受高等教育才是治本之道，是实现世界真正和平的唯一可靠路径。参见邹鲁《教育与和平》，《东方杂志》第 21 号，1944 年，第 7~8 页。
③ 陈友松：《新世界建设的展望》，《东方杂志》第 8 号，1945 年，第 7 页。
④ 吴之椿：《和平观念的改造》，《天下文章》第 2 期，1943 年，第 15 页。在文中作者把消极的和平界定为没有直接战事发生的武力压制下的稳定或休战状态，是一种虚伪与虚构的和平；积极和平则指改善提高人类精神与物质的生活的和平。
⑤ 王云五：《战后国际和平问题》，《东方杂志》第 4 号，1943 年，第 8 页。

胡鸿烈甚至把国际教育视为战后国际机构建设的重要原则，认为教育是促进和平的最妙的方法。[①]

二、中国知识界和平建设观的核心价值理念

抗战后期中国知识界在反思两次世界大战爆发根源的基础上，对战后如何构建持久和平做出了种种设计，我们据其本质内涵把其政治哲学观归为两大类，即民主主义与国际主义。

（一）民主主义精神的实践

中国知识界改造战后世界秩序的第一个核心理念是民主主义。这里的民主为广义上的民主，包括两个层次、三个方面，两个层次即国际民主和国内民主；三个方面即政治上的、经济上的和思想上的民主。在中国知识界看来，它们密不可分、相互依托，共同构筑了战后世界的和平之基。

国际民主的三个方面中，政治上的民主多指对民族自决权的尊重、国际组织中权利的平等，经济上的民主多指经济发展资源的均衡、发展机会的平等，思想上的民主更多指的是民族歧视、种族歧视心里的消除，民族平等观念的确立。[②] 中国知识界充分认识到了国际民主的实现对于和平建设的重要意义。在杨幼炯看来，"近几年来民主各国由于两次世界大战所致的痛苦教训，已深切感悟到民主世界中的民主政治，必须以共同的努力，密切的联合，建立起有组织的国际民主主义"。[③]

国内民主的第一个内涵就是政治民主，即现代意义上的主权在民、权力制衡和法治。中国知识界认为，一国国内政治的民主化可以对战争的发动形成有力制约。[④] 在张明养看来，"民主政治的彻底施行，就是世界和平的切实保障……无论在哪一个国家中，大多数的人民都是爱好和平与反

---

① 参见胡鸿烈《战后国际和平组织之调整与建设》，《新认识》第 3 期，1942 年，第 32 页；张忠绂：《战后和平工作和重心》，《军事与政治》第 3 期，1942 年，第 1~2 页。此外，张忠绂先生还强调了心理建设在战后和平工作中的价值。

② 此类著述可参见杨幼炯《五十年来的民主趋向》，潘公展主编《五十年来的世界》，重庆胜利出版社，1945 年；楚图南：《战后和平与教育问题》，《民主周刊》第 10 期，1945 年，第 4 页。

③ 杨幼炯：《五十年来的民主趋向》，潘公展主编《五十年来的世界》，重庆胜利出版社，1945 年，第 47 页。

④ 邓公玄认为复兴民主政治是建立世界新秩序，确立永久和平的基本原则。参见邓公玄《到世界永久和平之路》，《华侨先锋》第 3 期，1943 年，第 43 页。

对战争的，如果他们享有充分的民主权利，即使其中有少数人想夺取政权，发动对外侵略，也可以极大多数的人民力量加以制止";[①] 国内层面的经济民主多指民众基本福利的满足和实现。周谷城对国内民主的经济方面给予了充分认可。在回答世界陷入苦战的问题时，他解释道："此何故与？曰经济方面之不民主所生之恶果有以促成之也。经济方面之不民主，最大特征，厥为生产手段被少数人或资本家所独占，而劳动者成为无产之人。"[②] 杨太护曾提出作为战后和平建设基本政策的民主主义在国内方面必须与利润制度相分离，拥护全民的利益，实现全民的福利。[③] 国内层面的思想民主，在中国知识界的眼中，多指对保守的哲学观念的摒弃，如武力至上主义、种族优越论、独夫式迷信式英雄主义等。[④]

总之，在中国知识界的和平建设构思中，在国内民主与国际民主层面，全面推进政治的、经济的、思想的民主三方并进的建设是构筑战后和平大厦的根本。这两个层面的建设互为依托，恰如戴文葆所言，"在国内，扩大为全国人民间的民主；在国外扩大为各国各民族间的民主。对内民主，国内方可和平；对外民主，国际才有和平，这两者是相互影响的"。[⑤]

（二）国际主义原则的推行

中国知识界和平建设观念中的国际主义理念首先体现在对传统国家绝对主权观念的批判上。抗日战争爆发后，陈忠浩在谈及战后和平建设的理论基础时便指出第一个就是国家主权应该受到限制，他认为历来和平运动不能成功的原因，就是认为国家有无上的主权，不肯牺牲，不愿承受限制以谋求共同福利。[⑥] 吴泽炎在谈到战后世界秩序建设的难点时认为："人类近百年来重大的物质方面与文化方面的进步，已使世界一体，各国的休戚利害，变成息息相关，牵一发可以动全身。可是在主权观念上大多数的政府仍旧牢守着十八世纪的国家绝对主权观念；即使承认有成立国

---

① 张明养：《战后怎样去处置日本》，《东方杂志》第 3 号，1944 年，第 13～14 页。
② 周谷城：《论世界民主政治之最后胜利》，《东方杂志》第 6 号，1944 年，第 9 页。
③ 参见杨太护《战后和平的基本问题》，《天下文章》第 2 号，1943 年，第 12 页。
④ 参见汪叔棣《世界永久和平展望》，《东方杂志》第 2 号，1943 年，第 13～14 页。
⑤ 戴文葆：《当今世界政治的主流》，《东方杂志》第 4 号，1944 年，第 5 页。
⑥ 参见陈忠浩《战后和平重建的理论基础》，福建新闻社编《战后问题》，福建新闻社，1944 年，第 2～3 页。

际机构的必要，也必出于参加国家的自由意志，因之国际机构本身没有强迫的压制力。"①

其次表现为对国际合作以及合作载体即各种形式的国际机构创设的倡议上。中国知识界对通过国际合作谋求持久和平的执着，源于世界联为一体的事实带来的"和平不可分割"的观念。正如史国纲指出："由于交通方面惊人的发展，昔日天然的划分已经完全削减，而国与国之间的关系和互赖的程度，也因此比以往密切。"基于此，他提出战后世界的和平、进步问题应该整体解决，反对分区设立独立性的国际机构的主张。② 也正是在此观念下，中国知识界多呼吁强势国际组织的出现。王世杰与王云五甚至认为，为强化这个国际组织之武力，应分步骤地使空军、海军实现国际化。③

需要注意的是，中国知识界对国际主义的倡导并非追求建立一个遥不可及的消灭民族差异的世界政府，他们倡导的国际机构，如国际性或地区性联邦④是建立在民族主义的基础上，亦即承认国家与民族的存在，可以说是民族主义的国际主义合作观。正如汪少伦所言，"民族主义不但不与世界大同相冲突，而且为实现世界大同之前提，倘欲实现世界大同而不讲求民族主义，则好像剜去一格一格的石榴米而欲整个石榴丰美一样，为绝对不可能之事"。⑤ 在这个意义上，中国知识界追求的大同世界是一个以各国民族的独立存在为基础的多元文明共荣共生的和平世界。

三、中国知识界和平建设观的特性

抗战后期中国知识界基于自身所处的特殊时代决定的政治、经济境遇，在中西文化交流与碰撞的情势下，勇于借鉴西方国际政治理论，并融合中国传统哲学的智慧，提出了特色鲜明、时代价值突出的和平建设观。

① 吴泽炎：《战后新秩序的建设问题》，《东方杂志》第 14 号，1943 年，第 15 页。
② 参见史国纲《战后国际机构问题》，《东方杂志》第 4 号，1943 年，第 9 页。
③ 参见王世杰《如何奠定战后世界和平——空军国际化》，《世界政治》第 1 期，1945 年，第 3 页；王云五：《战后国际和平问题》，《东方杂志》第 4 号，1943 年，第 8 页。
④ 鄢慕荣从人类社会进化的角度论证了世界统一、建立国际联邦的必然性，参见鄢慕荣《论世界永久和平》，《文英杂志》第 2 号，1945 年，第 18~20 页。
⑤ 汪少伦：《民族主义与世界大同》，《东方杂志》第 1 号，1943 年，第 36~37 页。

（一）理想主义与现实主义的交融

战时中国知识界的和平建设指导思想呈现出理想主义与现实主义交融的特征。现代国际关系理论意义上的现实主义的权力政治、均势论，理想主义的制度和平论、民主和平论、经济和平论，建构主义的文化建构论，在其中都能找到相应位置。

中国知识界构建和平的理想主义倾向体现为他们对战后国际合作的倡导以及对各种国际组织在维护战后和平与发展中的重要性的强调。如王正廷所言："国与国间，犹如人与人间，彼此相处需赖合作，果能如此，不但可永泯战祸，全世界繁荣与人类福祉也复可望。"① 国际合作制度建设几乎构成中国知识界构建战后和平的重要一环。此外，这种倾向还体现为对道德在国际政治中所起作用的肯定，认为国际政治是以德服人而非以力服人，这才是和平之道。②

现实主义的倾向在中国知识界战后和平建设的思考中也颇为流行，主要表现为对战后世界现实政治的认识上。陈钟浩在展望战后世界局势时认为，战后世界政治的趋势之一是"重现实，讲利害，尊实力，亦如过去，且或过之"。③ 张君劢在与王云五探讨战后国际和平问题时，对后者把和平建立在国际机构的基础上提出质疑，认为："各国之能自立自强，勿授强邻以口实，尤为国际和平之第一要义……若徒恃国际组织为弭战之具，而忽其本身自治其国之义务，则今日之战未了，来日祸根已隐伏与其中矣。"④ 亦即认为各国自身的富强对邻国潜在侵略企图的威慑才是世界和平之道，和平的实现在于弱者之自强，而非强国自觉。

沙学俊则从另一个方面表达了战后世界的现实政治观。他强调了海洋控制权对于一国发展与世界和平的重要意义。他认为："现代是海洋时代，凡控制海洋者，便能与世界相交通，以发展国家之势力。"一国即使取得独立，但"如海洋上无地位，无地位、无自由、无平等，生存发展恐不免有窒息之痛"，认为这是"这是世界史的命运，不能图做幻想！"⑤ 此言对今天中国的海权战略的制定仍具有重要警醒意义。

---

① 王正廷：《对于战后世界和平之我见》，《世界政治》第 1 期，1945 年，第 5 页。
② 参见何永佶《为中国谋取世界和平》，商务印书馆，1946 年，第 83 ~ 85 页。
③ 陈钟浩：《战后世界局势的展望》，《东方杂志》第 5 号，1945 年，第 12 页。
④ 张君劢：《与王云五先生商榷战后国际和平问题》，《东方杂志》第 7 号，1943 年，第 4 页。
⑤ 沙学俊：《海洋控制与世界和平》，《东方杂志》第 2 号，1944 年，第 6 ~ 7 页。

（二）和平建设的全面性

中国知识界和平建设的全面性，从现代和平学的角度来讲，是知识界构建和平思考中的消极和平建设与积极和平建设并重。在消极和平的建设方面，多数中国知识界基于和平不可分割的观念，强调了战后集体安全制度的建立和裁军在战后和平建设中的重要作用。但更为难得的是中国知识界超越了过去的消极的和平建设思考，明确提出了建设积极和平的观念。

吴之椿指出："如果人类长此逗留于平静虚空的消极和平观念，任何国际和平的企图，在思想与行动上，必属徒劳无功；毫无疑义。"[①] 在积极和平建设的思考方面，其他知识分子虽未直接提出这一概念，却做了这方面的思考。他们普遍认识到有效的国际和平建设必须考虑到国际和国内两个层面的政治经济平等，实现国际社会和国内社会的正义。汪叔棣在总结二战的教训时提出了人类建设持久和平的四个原则：彻底的种族平等；政治民族自决办法的通用；在经济资源上各地区各民族均必须有完全公平的机会；在戒备上，各单位均必须有相等程度的安全。[②] 该四项原则的核心实质上就是国际层面各民族在政治地位、经济发展机会和军事安全上的平等和公正。中国知识界多认为这是实现战后永久和平最低限度的条件之一。

（三）中国传统政治哲学的吸收

在中西文化碰撞的大情势下，中国知识界战后和平构建的思考中不仅借鉴了现代西方国际政治理论，也融入了中国古代政治哲学的智慧，如对大同思想的倡导。大同作为中国先贤哲学中源远流长而又为政治家、思想家广泛称道与憧憬的一种政治与社会状态，在中国知识界构建战后持久和平的思考中打上了广泛而深刻的印记。

汪叔棣在论述战后世界机构建设时极力倡导中国大同思想在其中的作用，认为："在重建战后世界以及实现永久和平的普遍愿望里，目前次一个发生重大作用的，应当要数到我们中国几千年来一脉相传的大同思想……它支配了所有中国文化系统……最高的政治理想。而在战后，一等中国四万万五千万人开始担任重建战后世界要角的时候，它那时，当然也要随着传播到全世界的各处，而发挥出重大的作用。"并认为大同思想

---

① 吴之椿：《和平观念的改造》，《天下文章》第 2 期，1943 年，第 14 页。
② 参见汪叔棣《战后之帝国主义制度问》，《东方杂志》第 5 号，1943 年，第 15~17 页。

在战后和平建设中有着重要的积极作用：一是中国的大同思想废止了狭隘的国家民族思想，提出了"天下"观念，作为人类一切组织最高最完美的形式；二是以道德色彩的"信"，代替了西洋近代文明中的权利义务观念，以"睦"代替了西洋的国际条约与国际和平的观念；三是以伦常观念为基础，又向前推进了一步，而远到全体人民福利的提高。①

当然，中国学者在以大同理想构建战后和平时，并非寄望于理想化的实现路径，很多学者是基于中国和世界的现实性，立足于民族主义来调和世界大同在主权国家体系中实现的可能性，体现出务实、谨慎的态度。杨幼炯认为："国治而后天下平，我们要讲世界主义，一定先要讲民族主义。世界大同是民族主义的理想；民族主义，是世界大同的实行。"② 汪少伦在批判世界主义思潮时指出："大同是以民族为基础的……在大同世界中民族界限不但不必消减，而且各个民族的特性更可尽量发挥。所以世界大同可称为民族相互主义。"③

结语

20世纪三四十年代是中国全方位融入国际社会并开始社会化的重要历史阶段。这一阶段，中国知识界以探寻救亡图存、自强之道为使命，开始了对世界政治的全面关注。二战爆发后，除了传统的历史命题之外，中国知识界又开始了谋取世界和平的思考与努力。中国知识界这些有关战后世界和平构建研究的遗产对当下国际关系学科的发展及当前世界的和平建设有着重要的借鉴意义。

这一时期中国知识界对战争与和平这一国际关系重要命题的研究对我们当下国际关系学科的建设有着重要的启迪。笔者以为对当下中国国际关系理论的建构启示有二：一是要注重从中国传统文化资源中挖掘和吸收智慧，这是作为舶来品的中国国际关系学科实现本土化和独树一帜的根本途径；抗战时期中国知识界的战后世界和平建设研究在借鉴西方国际政治理

① 参见汪叔棣《战后世界机构论》，《东方杂志》第13号，1943年，第1~2页。
② 杨幼炯：《新世界重建的理想与设计》，《东方杂志》第16号，1944年，第1~2页。
③ 汪少伦：《民族主义与世界大同》，《东方杂志》第1号，1943年，第37页。

论话语的同时，也对中国传统文化尤其是儒家文化的智慧进行了吸收，①如中国传统政治哲学中的大同思想、和合思想。二是多学科的整合。民国时期是中国国际关系学科初创时期，学科分化不明显，因此若干其他学科的学者都从某个学科侧面分析国际关系问题。从前文可以看到中国知识界对战后世界和平建设的研究方法上显现出跨学科的特征，从国际政治学、国际经济学、历史学、社会学、教育学、人类学、心理学以及法学等多学科做出了构建战后和平的解读。这给我们留下了深刻印象，也应成为当今国际关系研究方法论改进的方向之一。

中国知识界有关永久和平建设的思考对当前世界和平建设也有着重要的现实启迪意义。战时中国知识界对战后世界和平建设路径的探索给我们的一个重要启示是：一国的和平建设乃至世界和平的建设是一个系统工程。建设持久和平既需要必要的执行警察职责的暴力机器来确保传统意义上的消极和平的实现，也需要防患于未然，通过公平公正的机制建设来确保体系内成员的安全与发展的合理诉求得到满足的积极和平的实现。这就要求我们建设国内和世界和平时要超越传统的政治军事机制建设，融入经济、社会和思想观念，唯其如此，世界各民族共存共荣的和谐世界方能到来。

---

① 关于中国儒家思想与世界和平维持之间的关系，可参见何永佶《为中国谋取世界和平》，商务印书馆，1946 年，第 80 ~ 88 页。

参考文献

一、外文文献

（一）英文档案

Cordell Hull, *The War and Human Freedom* (Washington: Office of War Information, 1942).

Eden, "Future Depends on the Restoration to the Four Freedoms", in *Representatives of the United Nations: The People's Peace* (New York: George W. Stewart, 1942).

Franklin D. Roosevelt, *Public Papers And Addresses of Franklin* (New York: Harper & Brothers Publishers, 1950).

Office of War Information, *The United Nations Fight for the Four Freedoms* (Washington: Office of War Information, 1941).

"Telegram: The Secretary of State to the Ambassador in the United Kingdom (Winant), 08/25/41", http: //avalon. law. yale. edu/wwii/at11. asp.

The Royal Institute of International Affairs, "Inter – Allied Meeting, Held in London at St James's Palace on June 12, 1941 Resolution", in *United Nations Documents, 1941 – 1945* (New York: Oxford University Press, 1946).

United States Department of State. *Foreign Relations of the United States Diplomatic Papers, 1941 . General, Vol I* (New York: U. S. Government Printing Office, 1941).

United States Department of State. Foreign Relations of the United States Diplomatic Papers, *1943. General, Vol I* (New York: U. S. Government Printing Office, 1943).

（二）英文专著

Commission to Study the Organization of Peace, *Organization of Peace* (New York: Division of Intercourse and Education, 1944).

Cordell Hull, *The War and Human Freedom* (Washington: Office of War Information, 1942).

David W. Ziegler, *War, Peace and International Politics* (New York: Addison – Wesley Educational Publishers Inc. , 1997).

Eden, "Sacrifices for Peace", in *Representatives of the United Nations: The People's Peace* (New York: George W. Stewart Publisher, 1942).

Elliott Roosevelt, *As He Saw It* (New York: Duell Sloan and Pearce, 1946).

Emanuel Adler, *Condition (s) of Peace* (London: British International Studies Association, 1998).

John King, *One World. the Approach to Permanent Peace on Earth and the General Happiness of Mankind* (London: One World Publishing, 1992).

Harley Notter, *Postwar Foreign Policy Preparation* (New York: Greenwood Press, 1975).

Ruth B. Russell, *A History of the United Nations Charter: The Role of the United States, 1940 – 1945* (Washington: Brooking Institution, 1958).

Savan Kosa Novich, "Eastern Europe Awaits a Common Man's. Peace", in Representative of the United Nations: *The People's Peace* (New York: George W. Stewart, 1942).

Walter Nash, "A Peace with Security and Adventure", in *Representatives of the United Nations : The People's Peace* (New York: George W. Stewart, 1942).

Warren F. Kimballs, *The Juggler: Franklin Roosevelt as World Statesman* (Princeton: Princeton University Press, 1991).

（三）英文报刊

Arno J. Mayer, "Internal Causes and Purposes of War in Europe, 1870 – 1956: A Research Assignment", *The Journal of Pattern History* 41 (1969).

Arthur Wauters, "Social Security and Collective Security", *Annals of the American Academy of Political and Social Science* 234 (1944).

Boutros Boutros-Ghali, "Empowering the United Nations", *Foreign Affairs* 71

（1992）.

Daniel J. Whelan, Jack Donnelly, "The West Economic and Social Rights, and the Global Human Rights Regime: Setting the Record Straight", *Human Rights Quarterly* 29 (2007).

Edwin E. Witte, "American Post-War Social Security Proposals", *The American Economic Review* 33 (1943).

Grace Fox, "The Origins of UNRRA", *Political Science Quarterly* 65 (1950).

Immanuel C. Y. Hsu, "The Great Policy Debate in China, 1874: Maritime Defense Vs. Frontier Defense", *Harvard Journal of Asiatic Studies* 25 (1964 – 1965).

Henry E. Sigerist, "From Bismarck to Beverage: Developments and Trends in Social Security Legislation", *Journal of Public Health Policy* 20 (1999).

James Quillen, "Education for World Citizenship", *Annals of the American Academy of Political and Social Science* 235 (1944).

Louis H. Pink, "Toward International Economic Organization", *Annals of the American Academy of Political and Social Science* 234 (1944).

Maurice Stack, "The Meaning of Social Security", *Journal of Comparative Legislation and International Law* 23 (1941).

Stanford Cripps, "Making A Better World, an End to Economic Rivalries", *The Times*, July 27, 1942.

A Special Correspondent, "Peace Aims and Pledges The Atlantic Charter after Two Years," *The Times*, August 11, 1943.

二、中文文献

（一）中文档案

《对日和约审议委员会第一次谈话会记录》，中国第二历史档案馆：《国民政府对日和约审议谈话会记录》，《民国档案》1992 年第 4 期。

《蒋介石在纽约先锋论坛时报时事讨论会上宣布〈中国对自由世界之信条〉论文》，中国第二历史档案馆编《中华民国史档案资料汇编》第五辑第二编《外交卷》，江苏古籍出版社，1997 年。

《国民政府公布中国与联合国善后救济总署签订之基本协定（1943 年 11 月 19 日）》，中国第二历史档案馆编《中华民国史档案资料汇编》第五辑第二编《外交卷》，江苏古籍出版社，1997年。

（二）中文著作

〔英〕汤因比：《文明经受着考验》，沈辉等译，浙江人民出版社，1988年。

〔英〕阿诺德·汤因比：《一个历史学家的宗教观》，张龙华等译，四川人民出版社，1998年。

〔英〕阿诺德·汤因比：《历史研究》下册，曹未风等译，上海人民出版社，1997年。

〔英〕阿诺德·汤因比、〔英〕厄本：《汤因比论汤因比——汤因比与厄本对话录》，王少如等译，上海三联书店，1997年。

〔英〕阿诺德·汤因比：《历史研究》中册，曹未风等译，上海人民出版社，1997年。

〔英〕阿诺德·汤因比、〔日〕池田大作：《展望二十一世纪——汤因比与池田大作对话录》，荀春生等译，国际文化出版社，1985年。

〔英〕贝弗里奇编《贝弗里奇报告——社会保险及其相关服务》，中国劳动社会保障部社会保险研究所组织译，中国社会劳动保障出版社，2004年。

〔美〕大卫·巴拉什、查尔斯·韦伯：《积极和平——和平与冲突研究》，刘成等译，南京出版社，2007年。

海军总司令部编《海军战史》，海军总司令部编印，1941年。

〔美〕富兰克林·罗斯福：《罗斯福选集》，关在汉译，商务印书馆，1982年。

何永佶：《为中国谋取世界和平》，商务印书馆，1946年。

胡焕庸：《国防地理》，国防文化出版社，1942年。

黄顺利：《海洋迷思——中国海洋观的传统与变迁》，江西高校出版社，1999年。

〔英〕吉登斯：《民族国家与暴力》，胡宗泽等译，生活·读书·新知三联书店，1998年。

金体干：《建立世界和平的设计》，正中书局，1944年。

李冠礼：《新海军知识》，商务印书馆，1938年。

刘独峰：《国际学大纲》，平民书屋，1946年。

刘中民：《中国近代海防思想史》，中国海洋大学出版社，2006年。

马哲民：《国际经济与国际和平》，黄药眠等主编《旧金山会议与世界和平》，新世纪集刊社，1945年。

〔美〕马丁·李普塞特：《政治人政治的社会基础》，张绍宗译，上海人民出版社，1997年。

史明编《罗斯福、丘吉尔和斯大林战时言论集》，新华日报图书课，1944年。

欧阳格：《世界海军军备》，正中书局，1939年。

钱亦石：《现代教育原理》，中华书局，1949年。

瞿世英：《国家主义与国际主义》，谢乃壬编、孙祖基重订《国际问题（重订）》，青年协会书局，1926年。

日本防卫厅防卫研究所战史室：《日本海军在中国作战》，天津市政协编译委员会译，中华书局，1991年。

〔日〕入江昭：《20世纪的战争与和平》，李静阁等译，世界知识出版社，2005年。

〔美〕L. S. 斯塔夫里阿诺斯：《全球通史——1500年以后的世界》，吴象婴、梁赤民译，上海社会科学院出版社，1999年。

沙学浚：《国防地理新论》，商务印书馆，1946年。

释怡藏、温金玉主编《潮音永辉》，宗教文化出版社，2008年。

孙本文等编著《中国战时学术》，正中书局，1946年。

孙中山：《孙中山全集》，中华书局，1989年。

太虚：《太虚大师全书》第16卷《法藏·法界圆觉学（六）》，宗教文化出版社，2004年。

太虚：《太虚大师全书》第24卷《论藏·宗用论（三）》，宗教文化出版社，2004年。

太虚：《太虚大师全书》第25卷《论藏·支论（全）》，宗教文化出版社，2004年。

太虚：《太虚大师全书》第26卷《杂藏·演讲（一）》，宗教文化出版社，2004年。

太虚：《太虚大师全书》第30卷《杂藏·酬对（二）》，宗教文化出版社，2004年。

太虚：《太虚大师全书》第31卷《杂藏·文丛（一）》，宗教文化出版社，2004年。

太虚：《太虚大师全书》第32卷《杂藏·文丛（二）》，宗教文化出版社，2004年。

谭家骏：《陆海空军协同作战》，南京军事参议院出版部出版，1933年。

黄药眠等主编《旧金山会议与世界和平》，新世纪集刊社，1945 年。

外交学院编《中国外交史资料选辑（1937～1945）》第 3 册，外交学院，1958 年。

王之平：《大同主义之研究》，天地出版社，1943 年。

翁仁元：《抗战中的海军问题》，黎明书局，1938 年。

〔日〕星野昭吉：《全球社会和平学》，梁云祥等译，北京师范大学出版社，2007 年。

杨幼炯：《五十年来的民主趋向》，潘公展主编《五十年来的世界》，胜利出版社，1945 年。

〔英〕约·阿·霍布森：《帝国主义》，纪明译，上海人民出版社，1960 年。

〔挪威〕约翰·加尔通：《和平论》，陈祖洲等译，南京出版社，2006 年。

张明养：《国际裁军问题》，中华书局，1933 年。

张奚若：《主权论》，商务印书馆，1929 年。

郑毓秀：《国际联盟概况编译旨趣》，郑毓秀编译《国际联盟概况》，商务印书馆，1926 年。

周鲠生：《国际政治概论》，神州国光社，1930 年。

周鲸文：《国家论》，著者自刊，1935 年。

朱炳干：《新教育原理》，商务印书馆，1948 年。

祝世康：《民生主义与世界改造》，正谊书店，1943 年。

卓献书：《战时国土防空之理论与实际》，商务印书馆，1934 年。

（三）中文报刊

白帆：《太平洋集体安全与抗日战争》，《新动向》第 3 期，1936 年。

编辑部同人：《纪念芦沟桥事变周年之意义》，《战时学生》第 5～6 期，1938 年。

般若：《国家裁军运动之检讨与展望》，《新时代半月刊》第 2 期，1931 年。

蔡若虹：《建立太平洋集体安全制》，《自修大学》第 10 期，1937 年

蔡彰淑：《教育与人类的和平》，《教育半月刊》第 5 期，1946 年。

沧水：《从国际联盟上产生之世界经济机关》，《银行周报》第 28 期，1920 年。

曹鹤荪：《民航事业对于我国之重要性》，《航空建设》第 3 期，1947 年。

曹新寰：《第三次世界大战美苏战略的推测》，《社会评论》第 70 期，1948 年。

常道直：《基本教育与世界和平》，《教育杂志》第 3 号，1947 年。

陈安仁：《战后世界和平机构之建设问题》，《东方杂志》第 18 号，1943 年。

陈汝舟：《战后国际组织问题》，《国民外交月报》第 2 期，1943 年。

陈光敬：《第二次世界大战之展望与我国今后之外交方针》，《民鸣周刊》第 2 期，1934 年。

陈国材：《对于芦沟桥事件应有的认识》，《国华半月刊》第 18 期，1937 年。

陈科美：《和平的教育与战争的政治》，《申论》第 5 期，1946 年。

陈朗：《论海洋战争下》，《时代中国》第 3 期，1943 年。

陈礼江：《世界教育建设献议》，《教育与社会》1945 年特辑。

陈敏书：《中国要做第二次世界大战的主人翁》，《空军》第 27 期，1933 年。

陈铭枢：《芦沟桥事变给予我们的教训》，《民族战线》第 5 期，1937 年。

陈铨：《第三次世界大战的可能性》，《中流》第 1 期，1948 年。

陈绍宽：《海军抗战工作之回顾与前瞻》，《整建月刊》第 1 期，1940 年。

陈绍宽：《论中国海军建设》，《海军杂志》第 5 期，1944 年。

陈石孚：《美苏冲突的必然性及其原因》，《宇宙文摘》第 3 期，1947 年。

陈世材：《战后世界和平怎样才能持久》，《天下文章》第 2 期，1943 年。

陈世材：《战后世界和平组织问题福建新闻社编行》，《认识月刊》第 3 期，1944 年。

陈世材：《国际合作之前途》，《东方杂志》第 4 号，1944 年。

陈树德：《怎样研究杜黑之我见》，《青年空军》第 4 期，1943 年。

陈西滢：《海军与空军》，《独立评论》第 200 号，1935 年。

陈尧圣：《战后世界和平问题》，《经纬》第 11 期，1943 年。

陈友松：《新世界建设的展望》，《东方杂志》第 8 号，1945 年。

陈原：《对日和约中的日本领土问题：一些资料和一点浅见》，《新中华》第 21 期，1947 年。

陈震：《国联靠得住吗?》，《福农月刊》第 2 期，1931 年。

陈钟浩：《战后世界局势的展望》，《东方杂志》第 5 号，1945 年。

陈钟浩：《国际间的裁军与建军》，《智慧》第 28 期，1947 年。

陈子久：《美苏关系论》，《新中华》第 1 期，1949 年。

谌小岑：《美苏会战争吗?》，《中央周刊》第 2 期，1947 年。

程海寰：《还有第三次世界大战吗?》，《红心》第 1 期，1946 年。

程潞、邓静中：《我国海权建设之地理基础》，《海军建设》第 12 期，

1942 年。

程懋圭：《战后教育改造之基本原理》，《东方杂志》第 10 号，1944 年。

楚图南：《战后和平与教育问题》，《民主周刊》第 10 期，1945 年。

达夫：《海军会议与复兴中国》，《市声半月刊》第 6 期，1942 年。

戴介民：《太平洋集体安全制度与中国》，《晨光周刊》第 22 ~ 23 期，1937 年。

邓德积：《建设完整空军之面面观》，《空军》第 183 期，1936 年。

邓公玄：《到世界永久和平之路》，《华侨先锋》第 3 期，1943 年。

邓鸿儒：《三民主义与世界战后和平》，《华南学生》复刊第 4 期，1943 年。

邓西屏：《第二次世界大战与中国》，《内外杂志》第 1 期，1937 年。

迪肯：《空军是否可以代替海军?》，《海军整建月刊》第 1 期，1940 年。

丁广极：《青年对于卢沟桥事变应有之认识与准备》，《青年月刊》第 5 期，1937 年。

丁骕：《海权与各国海军》，《世界政治》第 15 期，1942 年。

董希白：《第二次世界大战与一九三六年之危机》，《中法大学月刊》第 2 期，1934 年。

董希白：《国际公法与裁军问题》，《中法大学月刊》第 5 期，1934 年。

窦培恩：《伦敦海缩预备协商与第二次世界大战》，《四十年代》第 2 ~ 3 期，1934 年。

杜若：《国人对芦沟桥事件应有之认识》，《申报每周增刊》第 28 期，1937 年。

杜若：《原子时代的开始》，《东方杂志》第 2 号，1946 年。

段叙良：《世界和平之路》，《新认识》第 1 期，1941 年。

兑之：《建立大空军》，《创导半月刊》第 9 期，1938 年。

法章：《论国际组织》，《现代周报》第 11 期，1945 年。

樊仲云：《对于国联的正当认识》，《国际周报》第 3 期，1938 年。

樊星文：《冷战之现况及展望》，《地方自治》第 2 期，1948 年。

范铁峰：《现代的空军》，《大道》第 5 期，1936 年。

方锦：《美苏对立与世界经济前途》，《再生》第 207 期，1948 年。

方九皋、桂裕：《原子弹与世界和平》，《东方杂志》第 16 号，1945 年。

方秋苇：《芦沟桥事件之前后》，《时事月报》第 2 期，1937 年。

方秋苇：《对日和约面面观》，《智慧》第 29 期，1947 年。

方瑞典：《战后世界和平机构问题》，《文化先锋》第 23 期，1944 年。

方振经：《论渔业建设与海洋国防》，《银行季刊》第 2 期，1941 年。

费孝通：《美苏争霸论》，《知识与生活》第 15 期，1947 年。

冯宾符、张志让、蒋尚思等：《美苏问题》，《中建》第 10 期，1948 年。

冯伯鼎：《杜鲁门拒绝史太林和平建议评述：并从经济观点探究美国坚持冷战的基因》，《真善美》第 16 期，1949 年。

冯美延：《中国伦理与世界和平：为赵曾珏先生"伦理的人生观与物质的人生观"而作》，《时代精神》第 2 期，1944 年。

傅角今：《我国领海界问题之研讨》，《地理教学》第 4 期，1942 年。

符笙：《我们对芦沟桥事件的认识》，《时论》第 56 期，1937 年。

傅雷：《我们对美苏关系的态度》，《知识与生活》第 2 期，1947 年。

傅力生：《从"冷战"中看义大利选举》，《人道》第 15 期，1948 年。

赣父：《万国联盟与中国农工商业之前途》，《太平洋》第 2 期，1919 年。

干卓：《第二次世界大战的危机》，《前途》第 6 期，1933 年。

高弼：《美苏不会开战》，《消息》第 13 期，1946 年。

高粲夫：《由认识帝国主义谈到第二次世界大战爆发的必然性》，《长城季刊》第 3 期，1936 年。

高松：《迅速建立太平洋集体安全制度》，《现世界》第 8 期，1936 年。

高元：《评国际联盟条约》，《法政学报》第 11 期，1919 年。

高一涵：《万国联盟与主权》，《太平洋》第 2 期，1919 年。

葛尚德：《军缩会议与国际和平》，《大夏周报》第 5 期，1932 年。

各卜：《世界大战与中国存亡》，《东北旬刊》第 34 期，1934 年。

耿淡如：《普遍裁军问题的剖视》，《改造杂志》第 2 期，1937 年。

耿淡如：《联合国宪章的总检讨》，《月刊》第 1 期，1945 年。

耿淡如：《联合国与集体安全制》，《知识》第 4 期，1945 年。

孤帆：《第二次世界大战与我们应有的准备》，《学校生活》第 62 期，1933 年。

顾良：《第三次世界大战蠡测》，《南青》第 4 期，1948 年。

关炎章：《战后世界教育的改造》，《新风周刊》第 4 期，1946 年。

光：《芦沟桥事变：电信界同人应有的认识及应决定的态度》，《电信界》第 5 期，1937 年。

桂中枢：《为原子炸弹辩》，《光化日报》1945 年 9 月 1 日。

郭寿生：《国际裁军的检讨与期望》，《中国海军》第 2 期，1947 年。

郭寿生：《中国国防政策与海军建设》，《海军杂志》第 4 期，1941 年。

郭寿生：《中国海防线与海权中心区域》，《海军杂志》第 5 期，1944 年。

韩德培讲，朱性谦记《美苏对立与世界和平》，《时与文》第 12 期，1948 年。

韩汉雏：《评杜黑主义》，《现代防空》第 2 期，1942 年。

韩一帆：《军缩会议与国际联盟》，《互励月刊》第 2 期，1934 年。

韩幽桐：《论战后国际组织》，《联合周报》第 22 期，1944 年，第 1 版。

皓白：《经济上之万国联盟观》，《太平洋》第 2 期，1919 年。

何炳贤：《改造国际联盟刍议》，《学艺》第 1 号，1926 年。

何希琨：《海军的性质和效能》，《中国海军》第 2 期，1947 年。

宏正：《世界大势：原子弹与世界和平》，《中美周报》第 305 期，1948 年。

胡德坤：《旧金山和约与东亚领土争端》，《边界与海洋研究》2017 年第 1 期。

胡鸿烈：《战后国际和平组织之调整与建设》，《新认识》第 3 期，1942 年。

胡焕庸：《从对日和约谈判日本前途》，《问世》第 7 期，1947 年。

胡焕庸：《第三次世界大战与中国》，《现实与理想》第 1 期，1947 年。

胡焕庸：《为期不远的第三次世界大战》，《群言》复刊第 10 期，1948 年。

胡今：《论第二次世界大战》，《十日间》第 1 期，1939 年。

胡今：《托管制与世界和平》，《新中华》第 5 期，1947 年。

胡慕萱：《箭在弦上之第二次世界大战》，《新中华》第 8 期，1934 年。

胡兰亭：《芦沟桥事件的演化》，《中华月报》第 8 期，1937 年。

胡秋原：《中国的太平洋》，《海军杂志》第 12 期，1942 年。

胡适：《看了裁军会议的争论以后》，《独立评论》第 104 号，1934 年。

胡世泽：《战后世界和平机构》，《中国青年》第 4 期，1944 年。

胡庶华：《中国在第二次世界大战中所处地位与所应采之方略》，《时事月报》第 1 ~ 6 期，1934 年。

胡炘：《第三次世界大战能爆发吗？（附图）》，《国防月刊》第 1/2 期，1948 年。

胡学林：《军缩会议的检讨》，《创进月刊》第 4 期，1934 年。

洪兰友：《对于航空建设应有的认识和努力》，《广播周报》第 190 期，1940 年。

胡愈之：《国际联盟——国际问题研究之五》，《东方杂志》第 5 号，

1926 年。

胡愈之：《芦沟桥事件和民族复兴前途》，《关声》第 1 期，1937 年。

怀瑾：《社评：太平洋需要集体安全制度？但中国仍需自力自助自救》，《边事研究》第 6 期，1937 年。

怀瑾：《太平洋集体安全要有实力做后盾》，《边事研究》第 1 期，1937 年。

怀瑾：《太平洋需要集体安全保障制度？》，《边事研究》第 6 期，1937 年。

宦乡：《美国"冷战"的败绩》，《中学生》第 200 期，1948 年。

黄水告：《第三次世界大战"的战略：根据现实的美苏全面战预测》，《真善美》创刊号，1948 年。

黄金涛：《第二次世界大战与我国重工业及军需工业》，《时事月报》第 1 ~ 6 期，1934 年。

黄廷英：《建立太平洋集体安全》，《时事月报》第 5 期，1937 年。

黄宪章：《从国际贸易与金融上展望世界和平》，《大学》第 3 期，1945 年。

黄醒初：《第二次世界大战的几个中心问题》，《新生命》第 1 期，1930 年。

黄玉璋：《教育与和平——献给联合国教育科学文化组织首届大会》，《豫教通讯》第 2 期，1946 年。

黄征夫：《中国海军建设问题管见》，《整建月刊》第 2 期，1940 年。

继满：《空权时代的新形势》，《天声》第 3 期，1948 年。

寄宇：《太平洋集体安全制的建立》，《大众文摘》第 2 期，1936 年。

剑涪：《原子弹试验与世界和平》，《科学世纪》第 3 期，1946 年。

鉴湖：《太平洋集体安全的前瞻》，《中外问题》第 4 期，1937 年。

剑平：《从国际现势谈到第二次世界大战问题》，《津声周刊》第 10 期，1929 年。

姜：《军缩会议与中国》，《兴华》第 20 期，1933 年。

江涛：《柏林的冷战是否走向热战》，《新声》第 5 期，1948 年。

蒋本仁：《原子时代与教育改造：教育者的新任务》，《胜流》第 11 期，1946 年。

蒋坚忍：《建设空军的三大原则》，《空军》第 225 期，1937 年。

蒋坚忍：《中国空军之军的精神》，《空军》第 183 期，1936 年。

蒋梦麟：《和平与教育》，《教育杂志》第 11 号，1919 年。

蒋廷黼：《长期抵抗中如何运用国联与国际》，《独立评论》第 45 号，1933 年。

蒋展民：《抗日图存战中的空军与空防》，《新粤周刊》第 13 期，1937 年。

蒋震华：《建立太平洋集体安全制度之必要》，《创导》第 4 期，1937 年。

捷夫：《空军能制胜海军吗》，《大众航空》第 6 卷第 7 期，1940 年。

觉天：《中国是美苏政治的足球吗》，《再生》第 173 期，1947 年。

金良本：《二次世界大战的属性问题》，《空军》第 96 期，1934 年。

金通艺：《世界军缩的无望——从过去裁军历史观察》，《主张与批评》第 4 期，1932 年。

金云峰：《民族抗战与海防建设》，《中国公论》第 10 期，1937 年。

金则人：《世界和平运动与太平洋集体安全》，《新中华》第 18 期，1936 年。

金志骞：《华北的国际关系与芦沟桥事件》，《大路》第 2 期，1937 年。

金治泰：《第三次世界大战近了吗?》，《再生》第 212 期，1948 年。

金仲华：《国际联盟与中国外交》，《世界政治》第 4 期，1937 年。

静海：《海军改变国家历史》，《海光》创刊号，1940 年。

巨公：《为什么我们需要一个海军》，《海风》第 1 期，1940 年。

君威：《恢复整建海军的领导机关——海军部》，《整建月刊》第 2 期，1940 年。

俊荣：《从九一八谈到芦沟桥事变的重要性》，《突崛》第 7 期，1937 年。

雷海宗：《第二次世界大战何时发生》，《清华周刊》第 7 期，1936 年。

雷海宗：《海军与海权》，《当代评论》第 9 期，1941 年。

雷香庭：《和平与教育》，《广州大学校刊》第 17 期，1947 年。

雷震：《航空救国与国民动员》，《时代公论》第 45 期，1933 年。

李馥菽：《对日和约问题之管见》，《银行周报》第 40 期，1947 年。

黎锦若：《太平洋集体安全与中国》，《前导》第 16 期，1937 年。

李国鼎：《从原子核的世界谈到原子炸弹》，《西风》第 81 期，1945 年。

李国钦、徐泽予：《原子炸弹与国际政治》，《雍言》第 6 期，1946 年。

李吉仁：《第二次世界大战与中国》，《感化月刊》第 9、10 期合刊，1935 年。

李晋天：《倡议中之区域安全》，《时论》第 26 期，1936 年。

李荣晃：《国际裁军运动的过去与将来》，《金陵大学文学院季刊》第 1 期，1931 年。

李惕干：《军缩决裂与今后的建舰竞争》，《经理月刊》第 1 期，1936 年。

李铁民：《美苏关系剖视》，《展望》第 1 期，1947 年。

李铁城：《大西洋会议和大西洋宪章的历史地位》，《外交学院学报》1984 年第 2 期。

李辛：《第三次世界大战会发生么?》，《唯民周刊》第 6 期，1946 年。

李武忠：《世界和平与教育改造》，《现代周刊》第 5 期，1946 年。

李旭旦：《空权时代的世界新形势》，《学识》第 4～5 期，1948 年。

李毓田：《战后处置日本的根本问题》，《东方杂志》第 6 号，1943 年。

连家瑶：《现代战争与空军》，《学生之友》第 1～2 期，1944 年。

良勋：《近年来之裁军问题》，《军事杂志》第 65 期，1934 年。

梁纯夫：《从"冷战"看美国外交》，《世界知识》第 22 期，1948 年。

梁纯夫：《第三次世界大战打得起来吗?》，《风下》第 123 期，1948 年。

梁寒操、余继邦：《民族文化与世界大同》，《国际编译》第 3 期，1944 年。

梁寒操：《论战后新世界和平秩序问题》，《新建设》第 10 期，1941 年。

梁苦飘：《第二次世界大战爆发与中国存亡问题》，《铁血月刊》第 4 期，1934 年。

梁龙光：《海疆教育建设方针》，《海疆学报》第 2 期，1947 年。

廖培基：《国联的前途》，《中国国际联盟同志会月刊》第 7 期，1936 年。

林谷：《冷眼看冷战：冷战尽管打得火热，战争贩子不能轻易出卖人民》，《客观》第 5 期，1948 年。

林劲草：《第二次世界大战与中华民族之出路》，《华侨半月刊》第 48 期，1934 年。

林伟成：《空军独立论》，《航空杂志》第 1 期，1944 年。

凌鄂荪：《空军在军事上之地位》，《浙江保安月刊》第 12～13 期，1932 年。

刘大年：《军缩会议与国际斗争（上）》，《北方公论》第 40 期，1933 年。

刘光炎：《裁军大会之过去与将来（中）》，《中央时事周报》第 22 期，1933 年。

刘光华：《论世界和平》，《新中国月刊》第 4 期，1945 年。

刘梦飞：《芦沟桥事变分析》，《文化引擎》第 5 期，1937 年。

刘皮云：《卢沟桥事件的全貌》，《现代国际》第 2 期，1937 年。

刘梯岳：《人类历史的演进与二次世界大战》，《铁血月刊》第 5 期，1934 年。

柳棠：《第二次世界大战与中国》，《新中华》第 13 期，1934 年。

刘襄：《在抗战期间吾国之海军问题》，《海风》第 1 期，1940 年。

刘荫续：《中国海军建设论》，《现代军事》第 2 期，1947 年。

刘宇光：《世界军缩会议前途之隐忧》，《国民外交杂志》第 1 期，1933 年。

刘志扬：《论美苏关系与中国前途》，《太平洋》第 5 期，1947 年。

绿橘：《军缩会议与国际风云》，《人民周报》第 17 期，1932 年。

卢凤阁：《论未来第三次世界大战战略之趋势及我国所处之地位》，《国防月刊》第 4 期，1947 年。

罗家伦：《国际联盟与华盛顿会议》，《东方杂志》第 17 号，1921 年。

骆继常：《第二次世界大战前夕的中国复兴问题》，《觉是青年》第 2 期，1934 年。

罗忠恕：《国际教育与世界和平》，《学生杂志》第 11 期，1945 年。

吕超：《怎样发展我们的海军》，《海风》第 1 期，1940 年。

履冰：《太平洋大战前夕我国海军军人应有之认识》，《海风》第 5 ~ 6 期，1940 年。

马学之：《第二次世界大战和目前反战运动的情形》，《客观》第 6 期，1935 年。

马哲民：《战后世界和平与世界政治》，《大学月刊》第 11 期，1942 年。

马质：《主权论：专论二》，《庸言》第 11 期，1913 年。

涍川：《裁军与安全》，《国讯》第 71 期，1934 年。

梅碧华：《论美苏战争的幻影》，《中国建设》第 6 期，1948 年。

梅电燮：《国防建设与建立大空军》，《军事与政治》第 3 期，1942 年。

梅景周：《航空救国运动》，《华侨先锋》第 6 ~ 7 期，1940 年。

孟锦华：《国联与中国》，《大地》第 3 期，1936 年。

孟平：《裁军会议的回顾与展望》，《平明杂志》第 1 期，1933 年。

孟昭藩：《抗战中我们对于国防的海军应有的认识》，《整建月刊》第 2 期，1940 年。

明：《反对冷战，要求世界和平》，《时事评论》第 24 期，1948 年。

莫高芳：《对于第二次世界大战的看法》，《民族公论》第 1 期，1939 年。

莫湮：《远东集体安全制度问题》，《自修大学》第 10 期，1937 年。

郑振铎：《国民外交与太平洋集体安全运动》，《世界知识、妇女生活、中华公论、国民周刊战时联合旬刊》第 2 期，1937 年。

穆菲：《建立太平洋集体安全的决定点》，《社会生活》第 2 期，1936 年。

倪超：《海洋交通与第二次世界大战》，《国立同济大学工学院土木系三十一周年纪念刊》第 1 期，1942 年。

宁墨公：《空军建设的原理和要素》，《黄埔》第 17 期，1939 年

宁墨公：《海权争持中之达达尼尔海峡》，《智慧》第 15 期，1947 年。

区锦汉：《和平？冷战？［漫画］》，《真善美》创刊号，1948 年。

潘楚基：《原子弹与国际政治》，《东方杂志》第 20 号，1946 年。

潘念之：《芦沟桥事变的地方解决与冀察特殊化》，《自修大学》第 14 期，1937 年。

潘前之：《陈绍宽海防思想论析》，《军事历史研究》2007 年第 4 期。

潘永年：《台湾是我国海权的生命线》，《海军建设》第 12 期，1942 年。

彭赫生：《战后世界和平的前途》，《改进》第 1 期，1945 年。

彭萍：《如何确立永久和平》，《侨声报周刊》第 5 期，1943 年。

彭瑞夫：《未来世界大战与中华民族出路之展望》，《国衡》第 8 期，1935 年。

皮明勇：《抗日战争前后中国海军学术述》，《军事历史研究》1994 年第 3 期。

朴：《芦沟桥事变与华北危机》，《民族战线》第 5 期，1937 年。

浦薛凤：《"中庸"与世界和平设计》，《世界政治》第 2 期，1943 年。

企平：《日本教育的彻底改革》，《中国建设》第 2 期，1945 年。

钱公武：《主权问题底新认识》，《宇宙旬刊》第 10 期，1936 年。

钱锦章：《国际组织之实施原则》，《国民外交月报》第 9 期，1943 年。

钱克新：《对美苏结束冷战的观察》，《正论》第 6 期，1948 年。

钱克新：《论美苏关系之突变》，《周论》第 23 期，1948 年。

钱泽夫：《迅速建立太平洋集体安全制度》，《现世界》第 2 期，1936 年。

擎霄：《中国海军抗战之麟爪》，《海军杂志》第 4 期，1941 年。

瞿菊农：《战后世界教育的趋势当然是民主的》，《华声》第 4 期，1944 年。

饶荣春：《空军军备与国防》，《黄埔月刊》第 2 期，1936 年。

任行：《芦沟桥事件的意义》，《时论》第 56 期，1937 年。

三立：《第二次世界大战与中国》，《通俗文化》第 5 号，1935 年。

沙家鼎：《军缩会议之起点与落点》，《汗血周刊》第 18 期，1933 年。

沙学浚：《海国之类型》，《学原》第 2 期，1947 年。

沙学浚：《海洋国家》，《荆凡》第 1 期，1941 年。

沙学浚：《海洋控制与世界和平》，《东方杂志》第 2 号，1944 年。

沙学浚：《空权时代与中国经济地理的变迁》，《东方杂志》第 16 号，1944 年。

沙学浚：《台湾岛与台湾海峡之地位价值》，《世纪评论》第 11 期，1947 年。

沙学浚：《中国需要海洋活动》，《新经济半月刊》第 5 期，1944 年。

沙舟：《国际组织的检讨与展望》，《中国女青年》第 12 期，1944 年。

绍聘：《论制空权》，《航空杂志》第 9 期，1935 年。

佘西崖：《国际联盟与世界和平》，《励笃季刊》第 2 期，1929 年。

社论：《原子弹管制与和平》，《前线日报》1945 年 11 月 17 日，第 3 版。

社评：《第二次世界大战的难免》，《华年》第 24 期，1936 年。

沈俊容：《后美苏关系》，《时代》第 57/58 期，1948 年。

沈开寰：《空防与国防》，《航空生活》第 12 期，1936 年。

沈因明：《世界大战的两个范畴及其可能性》，《东方杂志》第 22 号，1934 年。

沈志远：《军缩会议底死亡》，《新中华》第 13 期，1934 年。

沈志远：《从经济制度展望世界和平》，《大学》第 3 期，1945 年。

盛岳：《太平洋集体安全运动与中国》，《世界文化》第 5 期，1937 年。

施艾：《原子弹与世界和平：评原子弹会议》，《民主星期刊》第 10 期，1945 年。

石础：《应从抗战中求和平》，《中国农村》第 8 期，1937 年。

石见：《冷战中的和平热浪》，《经济评论》第 24 期，1949 年。

史步金：《芦沟桥事变与华北前途》，《人间十日》第 13 号，1940 年。

史国纲：《从国联盟约说到战后国际机构》，《东方杂志》第 11 号，1943 年。

史国纲：《我国与国联》，《东方杂志》第 10 号，1933 年。

史国纲：《怎样划定战后的世界地图》，《东方杂志》第 2 号，1943 年。

史国纲：《战后国际机构问题》，《东方杂志》第 4 号，1943 年。

史枚：《向太平洋集体安全制迈进，今后抗战的外交方针》，《时事类编》特刊第 11 期，1938 年。

率翁平：《军缩会议失败之原因：法德两国关系之对峙》，《外交评论》第 10 期，1933 年。

思慕：《美苏之间：过敏的嗅觉》，《半月文萃》第 1 期，1946 年。

司徒尹衡：《美苏间的中国》，《民主论坛》第 6 期，1947 年。

松子：《中国可以退出万国联盟吗?》，《太平洋》第 4 期，1923 年。

宋安：《战后世界和平的展望》，《防空军人》复刊第 2 期，1943 年。

宋越伦：《对日和约问题：对日和约的核心问题》，《中央周刊》第 38 期，1947 年。

宋云彬：《第二次世界大战的展开及其前途》，《中学生》第 9 期，1939 年。

苏儒：《原子时代和世界和平》，《新学生》第 2 期，1946 年。

孙家澄：《第二次世界大战与永久和平》，《新中华》第 2 期，1943 年。

孙绛年：《建国与海军》，《建国》创刊号，1946 年。

孙介君：《三民主义与世界永久和平》，《青年中国季刊》第 2 期，1941 年。

孙九录：《国际经济合作之货币金融》，《东方杂志》第 4 号，1944 年。

孙九录：《稳定战后世界通货计划之原则》，《东方杂志》第 10 号，1943 年。

孙立新：《中国海洋观的历史变迁》，《理论学刊》2012 年第 1 期。

孙云畴：《主权与国际法》，《东方杂志》第 15 号，1944 年。

谭维汉：《国际教育的新境界》，《广东教育》第 5 期，1947 年。

唐德纲：《中国海军的结胎时代》，《海校校刊》第 89 期，1946 年。

唐济澍：《第三次世界大战战略之趋势及我国所处之地位》，《军事杂志》第 207 期，1948 年。

唐静海：《对海军之期望》，《海风月刊》第 1 期，1940 年。

陶联城：《日本教育之缺陷》，《新教育旬刊》第 7 期，1939 年。

陶鲁书：《空军在国防上的地位》，《军事杂志》第 201 期，1948 年。

陶履恭：《万国联盟及其当存在之理由》，《太平洋》第 2 期，1919 年。

陶朋非：《美苏的"冷战"（上）》，《时与潮》第 3 期，1948 年。

陶朋非：《美苏的"冷战"（下）》，《时与潮》第 4 期，1948 年。

陶朋非：《海洋空间与海权（一）》，《时与潮》第 2 期，1948 年。

陶朋非：《海洋空间与海权（二）》，《时与潮》第 3 期，1948 年。

陶希圣：《从海权时代到空权时代》，《国立中央大学校刊》第 2 期，1944 年。

滕雪垩：《世界大战与东案》，《黑白半月刊》第 5 期，1934 年。

惕干：《海空军在未来战争上之地位》，《航空杂志》第 4 期，1937 年。

天鸟：《中国海军往何处去》，《时代批评》第 61 期，1940 年。

万文宣：《空权时代的世界》，《新中华》第 12 期，1945 年。

王长仁：《三民主义与战后世界和平》，《行健月刊》第 5 期，1941 年。

王东艳：《卢沟桥事变后宋哲元对平津危机的应对》，《济宁学院学报》2007 年第 4 期。

王干一：《第三次世界大战战略之趋势及我国所处之地位》，《通信半月刊》第 32 期，1948 年。

王化成：《世界军缩运动之经过与困难》，《清华周刊》第 7～8 期，1932 年。

汪家正：《提倡战后世界教育的研究》，《文化先锋》第 1 期，1944 年。

汪家正：《战后世界教育的归趋》，《新中华》第 2 期，1945 年。

王建朗：《卢沟桥事件后国民政府的战和抉择》，《近代史研究》1998 年第 5 期。

王淼：《卢沟桥事变后中外基督教会舆论》，《历史教学问题》2015 年第 2 期。

王绳祖：《评国际组织建议案》，《世界政治》第 1 期，1945 年。

汪少伦：《民族主义与世界大同》，《东方杂志》第 1 号，1943 年。

王师复：《海军制度之理论与实际》，《海军整建月刊》第 5 期，1940 年。

王世杰：《如何奠定战后世界和平——空军国际化》，《世界政治》第 1 期，1945 年。

王世颖：《世界大同与合作共和》，《合作月刊》第 28～37 期，1942 年。

汪叔棣：《世界永久和平展望》，《东方杂志》第 2 号，1943 年。

汪叔棣：《迎接战后新世界》，《东方杂志》第 1 号，1943 年。

汪叔棣：《由彻底胜利到永久和平》，《东方杂志》第 2 号，1944 年。

汪叔棣：《战后德意日的改造》，《东方杂志》第 9 号，1943 年。

汪叔棣：《战后世界机构论》，《东方杂志》第 13 号，1943 年。

汪叔棣：《战后世界机构支柱的建竖》，《东方杂志》第 10 号，1944 年。

汪叔棣：《战后之帝国主义制度问题》，《东方杂志》第 5 号，1943 年。

王述曾：《领空权的重要性》，《交通职工月报》第 6 期，1933 年。

王天根：《卢沟桥事变与〈大公报〉新闻时评及其舆论聚焦》，《兰州学刊》2016 年第 12 期。

王伟：《中国建设空军刍议》，《空军》第 183 期，1936 年。

王聿修：《原子时代的人类关系》，《建国评论》第 2 期，1946 年。

王醒魂：《芦沟桥事件与和战大局》，《晨光周刊》第 26 期，1937 年。

王云五：《战后国际和平问题》，《东方杂志》第 4 号，1943 年。

王芸生：《抗战前途：中日战争的鸟瞰》，《救亡文辑》创刊号，1937 年。

王芸生：《北方的烽火》，《国闻周报》第 28 期，1937 年。

王再长：《现代战争中空军威力和它的地位》，《空军参谋学校月刊》第 1 期，1944 年。

王造时：《裁军运动的历史》，《东方杂志》第 7 号，1931 年。

王造时：《世界和平与军缩问题》，《东方杂志》第 17 号，1936 年。

王正廷：《对于战后世界和平之我见》，《世界政治》第 1 期，1945 年。

王之相：《空中主权与国际航空关系空中主权与航空法》，《警声月刊》第 2 期，1947 年。

韦行：《第三次世界大战的蠡测》，《时代》第 61 期，1948 年。

魏济民：《中国海军建设论》，《海军杂志》第 4 期，1941 年。

魏宪章：《由各国利害关系上说明国际联盟的真相》，《福建教育周刊》第 100 期，1932 年。

文镕：《我们对芦沟桥事件应有的认识与态度》，《青年》第 8 期，1937 年。

文山：《如何应付芦沟桥事变？》，《经世》第 2 卷第 1 期，1937 年。

沃野：《目前国际形势与第三次世界大战》，《中国舆论》第 6 期，1948 年。

无为：《莫斯科会谈中的冷战极限》，《真善美》第 5 期，1948 年。

吴传钧：《地缘战略论》，《文化先锋》第 4 期，1944 年。

吴锦华：《中国的海洋和港湾》，《知识》第 1 期，1948 年。

吴南如：《中国与战后世界和平》，《军事与政治》第 1 期，1944 年。

吴统续：《国际联盟与我国之抱负》，《法政学报》第 9 期，1919 年。

吴锡凯：《空军在我国今日国防上之地位》，《行健月刊》第 1 期，1933 年。

吴泽炎：《英国战后社会建设计划——介绍比维里琪社会保险计划》，《东方杂志》第 8 号，1943 年。

吴泽炎：《战后新秩序的建设问题》，《东方杂志》第 14 号，1943 年。

伍启元：《民主经济与经济民主》，《自由文摘》第 5 期，1946 年。

吴之椿：《和平观念的改造》，《天下文章》第 2 期，1943 年。

伍藻池：《第三次世界大战的可能性与中国的自我决择》，《再生》第 9 期，1948 年。

项飞：《芦沟桥事变的历史关系》，《抗战月报》第 8 期，1939 年。

萧家骧：《杜黑主义之评判》，《军事杂志》第 206 期，1948 年。

萧健：《未来战争之趋势与我国建设国防之方针》，《军事杂志》第 134 期，1941 年。

萧石君：《国际联盟之意义与吾人之希望》，《民铎杂志》第 6 期，1918 年。

萧索：《建立太平洋集体安全制度》，《南声》第 80 期，1937 年。

萧孝嵘：《战后的教育建设与心理建设》，《教育杂志》第 2 号，1947 年。

萧正谊：《美苏之外有没有第三条路》，《现代知识》第 4 期，1947 年。

晓光：《国际联盟可靠吗？》，《民间旬刊》第 38 期，1931 年。

晓明：《列强对华航空权获得之斗争》，《朔望半月刊》第 16 期，1933 年。

谢坚明：《七七事变后国民政府的危机应对》，《民国档案》2005 年第 3 期，1940 年。

许涤新：《从强盗结伙到太平洋集体安全问题》，《战线》第 3 期，1937 年。

徐敦璋：《论国际联盟之前途》，《世界政治》第 9 期，1939 年。

徐辅德：《国际联盟果无负于我乎？》，《中外评论》第 28 期，1929 年。

徐鹤林：《空军与边疆》，《空军》第 56 期，1933 年。

徐近之：《原子弹与世界政治》，《申论》第 11 期，1948 年。

徐朗秋：《谈航空救国》，《广播周报》第 10 期，1934 年。

许其田：《芦沟桥事变底国际观察》，《中兴周刊》第 4 期，1937 年。

徐时中：《美苏关系管窥》，（重庆）《时代》第 50 期，1947 年。

徐同郇：《近年来之空军思潮》，《东方杂志》第 10 号，1941 年。

许维汉：《论战后之国际和平组织》，《文化导报》第 1 期，1941 年。

徐震池：《和平使者原子炸弹》，《力余》第 13 期，1947 年。

许文：《略论建设海军与设立海军部》，《整建月刊》第 2 期，1940 年。

许孝炎：《挣扎中之世界和平：二、裁军会议与安全保障》，《平明杂志》第 11～12 期，1933 年。

许正安：《假如第三次世界大战爆发》，《客观》第 7 期，1948 年。

玄同：《第二次世界大战发生的必然性》，《交大周刊》第 3 期，1933 年。

严德一：《海权世界与空权世界》，《新中华》第 2 期，1945 年。

严济慈、蔡汝廉、周志灏等：《原子能与和平（专题讨论一）》，《科学》第 10 期，1947 年。

鄢慕荣：《论世界永久和平》，《文英杂志》第 2 期，1945 年。

晏阳初：《为和平而教育世界》，《新教育》第 11 期，1947 年。

杨伯恺：《论第三次世界大战》，《文萃》第 18 期，1946 年。

杨虎：《我国应成为一个海洋国家》，《中华海员》第 1 期，1947 年。

杨坚：《第三次世界大战发展的趋势》，《时代》第 44 期，1947 年。

杨生茂：《原子能与国际政治》，《现代知识》第 7 期，1947 年。

杨世恩：《海军的现在与将来》，《海军杂志》第 3 期，1944 年。

杨太护：《战后和平的基本问题》，《天下文章》第 2 期，1943 年。

杨宪昭：《从国际经济合作说到世界大同主义》，《世界半月刊》第 3 期，1946 年。

杨幼炯：《世界和平的始基》，《东方杂志》第 23 号，1945 年。

杨幼炯：《新国际组织之继往开来的任务与使命》，《世界政治》第 1 期，1945 年。

杨幼炯：《新世界重建的理想与设计》，《东方杂志》第 16 号，1944 年。

姚展时：《战后世界的重建》，《侨声报周刊》第 5 期，1943 年。

叶群：《建造一个大同世界》，《西风》第 106 期，1948 年。

叶琴：《国家主权论》，《学思》第 2 卷第 4 期，1942 年。

佚君：《战争与和平：原子弹引起的不安》，《开明少年》第 7 期，1946 年。

奕绳：《区域安全果能弥战乎》，《自由评论〈北平〉》第 44 期，1936 年。

余家菊：《怎样争取战后的永久和平》，《天下文章》第 2 期，1944 年。

于望德：《世界政治的改造与世界大同》，《世界学生》第 1~2 期，1943 年。

余望之：《美苏冷战与中国》，《再生》第 220 期，1948 年。

余协中：《战后世界和平问题》，《军事与政治》第 1 期，1944 年。

余协中：《战后永久和平方案的检讨》，《东方杂志》第 3 号，1944 年。

余协中：《重建世界新秩序应有的认识》，《军事与政治》第 2 期，1944 年。

俞达人：《美苏关系本质论》，《中国建设》第 2 期，1948 年。

俞颂华：《美苏对立与今后世界趋势》，《中国建设》第 3 期，1947 年。

玉田：《从帝国主义诸矛盾说到第二次世界大战的必然性》，《国防论坛》第 6 期，1935 年。

愈之：《原子与外交》，《风下》第 1 期，1945 年。

喻智微：《论战后世界和平与中国之和平精神》，《益世报》1942 年 7 月 30 日，第 3 版。

喻智微：《国际教育与世界和平（上）》，《智慧半月刊》第 44 期，1948 年。

余钟和：《理想与实现：并谈"大同世界"的理想》，《训练导报》第 8 期，1946 年。

袁道丰：《一九三六年与第二次世界大战》，《时事月报》第 1~6 期，1934 年。

袁道丰：《假如第二次世界大战发生》，《东方杂志》第 13 号，1936 年。

袁翰青：《原子能与世界和平》，《观察》第 15 期，1948 年。

袁醒吾：《裁军会议之回顾与前瞻》，《外交评论》第 5 期，1933 年。

袁月楼：《世界大同的理想与实践》，《世界月刊》第 8 期，1949 年。

臧哲先：《第二次世界大战》，《读书青年》第 11 期，1936 年。

张道行：《中国抗战与世界和平（兼论世界和平的改造方案）》，《东方杂志》第 13 号，1940 年。

张东荪：《我对美苏谈判的看法》，《知识与生活》第 28 期，1948 年。

张馥荄：《吾人对于国际联盟会应有之认识与觉悟》，《清华周刊》第 1 期，1931 年。

张国安：《世界永久和平之症结及其出路》，《学思》第 12 期，1942 年。

张海鹏、李国强：《论〈马关条约〉与钓鱼岛问题》，《人民日报》2013 年 5 月 8 日。

张怀：《国际和平与教育》，《广播周报》第 96 期，1948 年。

张鸿增：《冷战展开军事阶段》，《中美周报》第 281 期，1948 年。

张健甫：《太平洋集体安全制度之建立问题》，《读书生活》第 2 期，1936 年。

张健甫：《英日谈判与太平洋集体安全问题》，《生活学校》第 3 期，1937 年。

张锦帆：《我之"第二次世界大战论"》，《湖南大学季刊》第 1 期，1936 年。

张君劢：《与王云五先生商榷战后国际和平问题》，《东方杂志》第 7 号，1943 年。

张君劢：《国际会议中之战后世界教育方针》，《东方杂志》第 14 号，1944 年。

张立民：《海军与空军之威力的检讨》，《航空杂志》第 1 期，1937 年。

张明养：《大战前夜的国际裁军问题》，《中学生》第 46 期。

张明养：《论战后的国际组织》，《东方杂志》第 15 号，1943 年。

张明养：《论联合国组织》，《理论与现实》第 2 期，1946 年。

张明养：《战后怎样去处置日本》，《东方杂志》第 3 号，1944 年。

张圻福：《卢沟桥事变与国民政府外交》，《安徽史学》1995 年第 2 期。

章乃器：《论美苏关系》，《巨流》创刊号，1946 年。

张其昀：《中国之陆权与海权》，《思想与时代》第 39 期，1945 年。

张其昀：《军缩之定量分析》，《中央时事周报》第 18 期，1933 年。

张铁生：《第二次世界大战与中国》，《中学生》第 9 期，1939 年。

张廷铮：《论对日和约问题》，《学识》第 2 期，1947 年。

张庭英：《国际联盟与中国今后之外交后援》，《北京大学月刊》第 5 期，1919 年。

张维正：《新中国应该如何发展新海军》，《海校校刊》第 3 期，1948 年。

张翼枢：《战后和平机构之我见》，《东方杂志》第 1 号，1943 年。

张逸灵：《第二次世界大战的前哨战》，《星洲日报》第 17 期，1938 年。

张荫良：《海军建设之研讨》，《海军建设》第 7 期，1941 年。

张泽善：《论海权之重要》，《海军杂志》第 6 期，1937 年。

张治安：《社会教育与世界和平》，《教育与社会》第 2 期，1947 年。

张忠绂：《芦沟桥事件的国际关系背景》，《经世》第 2 期，1937 年。

张忠绂：《战后和平工作的重心》，《军事与政治》第 3 期，1942 年。

张仲实：《第二次世界大战与中国之前途》，《新中华杂志》第 15 期，1935 年。

赵廷为：《向远东基本教育会议代表请教——兼论基本教育与国际和平》，《教育杂志》第 3 号，1947 年。

赵在田：《美日海空军力和资源》，《海军杂志》第 8 期，1942 年。

浙：《海军与空军》，《芥舟》第 5 期，1935 年。

止豪：《芦沟桥事件的透视》，《正路》第 8 期，1937 年。

钟山道：《一个新概念——我们的海洋》，《新世界》第 10 期，1944 年。

钟晓初：《第二次世界大战之推测》，《高农期刊》创刊号，1931 年。

舟斋：《原子时代：原子炸弹的政治意义》，《新语》第 2 期，1945 年。

周呈书：《从经济观点论战后世界和平》，《胜流》第 5 期，1945 年。

周方：《可怕的"冷战"》，《自由天地》第 2 期，1948 年。

周鲠生：《万国联盟之三大意义》，《太平洋》第 1 期，1919 年。

周鲠生：《第二次世界大战与中国》，《时事月报》第 1～6 期，1934 年。

周谷城：《论世界民主政治之最后胜利》，《东方杂志》第 6 号，1944 年。

周怀勖：《未来世界大战与国防建设问题》，《新中华》第 7 期，1933 年。

周琪：《美苏的冷战》，《建国》第 25 期，1948 年。

周书楷：《中国对国联应有的正确认识》，《广播周报》第 121 期，1937 年。

周书楷：《现实主义下的国际组织》，《东方副刊》第 10 期，1946 年。

周绶章：《教育思想与世界和平》，《文化先锋》第 2 期，1946 年。

周太玄：《原子能时代的和平》，《书报精华》第 21 期，1946 年。

周望德：《从海与中国说到未来中国海防发展应有的趋势》，《海校校刊》第 3 期，1948 年。

周宪文：《太平洋集体安全问题》，《申报每周增刊》第 21 期，1937 年。

周一尘：《建设强大空军》，《航空机械月刊》第 5 期，1944 年。

周益峰：《海权论东渐及其影响》，《史学月刊》2006 年第 4 期。

周益锋：《海权论的传入和晚清海权思想》，《唐都学刊》2005 年第 4 期。

周至柔：《此时此地，建设中国空军且莫忘了精神条件》，《空军》第 183 期，1936 年。

周至柔：《建设中国空军之基点》，《空军》第 228 期，1937 年。

朱剑秋：《第二次世界大战与世界革命的前途》，《现代中国》第 1 期，1929 年。

朱皆平：《从"全球战争"到"世界大同"——下篇："世界大同"之理想及其实现》，《世界月刊》第 2 期，1948 年。

朱理峰：《浅析七七事变后国民政府的应对措施》，《理论界》2009 年第 10 期。

朱瑞林：《我国海防建设的研究》，《建国月刊》第 4 期，1935 年。

祝世康：《民生主义又名大同主义的来源考》，《时事类编》第 62 期，1941 年。

祝世康：《我的大同学说》，《新中华》第 7 期，1943 年。

朱震：《太平洋集体安全制度是什么》，《大路周报》第 3 期，1937 年。

朱中良：《建设呼声——国际现势下的海军建军问题——海军建军成了时代需要》，《海军建设》第 1 期，1941 年。

曾纪桐：《怀特战后货币计划与国际银行计划》，《东方杂志》第 4 号，1944 年。

紫萱：《建设空军杂感》，《大众航空》第 9 期，1941 年。

邹鲁：《从废除不平等条约说到世界永久和平》，《东方杂志》第 1 号，1943 年。

邹鲁：《教育与和平》，《东方杂志》第 21 号，1944 年。

邹文海：《经济国家主义与世界和平》，《认识》第 9～10 期，1943 年。

左辙：《苏联与远东集体安全》，《世界文化》第 5 期，1937 年。

后　记

　　大学读书时，在安徽大学历史系周乾教授潜移默化的影响下，我对世界史尤其是人类历史上的战争与和平主题开始产生兴趣。读研时自然而然地报考了华中师范大学国际关系史专业，在黄正柏教授的悉心指导下，专注于近代英日同盟问题研究。其间，对同盟政治、和平学以及战争社会学尤其是第二次世界大战前后的国际政治兴趣日增。在此初心指引下，读博时选择了国内二战史研究重地——武汉大学，师从二战史研究专家胡德坤教授，致力于第二次世界大战史研究，并聚焦第二次世界大战与战后世界秩序这一领域。

　　在胡德坤教授引领下，博士论文选题框定在"第二次世界大战与战后资本主义世界模式转换"。在探讨第二次世界大战后期反法西斯盟国战后和平规划这一话题时，对中国知识界和官方的战后世界秩序构想颇感兴趣。国际二战史学界研究战后和平规划时，就国别地区而言，往往聚焦于欧美国家，尤其是英美两国的战后世界秩序构想，而对彼时作为世界四强之一的中国的战后世界秩序观，无论官方还是民间知识界，都关注甚少。而事实上，20世纪三四十年代，有着平天下情怀与责任担当的中国知识界对国际问题的理论和实践多有探究。一方面，他们留下了丰厚的相关主题研究的一手文献，这些文献在很长的时期内因为种种原因在近代史研究中处于边缘地位，有待今人进行系统的整理与研究。另一方面，在消弭战祸、建设和平的思考上，他们也的确留下了诸多深入而富有创见性的思考。他们战争与和平观的内涵与外延是什么？他们战争与和平观的构建又有何哲学渊源和现实依据？与西方相比，又有何特质？这些问题当时深深地吸引着我，即便是工作后依然如此。

　　由于这些年教学任务繁重，科研也是以世界史——自己的老本行为主业，故而对中国知识界 20 世纪三四十年代的战争与和平观这一偏向虽有持续的兴趣，但写作工作断断续续地进行了许多年。今日成稿之时，身心俱大放松，感觉卸下了一座大山，终于给自己这些年在这一领域的思考和努力做了一个交代，也终于可以专心地在自己的世界史领域耕耘。

本书能成功完稿与出版，要感谢武汉大学胡德坤教授提出的宝贵写作建议和提供的出版基金支持，感谢恩师在学生毕业多年后一直未断的关怀。同时，感谢武汉大学中国边界与海洋研究院的郁艳琴老师在联系出版方面的努力。本书的出版也渗透着社会科学文献出版社高明秀老师的心血、汗水与智慧，在此致以深深的谢意。同时，赣南师范大学研究生吴湘莲和刘芬也付出了努力，亦在此表示感谢，祝她们学业有成，前程似锦！

图书在版编目（CIP）数据

二战前后中国知识界的战争与和平观：基于报刊所
见/朱大伟著 . -- 北京：社会科学文献出版社，
2022.5（2023.2 重印）
　ISBN 978 - 7 - 5228 - 0051 - 6

　Ⅰ.①二…　Ⅱ.①朱…　Ⅲ.①知识分子 - 战争观 - 研
究 - 中国 - 民国②知识分子 - 和平学 - 研究 - 中国 - 民国
Ⅳ.①D693.71

　中国版本图书馆 CIP 数据核字（2022）第 071288 号

二战前后中国知识界的战争与和平观：基于报刊所见

著　　者 / 朱大伟

出 版 人 / 王利民
组稿编辑 / 高明秀
责任编辑 / 叶　娟
文稿编辑 / 肖世伟
责任印制 / 王京美

出　　版 / 社会科学文献出版社 · 国别区域分社（010）59367078
　　　　　地址：北京市北三环中路甲 29 号院华龙大厦　邮编：100029
　　　　　网址：www.ssap.com.cn
发　　行 / 社会科学文献出版社（010）59367028
印　　装 / 北京虎彩文化传播有限公司

规　　格 / 开　本：787mm × 1092mm　1/16
　　　　　印　张：16.75　字　数：285 千字
版　　次 / 2022 年 5 月第 1 版　2023 年 2 月第 2 次印刷
书　　号 / ISBN 978 - 7 - 5228 - 0051 - 6
定　　价 / 98.00 元

读者服务电话：4008918866